Die Kunst der astrologischen Prognose

Carol Rushman

Die Kunst der astrologischen Prognose

Aus dem Amerikanischen
übersetzt von Ursula Strauß

Urania

*Ich widme dieses Buch meinem Mann Jay Meili,
der mich in all meinen Bemühungen unterstützt
und mir erst alles ermöglicht.*

Titel der amerikanischen Originalausgabe:
The Art of Predictive Astrology:
Forecasting Your Life Events
© 2002 by Carol Rushman
© Llewellyn Publications
A Division of Llewellyn Worldwide Ltd.
P.O. Box 64383, Dept. 0-7387-0164-5
St. Paul, MN 55164-0383, U.S.A.
www.llewellyn.com

1. Auflage 2003
ISBN 3-908651-07-7
© 2003 by Urania Verlag AGMüller, Neuhausen/Schweiz

Das gesamte Werk ist im Rahmen des Urheberrechtsgesetzes geschützt. Jegliche vom Verlag nicht genehmigte Verwertung ist unzulässig. Dies gilt auch für die Verbreitung durch Film, Funk, Fernsehen, photomechanische Wiedergabe, Tonträger jeder Art, elektronische Medien sowie für auszugsweisen Nachdruck.

Umschlaggestaltung: Oliver Aumann, Kreativ Design, Wiesbaden, unter Verwendung eines Coverdesigns von Kevin R. Brown
Satz: GBS, Lyss/Schweiz
Druck: fgb, Freiburg
Printed in Germany

Astrologische Prognose

Als ich vor dreißig Jahren mit dem Studium der Astrologie begann, gab es nicht ein Buch über Vorhersagen. Also entwickelte ich mich als prognostische Astrologin auf eigene Faust und lernte autodidaktisch. Über ein Jahr lang verfolgte ich die Bewegungen in den Horoskopen von zehn Freunden und war mit ihnen täglich im Gespräch. Ich machte für sie Vorhersagen und stellte fest, dass sie tatsächlich eintraten. Ich begann, meine Daten zusammenzutragen, meine Ergebnisse und Fakten zu bündeln, und packte alles schließlich in ein Handbuch, das ich in meinen Fortgeschrittenen-Kursen verwendete.

In diesen Kursen arbeitete ich mit meinen Studenten und half ihnen dabei, kleinere Ereignisse vorherzusagen: zum Beispiel ein Geschenk zu erhalten, einen wichtigen Telefonanruf zu bekommen, einen guten Tag zu haben oder einen erfolgreichen Arbeitstag zu erleben. Wir entwickelten uns schließlich dahin, größere Ereignisse vorherzusagen: eine Lohnerhöhung, einen Jobwechsel, eine Beförderung usw., und schlussendlich sagten wir auch Hochzeiten, Scheidungen oder die Begegnung mit der großen Liebe voraus.

Dieses Buch führt Sie Schritt für Schritt an die Erstellung von Vorhersagen heran. Jedes Kapitel stellt eine Stufe des Prozesses dar. Am Ende dieses Buches werden Sie in der Lage sein, Zyklen und Trends vorherzusagen und Ihren Klienten ungefähr 15 wichtige Daten für das kommende Jahr zu geben sowie ihnen die großen Ereignisse der kommenden Jahre zu prognostizieren.

Carol Rushman

Danksagungen

Mein besonderer Dank geht an Dennis Ghetto und Hildegard Van Deusen für ihren Sachverstand beim Schreiben und der Bearbeitung dieses Buchs, an Alex Bunshank und Toni Paris für die vielen Stunden, die sie mit der Niederschrift meiner vielen Vorträge, Unterrichtsmitschnitte und Manuskripte verbracht haben, und an meine Tochter Renee Tazella, die so viele Stunden am Computer verbracht hat, um mir bei der Organisation meiner Arbeit zu helfen. Außerdem möchte ich meiner lieben Freundin Janis Robedeaux danken, die mich auf den spirituellen Weg brachte, sowie meinem Lehrer und Mentor Norman Arens.

Große Dankbarkeit schulde ich meiner Mutter Cecilia Serio, meinen Kindern Denise, Roger, Lisa, Renee und Leslie, meinen Stiefkindern Paige, Robin und Brett, und all meinen Freunden und Klienten, die so interessante Leben geführt haben und ihre Geschichten mit mir teilten. Auch möchte ich meiner Herausgeberin, Andrea Neff, für ihre außerordentliche Arbeit danken. Danke euch allen.

Inhaltsverzeichnis

Einführung 11

KAPITEL EINS: Psychologische Profile. 17
Die vier Elemente 19
Die Abwesenheit eines Elements 22
Die drei Modalitäten 23
Antreiber. 28
Quadrate als Antreiber 31
Mühelosigkeit im Horoskop. 47

KAPITEL ZWEI: Das Geburtsversprechen 53
Ehe 56
Scheidung. 73
Kinder. 81
Geld und Wohlstand 84
Erfolg 90
Gewalt und Missbrauch. 95
Beruf. 98
Gesundheit 101
Erste Schritte, um Vorhersagen zu machen. 102

KAPITEL DREI: Progressionen. 103
Regeln für Progressionen 105
Die Sonne in der Progression 108
Merkur in der Progression. 111
Venus in der Progression. 115
Mars in der Progression. 119

Progressionen der langsam laufenden Planeten 123
Das Timing von Progressionen 125

KAPITEL VIER: Die Bedeutung des progressiven Mondes. . 127
Allgemeine Wirkungen des progressiven Mondes. ... 134
Die Berechnung des progressiven Mondes 137
Der progressive Mond in den Zeichen 138
Die Aspekte des progressiven Mondes 160
Der progressive Mond im Aspekt zu den Planeten ... 164
Der progressive Mond auf kritischen Graden 171
Der progressive Mond in der Gesamtdeutung 174
Die Verwendung des progressiven Mondes zur
  Bestimmung von Ereignissen. 177

KAPITEL FÜNF: Die progressiven Häuserspitzen. 179
Die Beziehungsachse 183
Die Achse des Verlangens. 188
Die Achse des Geistes. 191
Die Achse von Heim und Beruf 192
Die soziale und kreative Achse 193
Die Achse von Dienst und Opfer 196

KAPITEL SECHS: Transite 199
Regeln für Transite 202
Regeln für Transite persönlicher Planeten. 203
Regeln für den Orbis von Transitplaneten. 204
Transite persönlicher Planeten 206
Transite der äußeren Planeten 219

KAPITEL SIEBEN: Stationäre und rückläufige Planeten 237
Regeln für stationäre und rückläufige Planeten. 238

KAPITEL ACHT: Lunationen und Eklipsen. 257
Richtlinien zur Bewertung von Lunationen
  und Eklipsen 265
Wirkungsdauer einer Eklipse 270

Die Verwendung des abgeleiteten Häusersystems
zur Auswertung von Lunationen und Eklipsen 271
Regeln für die Orben von Lunationen und Eklipsen . . 272
Neumond oder Solareklipse in den Häusern 273
Vollmond oder Lunareklipse in den Häusern 286
Lunationen oder Eklipsen im Aspekt zu den
Planeten 296
Lunationen oder Eklipsen im Aspekt zu den
äußeren Planeten 313

KAPITEL NEUN: Die Synthese: ein Beispiel............ 319
Das Geburtsversprechen und das psychologische
Profil 320
1994: Gründung des Unternehmens.............. 322
1999: Verkauf des Unternehmens 326

Glossar 330

Bibliografie 335

Über die Autorin.............................. 336

Horoskope

1. Carol Rushman 63
2. Jacqueline Kennedy Onassis. 65
3. Ron Howard 94
4. Junger Mann – Geburtshoroskop 321
5. Junger Mann – Gründung des Unternehmens 323
6. Junger Mann – Verkauf des Unternehmens 327

Einführung

Nach dreißig Jahren Tätigkeit als professionelle Astrologin bin ich der Ansicht, dass das Gebiet der astrologischen Prognose bei weitem das aufregendste ist. Es gab eine Zeit, in der die prognostische Astrologie nicht besonders populär war. So nutzten Astrologen beispielsweise in den 70er Jahren ihr fachliches Können ausschließlich als ein psychologisches Instrument. Die Psychologie ist sicherlich wichtig und interessant, und definitiv spielt sie eine sehr bedeutende Rolle bei dem, was wir als Astrologen tun, aber was die Klienten letztlich wollen, sind Vorhersagen. Viele Psychologen kommen zu mir, weil auch sie wissen wollen, was auf sie zukommt. Die Fähigkeit der Astrologie, in die Zukunft zu schauen, diese geheimnisvolle Faszination macht sie für die Menschen so attraktiv. Und gerade die populärsten Astrologen mit großer Anhängerschaft wissen, wie man zeitlich richtige und genaue Vorhersagen macht.

Wenn Sie sich als Neuling mit der Astrologie befassen, gibt es nichts Großartigeres als seine erste Vorhersage zu machen. Ich kann mich an meine sehr genau erinnern. Ich sagte einer Freundin, die darauf wartete, von ihrem Freund zu hören (sie hatte von ihm seit fünf Wochen nichts mehr gehört), dass er sich am Donnerstag melden würde. Als sie mich an besagtem Donnerstag abends anrief, weiß ich nicht, wer von uns beiden verblüffter war. Er hatte angerufen! Ein Thriller hätte nicht aufregender sein können. Das ist nun über dreißig Jahre her.

In meinen mittleren und fortgeschrittenen Kursen halte ich meine Studenten stets an, für sich selbst Vorhersagen für die kommende Woche zu machen. Sie sollen mit ihrem eigenen

Horoskop arbeiten. In manchen Wochen gibt es nur wenige Ereignisse vorherzusehen, und dennoch ermutige ich sie, etwas zu formulieren, das passieren wird. Das kann ein wichtiger Telefonanruf sein oder so etwas Simples wie ein Kompliment zu erhalten. Es kann auch einfach ein guter Tag sein. Ich möchte, dass sie etwas vorhersagen, es laut aussprechen und dann beobachten, wie es geschieht. Wenn es sich dann ereignet, sind sie genauso aufgeregt, wie ich es war.

Meine Studenten entwickeln sich im Laufe der Zeit weiter und müssen sich schließlich entscheiden, welches astrologische System sie benutzen wollen. Bei der Beratung von Klienten ist eine persönliche Methode essenziell wichtig. Sie gibt einem Astrologen in seiner Arbeit Struktur, Kongruenz und Konsistenz, und die Klienten begrüßen alle drei. Am wichtigsten ist jedoch, dass jeder Astrologe sich mit seinem eigenen System wohl fühlt.

Vielleicht sehe ich das so, weil ich eine Jungfrau-Sonne und einen Steinbock-Aszendenten habe. Im Vergleich zum Durchschnitt vertraue ich stärker auf Strukturen und Systeme. Ich glaube, dass Astrologen sich ein festes Fundament schaffen müssen, bevor sie lehren oder beraten, und daher präsentiere ich den Stoff dieses Buches in einer sehr pragmatischen Weise.

Es ist nicht von Bedeutung, welches spezielle System man als Astrologe benutzt, aber es sollte einen Grundriss haben, dem man bei der Unterstützung seiner Klienten vertrauensvoll folgen kann. Beide – Astrologe und Klient – werden sich dadurch sicherer fühlen.

Ebenso ist es wichtig, in der Beratungssitzung für einen Anfang, eine Mitte und einen Ausklang zu sorgen. Dies vermittelt sowohl dem Klienten als auch dem Astrologen nach der Sitzung das Gefühl, etwas abgeschlossen zu haben. Ich empfehle meinen Klienten, mich einmal im Jahr aufzusuchen, denn dann ist jede Sitzung erfüllend und lohnend. Nur bei wirklich wichtigen Anlässen unterstütze ich es, wenn sie öfter kommen wollen. Ich möchte nicht, dass die Astrologie für jemanden zu einer Krücke wird. Und ich denke, es ist für

Astrologen gefährlich, sich zum Guru zu machen oder sich als jemand zu präsentieren, der alle Antworten kennt.

Mein System beginnt mit dem Geburtshoroskop und mit etwas, das ich das *Geburtsversprechen* nenne. Das Geburtsversprechen ist das Ganze aller Horoskop-Komponenten, welche miteinander kombiniert das Potenzial eines jeden Lebens zeigen. Nicht alles mag dabei realisiert werden. Beispielsweise kann das Geburtsversprechen eines Klienten das Potenzial für verschiedene Ehen zeigen, er oder sie entscheidet sich jedoch, nur einmal zu heiraten. Doch mit diesem Potenzial – diesem Geburtsversprechen – beginnt jede astrologische Prognose. Ohne ein Verständnis für das Geburtshoroskop und sein Versprechen werden sich Vorhersagen nicht manifestieren.

Um zeitlich genaue Vorhersagen machen zu können, muss man als Astrologe zunächst die psychologische Struktur seiner Klienten verstehen können. Die Menschen reagieren unterschiedlich auf Energien, und ihre psychologischen Profile werden Ihnen den Unterschied zeigen. Es ist ein enormer Unterschied, einen Klienten mit überwiegend fixen Komponenten im Horoskop zu beraten als einen mit mehr kardinalen Strukturen.

Wie unten aufgeführt, benutze ich für die zeitliche Bestimmung die Sekundärprogressionen mit Betonung des progressiven Mondes und der progressiven Häuserspitzen. Ich betrachte die Aspekte progressiver Planeten zueinander und zu Planeten des Geburtshoroskops. Ebenfalls befasse ich mich intensiv mit Transiten und stationären Planeten mit speziellem Gewicht auf den Lunationen (Neumond und Vollmond) und den Eklipsen. Das ist mein System, und es hat mir in drei Jahrzehnten gute Dienste geleistet. Ich folge einer logischen Ordnung, die mir hilft, mich organisiert und wohl zu fühlen. Ich ermutige jeden Astrologen, der dieses Buch liest, es ebenso zu machen. Noch einmal zusammengefasst ist hier meine Methode:

1. Geburtshoroskop

Ich betrachte das Geburtshoroskop, um zu bestimmen, was den betreffenden Menschen antreibt. Ich betrachte seine oder ihre psychologische Struktur, wie sie im Horoskop angezeigt wird. Ich schätze das Versprechen ein.

2. Sekundärprogressionen

a. Der progressive Mond
b. Progressive Planeten im Aspekt zu Geburtsplaneten
c. Progressive Planeten im Aspekt zueinander
d. Progressive Häuserspitzen im Aspekt zu Geburtsplaneten und progressiven Planeten

3. Transite

Als Nächstes schaue ich mir die Bewegungen der Planeten durch die Zeichen und Häuser an und betrachte die Aspekte oder Beziehungen, die sie mit Geburtsplaneten oder progressiven Planeten eingehen, mit besonderer Betonung der stationären Planeten.

4. Lunationen und Eklipsen

Neumond, Vollmond und Eklipsen sind extrem wichtig für die zeitliche Bestimmung von Ereignissen und um einzuschätzen, womit ein Klient zur Zeit der Konsultation beschäftigt ist.

Obwohl dieses System nicht kompliziert ist, ist es gründlich, und eine kompetente Astrologin bzw. Astrologe erhält damit das, was er oder sie für eine gute und genaue Beratung braucht.

Ich denke, ein Horoskop zu interpretieren, ist wie Bridge spielen. Es gibt einige sehr gute Bridgespieler, die all die vielen Tricks und Techniken beherrschen, aber nur die besten davon anwenden. Andere Bridgespieler versuchen, all die Regeln und Techniken des Spiels miteinander zu vereinen, und verwirren schließlich sich selbst und ihre Partner völlig. Das kann auch auf Astrologen zutreffen. Ich habe astrologische Zeichnungen gesehen, auf denen so viele Informationen notiert waren, dass ich sie nicht mehr lesen konnte. Meiner Meinung nach sind ein gutes grundsätzliches Verständnis der Astrologie und die bereits erwähnten Techniken alles, was benötigt wird. Gute Astrologen lernen alles und wählen dann nach vielen Experimenten und Forschungen das beste System für sich selbst aus.

KAPITEL EINS

Psychologische Profile

Als ich vor Jahren mit der Astrologie begann, fiel mir die zeitlich genaue Bestimmung, das Timing meiner Vorhersagen, sehr schwer. Auf exakt dieselbe Energie reagierten die Menschen sehr unterschiedlich. Astrologie ist das Studium unseres Umgangs mit Energie, wie wir Energie erfahren und auf sie reagieren. Manchmal erfahren wir die Energie als ein inneres Bedürfnis oder als den Wunsch nach Veränderung, danach, eine Chance zu nutzen oder etwas Neues oder anderes zu tun – dies wird durch die Konjunktion angeregt. Manchmal tritt die Energie als ein Hindernis, eine Blockade, eine Herausforderung oder Möglichkeit zutage – dies wird durch den Quadrataspekt angezeigt. Bei der Opposition kann eine Beziehungskrise entstehen oder wir machen im Kontakt mit einer anderen Person eine Lernerfahrung. Die Aspekte, Transite, Progressionen, Lunationen und Eklipsen im Horoskop eines Klienten erschaffen Energie, aber jeder von uns antwortet auf diese Energie sehr verschieden.

Um besser bestimmen zu können, wann die Dinge höchstwahrscheinlich geschehen werden, wandte ich mich wieder den Grundlagen zu. Durch Untersuchung der Gewichtung der Elemente (Feuer, Erde, Luft und Wasser) und Modalitäten (kardinal, fix und veränderlich) und einiger der dominanten psychischen Muster, die jeder Klient hat, konnte ich das Timing meiner Vorhersagen verfeinern. Von diesem Moment an begann ich jede Arbeit am Horoskop mit einem Blick auf diese Komponenten. Diese beiden Faktoren – Modalitäten und Elemente – begannen mir nun ein Muster der individuellen Reaktion auf eine gegebene Situation zu enthüllen.

Die vier Elemente

Die vier Elemente sind Feuer, Erde, Luft und Wasser. Sie sagen einem Astrologen viel über das Temperament des Klienten. Ein Übergewicht oder Fehlen eines Elements zeigt an, wie eine Persönlichkeit sich selbst manifestiert. Natürlich verleihen Sonne, Mond und Aszendent dem Temperament oder der psychologischen Struktur einer Person die herausragenden Merkmale, doch hat ein Stellium (eine Gruppe) von vier Planeten in einem Element ebenfalls einen sehr bemerkenswerten Einfluss darauf, wie jemand auf Energie reagiert. In jedem Horoskop definiert die Kombination der Elemente die Persönlichkeit und Natur des Individuums.

Feuerzeichen

Feuerzeichen reagieren auf Energie sehr schnell, direkt und ungebremst. Sie können impulsiv, heftig und spontan sein. Auch sind sie bereit, sich zu bewegen, etwas zu unternehmen, etwas zu erschaffen oder jemand zu sein. Auf Widder und Schützen trifft dies teilweise zu, besonders jedoch Löwen mit ihrer fixen Qualität haben einen starken Abenteurergeist und natürlich das meiste Vertrauen in die Welt. Alle Feuerzeichen sind bereit, Risiken auf sich zu nehmen, etwas Neues anzufangen, ein neues Projekt zu starten, ihr eigenes Geschäft aufzumachen oder sich auf ein Abenteuer einzulassen. Feuerzeichen-betonte Menschen sind selbstsicher und verfügen über eine hohe Selbstachtung. Sie lassen sich ein und gehen an das Leben mit außerordentlicher Begeisterung heran.

Erdzeichen

Erdzeichen sind im Umgang mit Energie vorsichtiger. Erdzeichen-betonte Menschen sind in praktischen Dingen begabter und realistischer als die anderen Elemente. Sie neigen dazu, vor dem Schritt nach vorn einen festen Stand zu benötigen. Sie haben einen eher vorsichtigen, konservativen und bedächtigen Zugang zum Leben. Stiere beharren auf ihren Ansichten und überdenken die Dinge sehr gründlich. Jungfrauen wollen analysieren. Steinböcke wollen zwar nach oben, aber vorsichtig. Sie brauchen eine Vision, einen Plan, eine organisierte Struktur, bevor sie ihren Aufstieg beginnen. Erdzeichen wollen vorbereitet sein. Sie sind zuverlässig, gründlich und solide.

Luftzeichen
Luftzeichen nähern sich der Energie auf mentale Weise. Sie sind auf ihre Mitmenschen bezogen, gesellig und wissensdurstig. Stets sind sie bereit, eine neue Beziehung oder Freundschaft anzufangen, und sie lieben Situationen, in denen sie etwas lernen können. Sie sind schnell gelangweilt, und manchmal reden und denken sie mehr über die Dinge, als dass sie sie tatsächlich tun. Zwillinge verfügen über eine große intellektuelle Neugier. Bei jeder sich bietenden Gelegenheit lernen sie dazu, ihre angeborene Dualität ist jedoch eine verzwickte Sache. Jeder, der mit einem Zwilling zusammen lebt, wird Ihnen sagen können, wie schwierig es ist, zu erkennen, welche von den vielen Persönlichkeiten des Zwillings morgens aus dem Bett steigt. Waagen sind auf Partnerschaft ausgerichtet. Sie brauchen eine Beziehung, lieben es, verliebt zu sein, und verlieben sich regelmäßig. Haben Wassermänner ein Anliegen oder eine Passion, so sind sie durch nichts zu stoppen. Wassermänner brauchen die Möglichkeit zum Ausdruck ihrer Einzigartigkeit. Sie sind sehr unabhängig und brauchen Freiheit, und manche Wassermänner haben das Gefühl, in der Welt ihre »Duftmarke« hinterlassen zu müssen. Luftzeichen sind kommunikativ, umgänglich und auf Ideen und andere Menschen ausgerichtet.

Wasserzeichen
Wasserzeichen reagieren auf die Energie meistens unbewusst. Mit dem Fluss ihrer Gefühle driften sie durch die Ereignisse hindurch. Sie reagieren auf die Energie, ohne zu wissen, dass sie es tun. Ich habe eine wasserbetonte Tochter mit sieben Planeten in diesem Element. Als sie jünger war, konnte ich gut

beobachten, wie ihre Gefühle sie in Situationen, Beziehungen und Richtungen trieben – auf eine Art und Weise, die ohne eine Spur des Nachdenkens zu sein schien. Als sie erwachsen war, wurde diese Eigenart weniger auffällig. Wasserzeichen folgen dem, was immer gerade geschieht. Die Motivation des Krebses ist es, zu nähren und genährt zu werden. Sie finden nur dann wirklich heraus, wer sie sind, wenn sie ein Zuhause haben und jemanden, um den sie sich kümmern können. Krebse haben oft mit Schwangerschaft und Elternschaft zu tun. Entweder werden sie zu früh schwanger oder können keine Kinder bekommen, oder sie werden schwanger, bevor sie verheiratet sind, oder sie sind verheiratet und können kein Kind empfangen. Die mir bekannten Krebs-Astrologen sind richtige Beschützer. Katherine de Jersey, ein Krebs, ist eine der fürsorglichsten Astrologen, der ich je begegnet bin.

Skorpione haben intensive Visionen. Sie schauen weder nach rechts noch nach links, sondern mit laserähnlichem Fokus direkt geradeaus. Wenn ein Skorpion etwas will, kann ihn niemand stoppen. In warne meine Klienten in einer solchen Situation stets und rate ihnen, am besten aus dem Weg zu gehen.

Fische sind wohl am schwierigsten zu beschreiben, ihre Energie ist chamäleonartig und absorbierend. Wenn Klienten Kinder mit einem starken Fische-Einfluss (oder manchmal auch mit veränderlichen Einflüssen) haben, rate ich ihnen, darauf zu achten, dass Umgebung und Freunde ihrer Kinder so positiv und konstruktiv wie möglich sind, denn sie werden sich dem anpassen und angleichen, dem sie ausgesetzt sind – was immer es ist. Sie brauchen eine aufbauende Umgebung, denn durch einen falschen Umgang könnten sie der Herde folgen. Menschen mit einer Fischebetonung oder einem starken Neptun-Einfluss sind oft durch die Stimmung ihrer Umgebung beeinflusst. Ich habe Sonne Konjunktion Neptun in der Jungfrau. Wenn mein Mann wegen irgendetwas schlecht gelaunt oder depressiv ist, gleite ich aus guter Stimmung hinab in ein tiefes Loch. Bin ich in der Nähe von jemandem, der schlecht gelaunt ist, kann sich ein sonniger Tag in Finsternis verwandeln und mir ist der Spaß an allem verdorben. Eine Freundin mit der Sonne in den Fischen stellte fest, dass sie nicht mit negativen Menschen zusammen sein kann. Sie vertraute mir an, den Kontakt mit einem gemeinsamen Freund eingestellt zu haben, denn jedes Mal, wenn sie ihn traf, war sie anschließend depressiv. Fische haben eine durchlässige Psyche. Sie nehmen die Stimmungen anderer auf und behalten sie. Sie müssen daher aufpassen, mit wem sie ihre Zeit verbringen. Grundsätzlich sind alle Wasserzeichen fließend und folgen dem Weg, den ihre Gefühle nehmen.

Die Abwesenheit eines Elements

Die Abwesenheit eines Elements im Horoskop fordert die betreffende Person und ihre Art, auf Energie zu reagieren, heraus. Entweder ringen solche Menschen um Kompensation des Mangels mit dem Ziel, eine ausgewogene Antwort auf das Leben zu finden, oder sie sind völlig ahnungslos darüber, dass ihrer Persönlichkeit etwas fehlt. Fehlt das Feuerelement, können geringe Selbstachtung und wenig Vertrauen vorkommen. Solche Menschen können pessimistisch und schnell deprimiert sein und der Lebenskraft des Geistig-Spirituellen entbehren. Ohne das Erdelement im Horoskop können Realitätssinn und Verwurzelung fehlen. Einer meiner Freunde hat keine Erde im Horoskop und kämpft ständig darum, Boden unter die Füße zu bekommen. Seiner Meinung nach ist Geld für den Luxus des Lebens da und nicht für seine Notwendigkeiten. Er ist bekannt dafür, sich lieber teure Dinge zu leisten, anstatt seine Miete zu bezahlen.

Menschen mit fehlendem Luftelement haben Probleme mit der Objektivität. Sie neigen dazu, alles zu internalisieren. Sie hungern nach Geselligkeit und Austausch, sind jedoch nicht besonders gut darin. Ich habe einen Freund ohne Luft im Horoskop und mit dem lästigen Hang zu Vorträgen. Er möchte, dass seine Umgebung sich hinsetzt und ihm zuhört, ist im mündlichen Ausdruck jedoch nicht gut und hat Schwierigkeiten damit, schlagfertig zu antworten. Am meisten interessiert ihn seine eigene Sichtweise. Menschen, denen das Wasser im Horoskop fehlt, versuchen, das emotionale Vakuum zu füllen. Für sie ist es schwer, in Kontakt zu ihren Gefühlen zu bleiben und sie auszudrücken. Folglich neigen sie auch dazu, sich mit überemotionalen Menschen zu verstricken. Im Horoskop einer meiner Klientinnen kommt kein Wasser vor, und wenn ich ein Problem habe und versuche, mit ihr darüber zu sprechen, sagt sie leider immer nur das Verkehrte. Sie kann kein Mitleid für mich empfinden und begegnet Problemen lediglich objektiv – doch sie ist eine hervorragende Köchin. Mitgefühl und Empathie mögen ihr zwar fehlen, mit Köstlichkeiten aus ihrer Küche kann sie mich aber dennoch aufheitern.

Wenn ein Element fehlt, müssen die fehlenden Charakterzüge entwickelt werden. Menschen, denen das Feuer fehlt, müssen Selbstvertrauen und eine positive Herangehensweise an das Leben entwickeln und ihre eigene, persönliche Form der Spiritualität finden. Wem das Erdelement fehlt, der muss seinen praktischen Sinn entwickeln und Dinge tun, die ihn in der Erde verwurzeln. Als Heilmittel bei Abwesenheit des Luftelements wirkt die Kultivierung der Fähigkeit, anderen wirklich zuzuhören und Objektivität zu erlernen, indem man sich bewusst in die Lage einer anderen Person versetzt. Die Abwesenheit des Wasserelements kann dadurch ausgeglichen werden, dass man zu berühren lernt, also andere bewusst nährt, anstatt lediglich zuzuhören und Probleme nur auf rationaler, analytischer Ebene zu lösen. Und durch das ernsthafte Bemühen, den Schmerz anderer Menschen wirklich nachzuempfinden.

Die drei Modalitäten

Nach Prüfung der Elemente schaue ich mir die Modalitäten an – kardinal, fix und veränderlich. Die Modalitäten drücken am klarsten aus, wie Menschen auf Stimulationen reagieren und speziell wie sie sich in Spannungssituationen verhalten. Wird der individuelle Mensch die Initiative ergreifen? Oder versuchen, etwas zu blockieren, zu stoppen, Widerstand zu leisten, wird er sich zurückhalten und nicht reagieren? Oder wird die Person über Problemen brüten, bevor sie etwas unternimmt? Die Modalitäten zeigen ein klares Bild davon, wie ein Mensch Energie handhabt, insbesondere wenn eine Modalität stark betont ist.

Kardinale Zeichen
Am einfachsten ist es, Vorhersagen für Menschen mit einer kardinalen Betonung zu machen. Wenn Sie ein kardinales T-Quadrat oder ein Stellium in einem kardinalen Zeichen sehen, haben Sie es mit einem Menschen zu tun, dem die Dinge einfach geschehen. Sagen Sie diesem Klienten, was zu erwarten ist, wird er oder sie Ihnen zustimmen und vielleicht sagen »Ja, so ist die Situation zur Zeit« oder »Ich habe darüber nachgedacht, das zu tun«. Für diese Menschen ist das Leben voller Abenteuer und Chancen. Aufgrund ihrer Art und Weise, auf Spannungen zu reagieren, sind Vorhersagen für sie die einfachsten. Sie begrüßen Veränderungen und haben keine Angst davor, sie in Angriff zu nehmen. Ebenso sind sie neuen Ideen gegenüber aufgeschlossen und handlungsorientiert. In Krisen blühen sie auf und brauchen sie auch, um sich zu motivieren. Wenn sie gerade keine Krise haben, erschaffen sie sich eine. Einer meiner kardinalen Freunde drückt das so aus: »Eine Krise am Tag und ich bin glücklich.«

Fixe Zeichen
Menschen mit einer starken Betonung der fixen Modalität in ihrem Horoskop werden Zeiten der Veränderung schlicht abstreiten. Sie werden behaupten, dass sich nichts verändert, dass nichts Besonderes geschieht. Pluto, Uranus oder Saturn (allesamt sehr starke Kräfte) können zu allem und jedem in ihrem Horoskop ein Quadrat bilden, und sie werden immer noch darauf bestehen, dass nichts passiert.

Für Astrologen ist das ein Albtraum. Als Astrologe versucht man, den Klienten dabei zu helfen, die Realität zu sehen. Diese Klienten aber glauben, dass, wenn sie sagen, dass nichts geschieht, es auch tatsächlich so ist. Als Astrologe sieht man die Spannungen in ihrem Horoskop und die Ereignisse, die hervortreten sollten, aber diese Klienten glauben, wenn sie es nur lange oder stark genug leugnen, wird sich ihr Leben nicht verändern müssen.

Ich habe fixe Zeichen an der Spitze des vierten und zehnten Hauses, und manchmal bemerke ich ein solches Verhalten bei mir selbst. So bleibe ich über Jahre im gleichen beruflichen Trott, im gleichen Job und wehre mich dagegen, etwas zu verändern, obwohl ich weit bessere Umstände haben könnte. Aber immer finde ich Gründe, etwas zu bemängeln, und lasse mir Zeit. Wenn ich mich dann aufmache, finde ich mich schnell zurecht, aber die anfänglichen Veränderungen sind in diesen Bereichen meines Lebens niemals einfach.

Menschen mit Betonung der fixen Energie widerstreben Veränderungen, da sie Zeit brauchen, um sich auf die letztlich doch unumgängliche Veränderung vorzubereiten. Sie gehören zu denen, die auf Umständen beharren und sich weigern, Veränderungen vorzunehmen, wenn auch nur, um die gegebenen Umstände so lange wie möglich zu erhalten. Natürlich stellt diese Fähigkeit, bei einer Sache zu bleiben, auch eine große Kraft dar. Ein Kardinalzeichen wird auf die Energie sofort antworten, oftmals beim ersten Übergang eines Transits oder bei der ersten Auslösung einer Progression. Ein fixes Zeichen kann viele Auslösungen haben, bei Transiten beispielsweise bis zu drei Übergänge, oder der Aspekt kann die üblicherweise verwendeten Orben schon überschritten haben, bevor darauf geantwortet wird. Diesen Menschen geschehen zwar viele Dinge, aber sie brauchen eine Menge Spannung und Druck, um auch darauf zu reagieren oder sich darauf einzulassen.

Einer meiner Klienten ist Stier mit Skorpion-Aszendent. Er hat fixe Aspekte und ein fixes T-Quadrat in seinem Horoskop. Ich berate ihn seit zwanzig Jahren und in all der Zeit wollte er sich scheiden lassen. Vor zehn Jahren sagte ich ihm: »Wenn Sie die

Scheidung wollen, machen Sie es jetzt oder nie. In ungefähr drei oder vier Jahren werden Sie viel Geld verdienen, und dann wird die Scheidung Sie doppelt so viel kosten.« Er ließ sich nicht scheiden, gibt mir nun recht und bedauert es sehr. Er kommt weiterhin zu mir und spricht über Scheidung, aber er ist inzwischen über siebzig und ich sagte ihm, dass es meiner Meinung nach das Beste sei, über andere Dinge zu reden.

Ein Mann mit Betonung der fixen Qualität kann noch so verliebt sein – damit er in den Hafen der Ehe einläuft, wird ihm vielleicht dennoch ein Ultimatum gestellt werden müssen. Nicht nur dass die Frau ein gutes Standvermögen braucht, sie wird ihn vielleicht auch erst verlassen müssen. Die fixe Qualität kann Veränderungen einfach nicht ertragen, und eine solch drastische Maßnahme kann dann das gewünschte Ergebnis hervorbringen. Diese Strategie funktioniert bei manchen, nicht bei allen. Nichtsdestoweniger, der Gedanke an Veränderung ist für jedes fixe Zeichen mehr als schwierig. Wenn diese Klienten gezwungen sind, sich zwischen zwei Veränderungen zu entscheiden – so sollten sie alles hinter sich lassen und vollkommen neu beginnen (was sie wirklich hassen) oder sich festlegen; und sie werden sich oft dafür entscheiden, sich festzulegen.

Die fixen Zeichen sind in ihren Bewegungen und Veränderungen nicht nur langsam, sondern neigen auch zu Verspätungen. Stiere sind einfach langsam, Skorpione nutzen Verzögerungen als einen subtilen Machtkampf, Löwen mögen es, einen Auftritt zu inszenieren, und Wassermänner wollen die Dinge nach ihren eigenen Vorstellungen regeln. Aber auch wenn fixe Zeichen zu Terminen oft zu spät kommen – wenn sie einmal da sind, bleiben sie. Ein guter Freund von mir ist ein Beispiel dafür. Er sagt, dass er am Vormittag vorbeikommt. Er erscheint schließlich um zwei Uhr nachmittags und bleibt dann die ganze Nacht. Wenn man ihn am Telefon hat, nimmt es kein Ende. Weil die fixe Qualität in seinem Horoskop so stark ist, ist er nur langsam in Bewegung zu bringen und verlässt oder verändert Situationen auch nur langsam.

Bei Progressionen in fixen Zeichen ist es wichtig, zu wissen, wie die Energie wirkt. Ich habe zwar keine starke Betonung der fixen Modalität, aber ein wenig ist diese Qualität in meinem Horoskop vertreten. Als ich eine Progression in fixen Zeichen hatte, fiel mir auf, dass in den ersten zwei Jahren, als sie herannahte und exakt wurde, nur sehr wenig passierte. Zuerst dachte ich, sie wirkt nicht. Dann jedoch, 2° nach der Progression, traten die Ereignisse der Progression ein. Ich hatte eine fixe Progression, die 2° verspätete und dennoch wirkte! Mit einem Quadrat der progressiven Sonne im neunten Haus – dem Haus der gesetzlichen Angelegenheiten – auf meinen Horoskopherrscher Saturn im ersten Haus – in einem fixen Zeichen – wurde ich in einen zwei Jahre währenden juristischen Streit verwickelt, um die Astrologie betreffende Gesetze verändert zu bekommen. Zur gleichen Zeit starb der Partner meines Mannes, was für ihn sehr schmerzlich war und ihn zudem unter finanziellen Druck setzte. Auch kam es zu einem erbitterten einjährigen gerichtlichen Streit mit der Witwe seines Partners. Es war eine sehr schwierige Zeit, und die Progression war 2° vorbei, als dies alles begann. Von einem positiven Standpunkt aus betrachtet machte ich eine »Bestandsaufnahme« über meinen körperlichen Zustand, nahm 10 Kilo ab und begann ein diszipliniertes Gymnastikprogramm. Außerdem erschloss sich mir ein neues Geschäftsfeld mit Vitaminpräparaten, und ich entwickelte ein ausgeprägtes Gesundheitsbewusstsein. In meinem eigenen Fall wie auch bei meinen Klienten kam ich zu der Feststellung, dass bei Progressionen in fixen Zeichen die Ereignisse einfach später eintreten.

Veränderliche Zeichen

Die veränderliche Modalität ist meiner Meinung nach die interessanteste. Vieles von dem, was Personen mit einer Betonung der veränderlichen Qualität geschieht, passiert in deren Kopf. Sehr oft ereignen sich die Dinge eher mental als in greifbarer Form. Klienten mit vielen veränderlichen Aspekten sind oft durch die Geschehnisse im übrigen Horoskop beeinflusst. Sie stellen sich auf anderweitige Einflüsse ein und passen sich ihnen an. Da sie auf einer mentalen Ebene arbeiten, reagieren Menschen mit starker Betonung der veränderlichen

Qualität auf einen Aspekt, indem sie erst einmal eine Liste erstellen. Wenn die Liste fertig ist, denken sie, das Projekt sei erledigt. Unter negativer Spannung versetzen sie viele Geschehnisse in Angst und verursachen Paranoia, Unruhe und Panikanfälle. Wenn einer meiner Klienten mit einem veränderlichen T-Quadrat starkem Druck ausgesetzt ist, fühlt er sich nach eigener Aussage nahezu gelähmt und hat Angst, vorwärts- oder rückwärtszugehen oder eine Entscheidung zu fällen. Veränderliche Zeichen grübeln viel und sorgen sich endlos, sie leiden an dem, was vorgeht. Im Erleben einer aktuellen Situation ist die Erfahrung des psychischen Schmerzes für sie der härteste Teil ihrer Entwicklung.

Bei Klienten mit starker Betonung der Veränderlichkeit bin ich extrem vorsichtig, etwas Negatives oder Schwieriges zu äußern, denn wenn sie gehen, erinnern sie sich nur an die schlechten Dinge, die ich gesagt habe, niemals die guten. Ich kann ihnen zwanzig gute Dinge sagen und eine schlechte Sache – was meinen Sie, was Sie sich merken?

Antreiber

Neben Elementen und Modalitäten besteht immer noch eine weitere, den Menschen stark motivierende Komponente im Horoskop. In Ermangelung eines besseren Ausdrucks nenne ich diese Komponente den *Antreiber* der Klienten. Er ist es, der ihre Maschine anfeuert und sie in Bewegung setzt. Er macht einen Großteil dessen aus, was die Menschen vorwärtstreibt und ihrem Leben einen Fokus gibt. Einige machtvolle Antreiber sind T-Quadrate, stark gestellte Quadrate, Stellien, Konjunktionen und Oppositionen. Ich hielt einmal einen Vortrag mit dem Titel »Die zehn tödlichsten Aspekte«. Als ich den Text dazu verfasste, erkannte ich in unseren härtesten Aspekten zugleich unsere stärksten und positivsten Antriebskräfte. Wenn ich Klienten berate, sage ich ihnen dazu gewöhnlich: »Dies ist das Beste in Ihrem Horoskop – und zugleich das Schwierigste«.

T-Quadrate als Antreiber

T-Quadrate sind zweifellos Antreiber. Als ich an einem Forschungsprojekt arbeitete, fiel mir der hohe Prozentsatz an T-Quadraten in Horoskopen erfolgreicher Menschen auf.

In den verschiedenen Modalitäten wirken sie folgendermaßen:

Das kardinale T-Quadrat bewirkt ein aus der inneren Tiefe kommendes Gefühl, dass sagt: »Ich muss etwas unternehmen. Ich muss etwas veranlassen. Ich muss jemand sein. Ich muss etwas tun.« Es ist eine tief greifende Motivation, und ich betrachte Klienten mit diesem Aspekt als die Unternehmer des Tierkreises. Sie sind die Trendsetter, die Aktiven, das ist es, was sie antreibt. Wenn ich ein kardinales T-Quadrat im Horoskop sehe, spreche ich mit den Klienten immer darüber, ein eigenes Geschäft zu haben. Oftmals haben sie es bereits, denken darüber nach, haben es gehabt oder wollen es tun. Immer ist etwas Unternehmerisches in ihrem Geist. Viele von ihnen sagen zu mir: »Oh, mein erstes Unternehmen begann ich mit zehn Jahren, mit meinem ersten Limonadestand, und ich habe nie aufgehört.« So arbeiten Menschen mit einem kardinalen T-Quadrat. Wenn sie kein eigenes Geschäft haben, übernehmen sie irgendwo anders in ihrem Leben die Führungsrolle. Häufig bleiben sie in Unternehmensstrukturen nur dann, wenn sie eine Autoritätsperson sind und Karriere machen. Weil sie naturgemäß eine Art »Selbstzünder« sind, sind kardinalbetonte Menschen gut im Verkauf. Und auch wenn sie hier für jemanden arbeiten, fühlen sie sich wie in einer Führungsposition, denn sie machen die Abschlüsse und haben die Freiheit, die wichtigsten Entscheidungen zu fällen.

Menschen mit fixen T-Quadraten sind die Standfesten des Tierkreises. Diese Leute beenden, was sie angefangen haben. Wenn sie beispielsweise das College besuchen, hören sie meist nicht eher auf, bis sie einen akademischen Titel erlangt haben. Ihr Fokus liegt darauf, ihr Ziel zu erreichen, und wenn sie gute Ziele haben, dann sind sie auch erfolgreich. Wann immer ich eine Person mit einem fixen T-Quadrat berate, sage ich: »Sie können alles tun oder sein, wenn Sie sich darauf konzentrieren.

Setzen Sie sich ein Ziel, denn Sie haben den Mut und die Standhaftigkeit, es zu erreichen. Und Sie werden Ihren Weg auch durch Schwierigkeiten gehen, denn Sie haben früh im Leben gelernt, dass es Hindernisse, Stolperfallen und Herausforderungen gibt. Aber Sie haben auch gelernt, wie man weitergeht.« Ich konnte dies bei meinem Stiefsohn beobachten, der ein massives fixes T-Quadrat hat. Es wurde durch Pluto ausgelöst und ich war in Gedanken daran, was ihm wohl widerfahren mag, tief besorgt. Er hatte bereits einen Universitätsabschluss und arbeitete im Bankbereich, doch er entschied sich, wieder zu studieren. Er machten seinen *MBA* (Master of Business Administration) und studierte anschließend Jura weiter. Er arbeitete extrem hart und gehörte bei seinem Abschluss zu den besten 2 Prozent seines Jahrgangs.

Menschen mit veränderlichen T-Quadraten haben ebenfalls die Energie, etwas zu erreichen, und zwar meistens durch ihre Gewissenhaftigkeit. Das sind jene Leute, die den Punkt auf das i und den Strich durch das t machen. Sie sind hochgradig kreativ und flexibel. Mir ist aufgefallen, dass sie häufig erwachsene Kinder von Alkoholikern sind, oder in ihrer Umgebung kommen Drogen, Süchte oder Gewichtsprobleme vor (oft in Verbindung mit einem Elternteil oder Geschwister). Das Kind mit einem veränderlichen T-Quadrat ist nicht selten das Heldenkind in einer dysfunktionalen Familie. Oftmals kommen diese Kinder aus einem allein erziehenden Elternhaus, wo sie schon in jungen Jahren viel Verantwortung übernehmen mussten.

Eltern eines Kindes mit einem veränderlichen T-Quadrat sollten ein besonderes Augenmerk auf die Freunde ihres Kindes richten und wachsam für negative Einflüsse sein. Veränderlich geprägte Kinder werden oft das, dem sie ausgesetzt sind. Wie ein Chamäleon absorbieren und reflektieren sie die Energie. Auf der anderen Seite können veränderliche T-Quadrate einen Hang zur Perfektion, enorme Kreativität und große Wandlungsfähigkeit hervorbringen. Es ist wichtig, nicht zu vergessen, dass alle T-Quadrate ausgeprägte Antreiber sind – sowohl für das Gute als auch für das Schlechte.

Quadrate als Antreiber

Neben vielen anderen Aspekten können Sonne Quadrat Saturn, Mond Quadrat Saturn, Mars Quadrat Saturn oder Venus Quadrat Saturn eine Person ebenfalls antreiben oder einen Brennpunkt im Horoskop darstellen. Sie motivieren auch dazu, etwas zu leisten, zu erreichen und dorthin zu gehen, wo man hin will. Menschen mit vielen Saturnquadraten sind häufig hoch diszipliniert. Sie haben gelernt, dass es für sie ziemlich unangenehm werden kann, wenn sie nicht alles richtig machen, und so versuchen sie normalerweise, die Dinge auf die richtige Weise zu tun. Sie wollen etwas erreichen und vollenden, und sie sind sehr strukturiert. Sie tun das, was sie sagen, und sind zuverlässig, ambitioniert und engagiert. An sich und andere legen sie hohe Maßstäbe an. Das Problem ist, dass sie von anderen Menschen nicht erwarten können und sollten, auf der gleichen perfektionistischen Ebene zu funktionieren wie sie selbst. Sie können sich selbst ihr ärgster Feind und stärkster Kritiker sein, indem sie völlig unrealistisch dem gegenüber sind, was sie und andere erreichen können.

Viele Beispiele hierfür sind in der Generation der Superfrauen zu beobachten. Viele Frauen treiben sich selbst mit überhöhten Erwartungen an, die letzlich zu Enttäuschungen und Depressionen führen können. Sie müssen lernen, ihre Errungenschaften zu würdigen, sie brauchen das Innehalten, um sich zurückzulehnen und ihre gelungenen Leistungen zu genießen. Außerdem sollten sie nicht so kontrollierend sein. Das Bedürfnis nach Kontrolle kommt aus einem Bereich, in dem sie glauben, dass alles perfekt gemacht werden muss. Immer wenn ich für sie Voraussagen mache, ist ihre erste Antwort: »Nein, das stimmt nicht.« Sie wollen die Kontrolle haben. Beziehungen können sich für Superfrauen schwierig gestalten. Eine Klientin von mir ist eine unglaublich bewanderte und erfolgreiche Geschäftsfrau, aber sie findet keinen Mann, der ihre Ansprüche erfüllt (das gilt auch für ihre Angestellten und Freunde). Sie hat Sonne, Mars und Saturn in Konjunktion im Wassermann. Sie sieht sehr gut aus und ist groß und schlank. Sie verdient eine Menge Geld, kann aber weder einen Mann noch einen Angestellten halten und hat nur sehr wenige Freunde, die den Ansprüchen ihrer rigiden Maßstäbe genügen. Ihre Suche nach Perfektion beeinträchtigt ihr Glück. Wie viele andere Superfrauen hat sie vergessen, dass es sehr schwer ist, einen Gott zu finden, wenn man erst einmal eine Göttin geworden ist. Nicht jeder Mensch ist gewillt, auf einer so hohen Ebene zu agieren, wie diese Frauen es tun.

Ein Mensch mit einem Quadrat von Sonne oder Mars zu Saturn hat tief in sich eine antreibende Kraft, die sagt: »Ich werde hinaus in die Welt gehen und mein Ding machen. Ich kann mehr sein und mehr haben. Ich muss es vollbringen. Ich muss es vollenden.« Wenn sich dieser Aspekt im zweiten Haus manifestiert, liegt das Gewicht auf dem finanziellen Bereich. Solche Klienten haben nie genug Geld, um sich sicher zu fühlen. Zeigt sich der Aspekt im zehnten Haus, haben sie nie genug öffentliches Ansehen, um sich wertvoll zu fühlen. Im siebten Haus genügen ihre Partner niemals ihren Ansprüchen. Wenn die Sonne beteiligt ist, wollen sie oft sich selbst oder ihren Vätern etwas beweisen.

Einer meiner Klienten, dessen Sonne und Venus zu Saturn im Quadrat stehen, erhielt von seinem Vater die Botschaft, dass er nie gut genug war, was immer er auch tat. Dieser Mann erarbeitete sich seinen Weg durch das College und absolvierte ein Ingenieurstudium. Er brauchte dafür fünf Jahre, denn er musste ganztags arbeiten und ganztags zur Schule gehen. Bereits vor seinem Abschluss hatten er und seine Frau drei Kinder. Nach Beendigung seines Studiums sagte sein Vater: »Ingenieure gibt es wie Sand am Meer. Du hättest Lehrer werden sollen.« Was immer dieser Klient auch tat, es war niemals gut genug, um seinen Vater zufrieden zu stellen. Unglücklicherweise richtete dieser Mann sich nach seinem Vater, und im Umgang mit seinen Kindern handelt und redet er auf dieselbe Weise.

Jemand mit Mond Quadrat Saturn hat nicht selten ein Problem mit seiner Mutter oder dem erziehenden Elternteil.

Klienten mit diesem Aspekt haben möglicherweise von ihrer Mutter die bedingungslose Liebe, die sie brauchten, nicht erhalten, und so glauben sie, sich Liebe verdienen zu müssen. Sie mussten Anspruche erfüllen und haben Liebe nur dann erhalten, wenn sie den Bedingungen und Erwartungen ihrer Mutter entsprachen. Als Kinder haben sie Sätze gehört wie »Ich liebe dich, wenn du der/die Beste bist« oder »Ich werde sehr traurig, wenn du dein Zimmer nicht in Ordnung hältst«. Oft wurden sie in negativer Weise mit anderen Kindern verglichen. Genug ist nie gut genug. Aufgrund dieser generellen Unsicherheit glauben sie, dass sie hart arbeiten müssen, um sich zu beweisen.

Sowohl Sonne als auch Mond im Quadrat zu Saturn haben mit Einschränkung und Beherrschung zu tun. Eine Person mit Sonne Quadrat Saturn erlebt diese Themen mit ihrem Vater, jemand mit Mond Quadrat Saturn erlebt Beschränkungen häufig im Zusammenhang mit der Mutter. Die Eltern dieser Klienten sind oft kalt, richtend und beherrschend. Klienten mit solchen Aspekten verinnerlichen häufig diese Energie und neigen dazu, sich das Verhalten ihrer Eltern zum Vorbild zu nehmen oder es zu imitieren. Für sie (wie für jeden anderen mit harten Aspekten) besteht die Herausforderung darin, die Energie konstruktiv zu handhaben und nicht ihren negativen Ausdruck zu wiederholen, sondern sie auf ein höheres Niveau zu bringen. Wer sich entwickeln will, sieht das ein und arbeitet hart daran, eine Wiederholung des negativen Verhaltens zu verhindern. Es kann Klienten helfen, wenn man ihnen erklärt, dass sie unbewusst in dieses Verhalten abgleiten, und wenn man ihnen sagt, dass der Schlüssel zum Wachstum darin liegt, zu erkennen, wann sie es tun, und dann damit aufzuhören.

Steht Venus im Horoskop eines Klienten im Quadrat zu Saturn, treten gewöhnlich Probleme in den Bereichen Liebe, Geld und Selbstwert auf. Der einzelne Mensch fühlte sich als Kind oft vernachlässigt, so dass er sich nun als ungenügend, nicht akzeptiert, nicht liebenswert und nicht perfekt genug empfindet. Die Ursache solcher Gefühle ist häufig tatsächlich in mangelnder Liebe eines Elternteils oder beider zu finden.

Daraus folgend suchen diese Klienten ständig nach Beweisen ihres Wertes und brauchen lange, um Liebe zu akzeptieren. Manchmal haben sie lange Zeit Schwierigkeiten damit, für das, was sie tun, auch genug zu verlangen, oder sie können nicht genug Liebe oder Geld erhalten, um zufrieden zu sein. An diesem Punkt sollte ein Astrologe auf die Grundlagen zurückgreifen. Venus ist die Art zu lieben, und Saturn kann kalt sein. Die Art zu lieben ist also kühl, man hat Schwierigkeiten, Liebe oder Zuneigung auszudrücken. Es werden Mauern errichtet, und die Kälte, die diese Leute ausstrahlen, kann es anderen erschweren, sie zu erreichen. Wenn sie jedoch fühlen, dass man anderen vertrauen kann oder diese »den Test bestanden haben«, dann entspannen sie sich oft und erlauben einem, näher zu kommen.

Ein Mensch mit einem Venus/Saturn-Quadrat ist fast immer bitter von der Liebe enttäuscht worden. Auch mit weniger harten Saturn/Venus-Aspekten kann man Hemmungen oder Behinderungen in der Liebe erfahren. Ich habe Venus Trigon Saturn und heiratete meine wahre Liebe im Alter von fünfzig Jahren. Jeder Venus/Saturn-Aspekt bringt in Liebesangelegenheiten mindestens ein Erlebnis von tiefer Desillusionierung mit sich. Normalerweise sage ich meinen Klienten: »Sie werden Enttäuschungen in der Liebe erleben, es kann sich derart manifestieren, dass die Liebe erst sehr spät in ihr Leben kommt. Saturn verneint die Liebe nicht, er verzögert sie. Wenn Sie an Ihren Venus/Saturn-Problemen arbeiten, werden Sie Liebe finden.« Leider habe ich andere Astrologen sagen hören: »In diesem Leben werden Sie keine Liebe finden.« Das ist nicht wahr. Die Liebe kann mit Verspätung kommen, oder man muss sich erst durch Enttäuschungen hindurcharbeiten. Die Person muss lernen, ihr Verhalten zu ändern. Wenn dies geschehen ist, werden die Mauern fallen und die Liebe kann geschehen. Hier kommt der freie Wille ins Spiel. Diese Klienten sind durch ihre Bestimmung nicht gebunden, sondern herausgefordert. Meine Beratungen sind immer von einem unterschwelligen Thema begleitet: Du kannst von deiner Bestimmung herausgefordert werden, aber du bist nicht von ihr beherrscht. Klienten mit Mars/Saturn-Aspekten sind gewöhnlich sehr konzentriert, diszipliniert und gut vorbereitet. Um ihre Ziele zu erreichen und Widerstände zu überwinden, arbeiten sie hart. Bei einem fixen T-Quadrat ist ihre Einstellung besonders beharrlich. Sie lernten sehr früh, dass alles, was sie taten, richtig gemacht werden musste. Hier ist jedoch auch eine Energie am Werk, die zugleich antreibt und bremst. Sie können zwei oder drei Tage hart an einem Projekt arbeiten und bleiben dann am vierten Tag im Bett, weil sie vollkommen erschöpft sind. Die Präsenz ihrer Energie ist oft inkonsistent. Sie sind sehr konkurrenzbetont und arbeiten gut unter Druck, und so erbringen sie in Wettkampfsituationen ihre besten Leistungen. Und in den meisten Fällen werden sie triumphieren.

Klienten mit einer Verbindung zwischen Pluto und einem persönlichen Planeten werden von der Macht angezogen (wie bei jedem Pluto-Aspekt). Sie können rücksichtslos und besessen sein, oder ihr Leben wird von einem einzigen ehrgeizigen Wunsch beherrscht. Sie haben große Angst davor, von anderen kontrolliert zu werden, also müssen sie sich auch davor hüten, selbst Kontrolle auszuüben.

Wenn ein Klient keinen der hier besonders beschriebenen Aspekte hat, so kann ein anderes Quadrat als Antreiber fungieren. Oft wird das exakteste Quadrat zum Antreiber. Mond Quadrat Sonne als Antreiber schafft einen Konflikt zwischen dem Ego und den Gefühlen. Im Laufe der Jahre habe ich bemerkt, dass Kinder mit einem Mond/Sonne-Quadrat es als notwendig empfinden, sich jeweils mit nur einem Elternteil zu verbünden. Manchmal wissen sie jedoch nicht, welchen Elternteil sie zufrieden stellen sollen. Die bekannte Astrologin Isabel Hickey erzählte mir einmal, dass Menschen mit einem Mond/Sonne-Quadrat häufig aufgrund einer disharmonischen Empfängnis geboren werden, sodass sie innerlich nicht synchron sind. Mir hat sich dies nicht immer bestätigt. Ich kenne ein sehr glückliches Ehepaar, dessen zwei Kinder beide ein Sonne/Mond-Quadrat in ihrem Horoskop haben. Jedoch haben die Eltern in diesem Fall vertauschte Rollen. Die Mutter ist die Autoritätsperson und verdient das Geld, wohingegen der Vater die Erziehung übernommen hat.

Während Saturn-Quadrate Ehrgeiz und Selbstwert zum Thema haben, wirken Venus/Mars-Quadrate mehr in persönlichen Beziehungen. Was diese Menschen emotional erfüllt, ist leider nicht unbedingt auch das, was sie sexuell erfüllt oder vice versa. Sie sehnen sich immer nach mehr und glauben stets, dass das Gras woanders grüner ist. Falls andere Indikatoren im Horoskop es unterstützen, können sie nahezu promiskuitiv sein. Eine Klientin von mir hat Venus Quadrat Mars im Horoskop, und während die Beziehung zu ihrem Mann emotional außerordentlich erfüllend ist, ist die körperliche Seite ihrer Ehe nicht gut. Sie leben wie Bruder und Schwester, und er ist ihr bester Freund. Andere Klienten haben ein großartiges Sexualleben mit ihren Partnern, jedoch ohne Erfüllung der emotionalen Seite. Sie leben in dem Gefühl, dass man einfach nicht alles haben kann.

Konjunktionen und Stellien als Antreiber
Konjunktionen mit mehr als einem Planeten (selbst weite Konjunktionen) heben die Qualität des Zeichens hervor und verstärken sie. Aus diesem Grund sind Konjunktionen und insbesondere Stellien (drei oder mehr Planeten in einem Zeichen oder Haus) sehr mächtig. Viele Klienten haben in einem Zeichen die Sonne und in einem anderen ein Stellium. Dadurch präsentieren sie sich eher als das Zeichen des Stelliums.

Konjunktionen und Stellien haben auf die Beschreibung einer Persönlichkeit einen enormen Einfluss. Jemand mit einem Stellium von Planeten im ersten Haus oder in Widder wird die Energie anders zum Ausdruck bringen als jemand mit einem Stellium im Stier oder im zweiten Haus. Stellien oder Konjunktionen zeigen gebündelte und gerichtete Energie an, welche sich durch das Zeichen und Haus, in dem sie stehen, manifestiert.

Starke kardinale Aspekte (Widder, Krebs, Waage und Steinbock) oder Stellien im ersten, vierten, siebten und zehnten Haus reagieren auf die Energie schnell und mit Initiative, Begeisterung und dem Bedürfnis zu handeln. Als Astrologe müssen Sie nicht nur das Zeichen, in dem sich das Stellium befindet, mit einbeziehen, sondern auch das Haus. Nachfolgend gebe ich einige Beispiele, wie Sie die Einflüsse miteinander mischen müssen. Und bitte bedenken Sie, dass ich in diesem Abschnitt nicht unterstelle, dass jeder Schütze ein breites Spektrum an Wissen hat oder jeder Zwilling scharfzüngig, witzig, nach außen gerichtet und gesellig ist. Ich beschreibe einfach nur die augenfälligsten Merkmale einer jeden Energiekonzentration.

Ein Stellium in Widder oder im ersten Haus drückt sich in der Mentalität eines Pioniers aus, man ist ein Trendsetter mit unglaublicher Energie. Diese Leute betreten den Raum und sagen: »Komm, wir machen dieses oder jenes, lass uns anfangen.« Ihre Energie ist ansteckend und regt andere zum Handeln und Agieren an. Sie fühlen sich am wohlsten, wenn sie selbstständig arbeiten und unabhängig sind. Sie sind oft großartige Verkäufer, da sie sehr darauf ausgerichtet sind, sich selbst zu verwirklichen, und einfach kein »Nein« als Antwort akzeptieren.

Ein Stellium in Krebs oder im vierten Haus betont gewöhnlich die Fähigkeit zur Befriedigung emotionaler Bedürfnisse und ist überaus empfindsam. Klienten mit einem dieser Aspekte verfügen über große Einsicht in andere Menschen und haben viel Verständnis für sie. Sie steuern Situationen durch intuitive Einfühlung in andere. Ein krebsbetonter Chef kommt beispielsweise in den Raum und fragt: »Wie geht es Ihnen heute? Wie geht es Ihrer Familie? Haben Sie die Erkältung von gestern überstanden? Ich denke, es wäre eine gute Idee, wenn wir dieses oder jenes täten. Das könnte ein gutes Projekt für heute sein.« Wenn der Chef geht, glaubt man, sich das Projekt selbst ausgedacht zu haben, aber tatsächlich hat der krebsbetonte Chef einen dorthin geführt.

Ein Stellium in Waage oder im siebten Haus verleiht in der Regel ein außerordentliches Taktgefühl und diplomatische

Fähigkeiten. In Wahrheit lenken die meisten Waagen eine Situation mittels Manipulation, aber die meisten Astrologen sagen das nicht. Eigentlich gehen Waagen auf die Weise vor, beide Seiten eines Problems zu sehen, alle Standpunkte zu betrachten und auf das Für und Wider jeder Situation zu schauen. Waagen haben die Fähigkeit, mit anderen Menschen gut auszukommen, und die meisten Leute denken, dass sie der beste Freund einer Waage sind. Auf Partys wendet sich beispielsweise die Unterhaltung schon einmal politischen Dingen zu. Eine Waage wird sagen: »Oh ja, natürlich. Sie haben Recht. Die Demokraten dies und die Demokraten das. Sie sind humanitär. Sie tun etwas.« Zehn Minuten später werde ich die gleiche Person zu jemand anderem sagen hören: »Diese Republikaner sind gradlinige Köpfe. Sie sind gut für dies und das.« Sie wird die absolut entgegengesetzte Position einnehmen und beiden Seiten zustimmen. Sie haben nicht zwei Gesichter, sie sehen einfach beide Seiten einer jeden Angelegenheit.

Ein Stellium in Steinbock oder im zehnten Haus macht eine Person zum »Boss«, zu jemandem, der oder die naturgemäß die Leitung übernimmt. Ein Steinbock ergreift die Führungsrolle, indem man ihn einfach zum Leiter ernennt. Gibt man einem Steinbock einen Titel oder den Vorsitz von irgendetwas, wird er glücklich sein. Steinböcke erklimmen eine Leiter und gelangen an die Spitze – auf diese Weise gehen sie vor. Sie brauchen öffentliches Ansehen, eine Position und Respekt. Und vermutlich werden sie Präsident der meisten Organisationen, denen sie angehören.

Starke fixe Stellien (Stier, Löwe, Skorpion und Wassermann) oder solche im zweiten, fünften, achten und elften Haus widerstreben Veränderungen. Sie sind vorsichtiger und zögerlicher und reagieren auf Energie langsamer und mit mehr Zweifeln.

Ein Stellium in Stier oder im zweiten Haus verleiht Klienten gewöhnlich einen stark materiellen Zug. Mehr als andere Zeichen brauchen diese Leute es, schöne Dinge anzusammeln und sich schönen Menschen anzuschließen. Sie hängen an Schönheit, kostspieligen Leidenschaften und sinnlichen Dingen wie gutem Essen, Massagen und schönen Kleidern. Als ein Stier-Klient sein erstes Luxusauto, einen Cadillac, hatte, setzte er sich hinter das Steuer und erzählte mir später: »Es war fast so gut wie Sex« – auch ein wichtiges Thema für Stiere.

Ein Stellium in Löwe oder im fünften Haus gibt Klienten ein theatralisches, dramatisches Flair mit dem starken Hang zum Vergnügen. Löwen lieben es, auf der Bühne zu stehen. Sie mögen Aufmerksamkeit, brauchen es, zu glänzen und wollen die dramatische Figur im Spiel sein. Wenn es darum geht, auf dem Tisch zu tanzen oder eine Runde auszugeben, dann tun sie es. Ein Löwe-Klient von mir sagt, dass es ihm nicht bekommt, auf Beerdigungen zu gehen, weil der Sarg die ganze Aufmerksamkeit erhält. Wenn ich mit einem Löwen essen gehen, lasse ich ihn die Rechnung bezahlen, denn dann fühlt er sich gut. Sie sind großzügig, warmherzig und romantisch.

Ein Stellium in Skorpion oder im achten Haus verleiht Intensität und eine magnetische Ausstrahlung. Starke Skorpioneinflüsse schaffen einen derart auf sein Ziel fokussierten Menschen, wie man ihn selten trifft. Sie haben tunnelartige Visionen über ihre Ziele. Ich sage immer: »Wenn ein Skorpion irgendwohin gehen oder irgendetwas tun will, geh aus dem Weg. Sie werden es tun. Sie werden es erreichen.« Sie haben einen unglaublichen Antrieb. Ich habe versucht, Skorpionen auf taktvolle Art zu sagen, dass sie rücksichtslos sein könnten. Sie gaben zur Antwort: »Könnten? Ich *bin* rücksichtslos.«

Ein Stellium in Wassermann oder im elften Haus kommt oft in einem ungeheuren Bedürfnis nach Freiheit und Unabhängigkeit zum Ausdruck. Wassermänner sind typischerweise außergewöhnlich, individualistisch, zweckorientiert und freundschaftlich, haben aber einen Hang zum Einzelgängertum. Klienten mit einem Stellium in diesem Zeichen sind auf einem bestimmten Gebiet oftmals Genies oder haben das, was andere Menschen dann als merkwürdige Einfälle betrachten. Sie können ihrer Zeit voraus sein oder ihr nachhängen. Viele Wassermänner sammeln Antiquitäten. Was immer sie tun, sie wollen nicht wie irgendjemand anders sein. Zwei der beleidigendsten Dinge, die Sie zu einem Wassermann sagen können, sind »Du erinnerst mich an irgendwen« oder »Du siehst genauso aus wie einer meiner Freunde«.

Veränderliche Zeichen (Zwillinge, Jungfrau, Schütze und Fische) oder Stellien im dritten, sechsten, neunten oder zwölften Haus werden auf die Energie auf mentaler Ebene reagieren. Unter Druck können sie sich wie gelähmt fühlen oder von ständig kreisenden Gedanken eingeholt werden.

Ein Stellium in Zwillinge oder im dritten Haus kann Klienten große geistige Beweglichkeit und eine unerschöpfliche intellektuelle Neugier verleihen. Bei vielen Klienten mit dieser Platzierung habe ich eine große Begabung für Fremdsprachen beobachtet. Diese Leute sind wachsam, schnell, witzig und haben viele verschiedene Ideen. In ihrer Umgebung hat man viel Spaß, und sie können so geschickt mit Worten umgehen, dass das Lachen sie stets zu begleiten scheint. Die Kehrseite ist, dass ihre Persönlichkeit sich durch den geringsten Anlass verändern kann.

Ein Stellium in Jungfrau oder im sechsten Haus kann aus einer Person einen Workaholic machen, jemanden, der arbeiten und dienen muss. Diese Leute fühlen sich nur dann erfüllt, wenn sie produktiv sein können. Sie sind anspruchsvoll, detailliebend, analytisch und präzise. Jungfrauen können lebhaft, witzig und sehr wortgewandt sein. Sie können auch sehr erdbetont und lustvoll sein, insbesondere wenn eine Komponente des Stelliums auf 7° Jungfrau, den Grad für Promiskuitivität, fällt.

Ein Stellium in Schütze oder im neunten Haus kann eine Person sehr idealistisch und zu einem nach Wissen und Wahrheit Suchenden machen. Diese Leute haben viel Glück, sind optimistisch, voll Vertrauen, unbekümmert, freudvoll, expansiv und verfügen über jede Menge Energie. Das Gegenzeichen Zwillinge sammelt Informationen, mag sie in kleinen Häppchen und interessiert sich für jedweden Klatsch. Schützen jedoch wollen das vollständige Bild. In all ihren Studien streben sie eine fortgeschrittene Stufe sowie größere Tiefe und Weisheit an.

Ein Stellium in Fische oder im zwölften Haus macht Klienten kreativ, sensitiv und intuitiv. Diese Leute können jedoch auch zu Märtyrern und Opfern werden. Sie bedauern sich oft selbst und können andere in ihrer Umgebung herunterziehen. Sie müssen darauf achten, sich nicht ausnutzen zu lassen, und nicht mehr für andere zu tun bzw. ihnen zu geben, als berechtigt ist. Fische sind auf das Ganze eingestimmt und spirituell veranlagt.

Zusätzlich zur Platzierung des Stelliums ist es extrem wichtig, sich die Planeten des Stelliums und ihre möglichen Wirkungen zu notieren. Ist Saturn Teil eines Stelliums, wird er über die anderen Planeten richten und die Ausdrucksweise des Stelliums mäßigen und behindern. Eine Klientin von mir hat ein Stellium im Wassermann. Sie hat keine Freunde, und das überraschte mich sehr. Ein Blick in ihr Horoskop zeigte, dass Saturn ein Teil dieses Stelliums war. Normalerweise lieben Wassermänner die Menschen und die Menschen lieben Wassermänner, aber wenn Saturn beteiligt ist, dämpft er die Wirkung des Zeichens. Er verändert, behindert, beschränkt den Ausdruck des Zeichens und kühlt ihn ab. Eine Ausnahme dieser Regel bildet das Zeichen Steinbock, wo ein Stellium mit Beteiligung Saturns aus der Person lediglich noch mehr einen Steinbock macht.

Ein Stellium in Wassermann mit der Beteiligung Saturns wird den für Wassermann so charakteristischen freien Geist begrenzen, so dass der Klient weniger unkonventionell sein kann. Wassermänner kleiden sich gewöhnlich sehr einfallsreich, wenn jedoch Saturn präsent ist, kleiden sie sich oft wie ein Yuppie und tragen *Ralph Lauren* oder *Brooks Brothers*. Ein Sonne/Venus/Saturn-Stellium in Löwe wird nicht besonders großzügig sein. Sonne/Venus/Saturn im Stier kann Klienten extrem praktisch, sparsam und wenig herzlich machen. Die meisten Menschen erwarten von einem Zwilling Kontaktfreudigkeit und Gesprächigkeit, ist aber Saturn beteiligt, können sie ganz untypisch reserviert sein.

Auch andere Planeten können ein Stellium verändern. Uranus kann beispielsweise ein Steinbock-Stellium verändern, indem er es etwas unkonventionell oder zumindest weniger traditionell macht. Neptun verwirrt gewöhnlich die Jungfrau und macht sie weniger präzise. Pluto intensiviert die Energie eines jeden Stelliums, an dem er beteiligt ist, und macht sie machtvoller.

Im Vergleich zu Konjunktionen sorgen Stellien für mehr Energie, denn im Grunde sie sind erweiterte Konjunktionen. Als solche können sie zu starken Antreibern werden. Ein Klient mit vier Planeten in Jungfrau wird zur Ordnung angetrieben werden und sich auf Arbeit und Produktivität konzentrieren. Jedes Stellium ist eine stark antreibende Kraft. Ein Beispiel ist Mozart, der fünf Planeten in Wassermann hatte, drei davon in seinem fünften Haus. Durch seine Inspiration drückte er sich musikalisch auf eine einzigartige Weise aus. Ein Klient von mir war ein bekannter Baseball-Werfer, er hat fünf Planeten in Wassermann im fünften Haus, dem Haus des Sports und der Unterhaltung. Robin Yount, der in die *Baseball Hall of Fame* aufgenommen wurde, hat vier oder fünf Planeten in Jungfrau. Er wurde immer als jemand beschrieben, der zur Erlangung seiner Ziele sehr hart arbeitete – er war halt ein Perfektionist.

Personen mit vier Planeten im Stier im zweiten Haus sind vom Geld nahezu zwanghaft besessen. Jemand mit vier Planeten im achten Haus könnte von der psychologischen Bedeutung des Lebens völlig in Anspruch genommen werden. Dieses Stellium sieht man oft in Horoskopen von Astrologen und Psychologen.

Mehr über Konjunktionen
Die Konstellationen Sonne Konjunktion Saturn, Mond Konjunktion Saturn und Mars Konjunktion Saturn sind allesamt starke Antreiber und drängen eine Person zur Leistung. Konjunktionen wirken sehr persönlich. Quadrate zeigen oft von außen kommende Kräfte oder Einflüsse an, wohingegen Konjunktionen innere Energien repräsentieren. Quadrate können oft leicht durch die Außenwelt gehandhabt werden und betreffen Dinge, die wir aus der uns umgebenden Welt

anziehen. Konjunktionen hingegen zwingen uns, auf uns selbst zu schauen. Beispielsweise habe ich eine exakte Sonne/Neptun-Konjunktion. Also muss ich auf meine Anfälligkeit für Selbsttäuschungen schauen. Viele Jahre lang war ich mir wenig im Klaren darüber, wer ich eigentlich war. Ich hatte eine sehr unbestimmte Vorstellung von meinem Selbstwert. Mittlerweile habe ich dies gelöst, denn die guten Aspekte zu meiner Sonne haben mir mein Leben hindurch stets geholfen. Als ich konstruktiver und produktiver wurde und meine Jungfrau-Energie nutzte, um erfolgreicher zu werden, verbesserte sich auch mein Selbstbild.

Gemäß den Konjunktionen von Sonne/Uranus und Sonne/Pluto sind auch Sonne/Neptun-Konjunktionen mächtig und magnetisch. Menschen mit starker Neptun-Energie – oder starker Fische-Betonung – wollen oft andere retten. Eine Frau mit dieser Energie-Betonung wird vielleicht einem Freund oder Partner, der Alkoholiker ist, helfen wollen, das Trinken aufzugeben. Ich hatte eine Klientin mit einem Sonne/Neptun-Quadrat, die immer nur die Verlierer dieser Welt anzog. »Wenn auf einer Party 29 wunderbare Männer sind und ein Verlierer, was passiert wohl? Ich erwische den Verlierer«, erzählte sie mir. Ich habe dieser Wirkung den Namen »Looser-Radar« gegeben.

Aspekte zwischen Sonne und Neptun verleihen einem jedoch auch Charisma, psychische Intuition und die Fähigkeit, andere Menschen zu verzaubern. Diese Aspekte schaffen eine unbestimmte, schwer zu definierende Energie. Zu meinen Studenten sage ich stets: »Wann immer ihr es mit Neptun zu tun habt, seid nicht zu konkret. Aufgrund der Natur des Planeten könnt ihr niemals alle Wege wissen, die er einschlägt.«

Mit einer Sonne/Saturn-Konjunktion verfügt man über Selbstdisziplin und Selbstmotivation. Bereits in jungen Jahren lernen solche Menschen, dass sie für ihre Fehler auch bezahlen müssen. An der Wirkung eines Sonne/Saturn-Quadrates ist gewöhnlich der Vater der Klienten beteiligt. Es kann einen Vater anzeigen, der sich niemals wie ein Vater verhielt, oder jemand, der immer auf Reisen war, einen Vater, der einfach nicht da war, oder einen Vater, der zu Hause keinen Platz hatte. Es kann auch für einen Vater stehen, der dem Kind sagte, dass nichts von dem, was es tat, genug oder gut genug war. Unabhängig davon, ob eine Sonne/Saturn-Verbindung als Konjunktion, Quadrat oder Opposition erfahren wird – das Ergebnis ist dasselbe: Menschen mit diesen Aspekten treiben sich selbst zum Handeln und Leisten an und dazu, die Dinge richtig zu tun.

Der Mond in Konjunktion zu Saturn kann für eine beherrschende Mutter stehen, die an ihr Kind sehr hohe Erwartungen hatte. Eine Klientin von mir hat diesen Aspekt. Sie wurde in einem sehr strengen religiösen Klima erzogen und hat Jahre später immer noch Schwierigkeiten damit. Sie hat große Angst vor dem Tod und bekommt Panikattacken, wenn sie mit diesen Gefühlen konfrontiert wird. Sie sind ihr sämtlich durch strenge religiöse Lehren eingeflößt worden. Neben der Angst vor dem Tod kann Saturn grundsätzliche Ängstlichkeit, Furcht und Schuldgefühle hervorbringen.

Bei jeder Konjunktion ist es wichtig, die Grundlagen zu beachten und die Bedeutung der Planetenkombination zu durchdenken. Planeten in Konjunktion wirken stets als eine verbundene Einheit.

Oppositionen als Antreiber
Oppositionen bringen den individuellen Menschen meistens gegen eine andere Person auf. An einer Sonne/Saturn-Opposition ist häufig der Vater beteiligt. Entweder ist er abwesend, oder er ist sehr streng und drückt keinerlei Gefühle aus. Oft ist der Vater als Rollenvorbild für das Kind nicht vorhanden, oder andere Autoritätspersonen bringen dem Kind bei, dass es falsch oder wertlos ist, wenn es sich nicht richtig verhält. Als Beispiel mag hier ein Mädchen gelten, dessen Vater abwesend war. Die Rolle der Autoritätsfigur wurde durch die Lehrer ihrer sehr strengen kirchlichen Schule gefüllt. Hier erfuhr sie eine schonungslose Erziehung und lernte, auf wirklich alles vorbereitet zu sein, um Demütigungen im Klassenraum zu vermeiden.

Da Oppositionen Spannungen zwischen einer Person und jemand anderem anzeigen, manifestieren sie sich vorzugsweise in Beziehungen. Diese Polarität zu anderen finden wir immer. Mir fiel das bei Sonne/Pluto-Oppositionen auf, denn diese Leute haben oft Erfolg, weil sie mit anderen wetteifern und etwas beweisen wollen. Das Sonne/Pluto-Quadrat drängt einen Menschen, mit Konflikten zu ringen, während die Sonne/Pluto-Konjunktion einfach eine ungeheuer intensive Triebkraft ins Leben bringt.

Quadrate haben viel mit Aktivität zu tun, und gewöhnlich wird man durch einen äußeren Einfluss gezwungen, auf die Energie zu antworten. Der Druck kommt zwar von innen, doch er wird von außen durch jemanden oder etwas ausgelöst. Nehmen wir einmal als Beispiel an, ein Mieter Ihres Klienten zieht aus, ohne die Miete zu bezahlen. Der Mieter hat die Wohnung auch noch beschädigt, und bei einem Quadrataspekt wird Ihr Klient wahrscheinlich renovieren müssen. Bei einer Opposition hätte man vielleicht miteinander verhandeln können.

Klienten, in deren Horoskop keine Quadrate vorkommen, führen normalerweise ein erfülltes Leben, jedoch nur bis zu einem gewissen Punkt. Denn wenn ein Transit oder eine Progression einen Quadrataspekt bildet, erleben sie eine weit schwierigere Zeit als andere, weil sie keine Erfahrung mit der Handhabung solcher Einflüsse haben. Hindernisse und Blockaden sind neu für sie. Ihre Quadrate sind wesentlich intensiver und stärker und die Ergebnisse durchschlagender. Personen ohne Quadrataspekten glauben oft, dass die Welt ihnen etwas schuldig ist, und fühlen sich nicht so sehr veranlasst, etwas Angemessenes zu unternehmen, um das zu erreichen, was sie wollen. Sie schauen nach jemandem, der sich um sie kümmert, der es für sie tut und an dessen Rockzipfeln sie hängen können.

Fehlen im Horoskop jedoch Oppositionen, so haben Klienten Schwierigkeiten, aus ihren Fehlern zu lernen. Auch bei einem Void-of-Course-Mond (wenn der Mond keine Aspekte mehr bildet, bevor er das Zeichen verlässt) trifft das zu. Ohne

Oppositionen hat ein Mensch wahrscheinlich auch Probleme in Beziehungen (in der Jugend ziemlich sicher). Immer wieder macht er dieselben Fehler. Da eine Opposition alles spiegelt, können Klienten auf diese Weise aus ihren Fehlern lernen. Im negativen Fall kann ein Klient jedoch auch seine Unzulänglichkeiten auf andere projizieren. Fehlen Oppositionen, muss der Mensch lernen, den Spuren anderer zu folgen. Dann kann er bei einer Transitopposition zur Sonne oder Opposition einer Progression die entsprechenden Lektionen und Prinzipien integrieren und während dieser Zeit das entsprechende Problem auch lösen.

Um für Klienten Vorhersagen zu machen, müssen Sie zuerst den Antreiber des Horoskops suchen. Finden Sie heraus, was eine Person in Bewegung bringt. Was ist ihre motivierende Kraft? Es kann ein enges Quadrat oder ein T-Quadrat sein, vielleicht eine Konjunktion oder ein Stellium. In jedem Horoskop wird es etwas anderes sein. Es ist extrem wichtig, und Sie sollten es nicht außer Acht lassen, denn wenn dieser Antreiber ausgelöst wird, wird sich das Leben Ihres Klienten verändern und die Dinge werden ihren Lauf nehmen. Um eine genaue Vorhersage zu machen, müssen Sie darauf vorbereitet sein. Im Laufe der Jahre habe ich gelernt, dass alle psychischen Muster ein Horoskop beeinflussen können. Die Antreiber jedoch sind die wichtigsten.

Das Yod als Antreiber
Ein Student fragte mich einmal, ob das Yod nicht auch ein Antreiber sei. Ich antwortete ihm, dass ich es nicht so sehr als einen Antreiber empfinden würde, so als zeigte das Universum mit dem Finger auf einen und sagt: »Du stehst an einem Wendepunkt und Dein Leben wird sich verändern«. Ich betrachte das Yod positiv. Ich setze es gleich mit jemandem, der als Ersatz, als »Star für eine Nacht« für einen bekannten Schauspieler oder eine bekannte Schauspielerin einspringt und über Nacht berühmt wird. Auf diese Weise wirkt ein Yod. Ich habe eins, und in meinem Leben hat es auf diese Weise gewirkt. Als ich als Astrologin anfing, wurde mein Yod ausge-

löst und mein Leben änderte sich. Ich sprach auf einer Veranstaltung der *American Federation of Astrologers (AFA)* über meine Sicht der Eklipsen. Bis dahin hatten nur wenige Astrologen darüber Vorträge gehalten. Ich arbeitete hart an meinem Vortrag, und fünfzig Personen hörten mir beim ersten Mal zu. Beim nächsten Mal kamen 150, beim dritten Mal erwarteten mich 500 Zuhörer. In manchen Veröffentlichungen wurde ich als die kommende Astrologin beschrieben, und ich wurde in den Vorstand der *AFA* berufen. Seitdem gedieh meine Karriere.

Ein Yod kann aber auch negative Wirkung haben. Es scheint, dass Menschen mit einem Yod mehr gesundheitliche Probleme als andere haben, sie scheinen aber auch die Fähigkeit zu besitzen, sich selbst zu regenerieren. Ich habe ständig kleinere Probleme, doch wenn ich dann schließlich zum Arzt gehe, sind sie gewöhnlich verschwunden. Wenn mein Yod aktiviert wird, geschieht immer etwas, das mein Leben verändert. Als bei mir Krebs diagnostiziert wurde, war mein Yod ausgelöst. Als ich eine Scheidung durchlebte, war mein Yod ausgelöst. Es passierte wieder, als ich jemanden traf, der mein Leben tief gehend änderte, und wieder, als ich heiratete. Yodaspekte sind Konfigurationen, die ein Leben ändern, aber sie treiben nicht an. Mein Leben verlief oft extrem, aber als jemand mit zwei Yodaspekten sehe ich sie mehr als die Qualität an, zur rechten Zeit am rechten Ort zu sein und dort etwas sehr Aufregendes zu erleben. Es ist dieser eigenartige Sinn für das Schicksal oder Kismet. Doch auch wenn ich ein Yod nicht per se als einen Antreiber betrachte, so ist es dennoch sicherlich wichtig.

Mühelosigkeit im Horoskop

Bei der Bestimmung des Geburtsversprechens eines Horoskops sollten Astrologen auch nach jenen Dingen schauen, die das Leben eines Klienten schön und leicht machen. Mir hat ein Astrologe einmal gesagt: »Wo immer Jupiter platziert ist, werden Sie Fülle erleben. Wo immer Sie Venus haben, werden Sie es leicht haben.« Die Kehrseite davon kann jedoch Verwöhnung und Faulheit sein. Wenn ich in einem Horoskop Venus im Trigon zu Jupiter sehe, gehen meine Antennen hoch. Diese Leute sind oft glücklich und zufrieden, aber auch sie können Fehler machen. Zu ihrem Glück kommen sie aus diesen Fehlern oft ohne große Anstrengung wieder heraus. Auch Venus Quadrat Jupiter kann glückbringend sein. Leute mit diesem Aspekt landen immer auf den Füßen und stehen nicht vor den gleichen Lektionen wie jemand mit einem Sonne/Saturn-Quadrat. Ähnliches trifft auf das große Trigon zu. Das große Trigon (drei Planeten im selben Element jeweils im Trigon zueinander) ist mit Sicherheit ein karmisches Geschenk. Es bringt eine Menge Leichtigkeit mit sich, aber ohne eine Menge zusätzlicher Spannung wird daraus häufig jemand, der sich nicht auf seinen Weg macht, sondern sich zurücklehnt, sich entspannt und das Leben auf sich zukommen lässt.

In meinem Horoskop habe ich ein Mond/Venus-Trigon, und dieser Aspekt war stets sehr gut für mich. Wenn ich einen Saal betrete, um einen Vortrag zu halten, so tendiert das Publikum eher dazu, mich zu mögen als mich nicht zu mögen. Das Mond/ Venus-Trigon verleiht mir in der Öffentlichkeit guten Anklang. Gerade weil mit diesem Aspekt die Akzeptanz anderer ungewöhnlich leicht erreicht wird, sollte man darauf achten, sich auf anstehende Themen wirklich gut vorbereitet zu haben.

Harmonische Aspekte sind nicht so bedeutend wie Quadrate, und wenn sie ausgelöst werden, passiert Ihren Klienten normalerweise etwas Angenehmes. Ich arbeitete kürzlich an einem Forschungsprojekt über Lotteriegewinner. Es war kein groß angelegtes Unternehmen, aber ich stellte fest, dass die Gewinner in ihrem Geburtshoroskop stets einen Venus/Jupiter-Aspekt hatten. Hierüber finden Sie im Kapitel 2 bei der Behandlung des Geburtsversprechens mehr. Wenn dieses Versprechen bei der Geburt nicht vorhanden ist, wird der Lotteriegewinn wahrscheinlich auch nicht eintreten. In meinem

Horoskop wird diese Art von Glück nicht versprochen, also habe ich vor langer Zeit damit aufgehört, Lotterielose zu kaufen. Dennoch, als ich einmal auf Reisen war und Jupiter ein stationäres Trigon zu meinem Horoskop bildete, gewann ich beim Videopoker achtmal den Jackpot. Außerdem gewann ich auch beim Bingo, und ich gehöre eher zu denen, die selten gewinnen. Also kann auch »glücklosen« Menschen etwas Gutes geschehen, wenn der Himmel die richtigen Aspekte anzeigt. Ich verlasse mich jedoch lieber nicht darauf, immer zu gewinnen.

Sind in einem Horoskop viele leichte Aspekte zu finden, fehlt den Menschen oft der Antrieb. Sie richten sich häuslich ein in dem, was gerade kommt, und bleiben zum Beispiel auch für immer im gleichen Job. Diese Klienten bleiben auch in derselben Ehe, selbst wenn sie schlecht ist. Wenn nicht ein Stimulans wie beispielsweise ein Quadrat sie dazu motiviert, auszubrechen und ihr Leben zu ändern, neigen sie dazu, für immer in einer Situation zu verharren. Um positive Umgestaltungen zu vollziehen, brauchen sie eine Menge Druck durch Progressionen und Transite, sonst wird sich bei ihnen nichts verändern.

Als ich mit der Astrologie begann, lernte ich das große Trigon als ein wunderbares Geschenk kennen. Es kann wirkliches Talent und sehr spezielle Fähigkeiten anzeigen. Als ich zu praktizieren begann, fiel mir auf, dass Menschen mit einem großen Wassertrigon künstlerische Begabungen haben, aber nichts damit anfangen. Als ich Menschen mit einem großen Erdtrigon begegnete, die von der Wohlfahrt lebten, war ich schockiert. Sie fühlten nicht, dass sie arbeiten mussten. Auch bei Frauen, die einen erfolgreichen Mann heirateten, der für sie sorgte, traf ich auf diesen Aspekt. Einer meiner Klienten mit einem großen Lufttrigon geriet in eine furchtbare Situation. Sein Leben lang konnte er sich aus allem stets herausreden. Als er wieder einmal dachte, es würde funktionieren, landete er im Gefängnis.

Von allen großen Trigonen ist nach meiner Erfahrung das große Feuertrigon das günstigste, denn es scheint den Menschen mit Mut auszustatten. Diese Leute nehmen Risiken auf sich und haben eine Menge Spaß. Doch gerade mit dem großen Trigon erreichen sie ihr größtes Potenzial nicht ohne die Unterstützung durch Quadrate. Sie haben überschüssige Energie und sind ständig beschäftigt. Sie sind warmherzig und charmant und erhalten aus ihrer Umwelt ein positives Echo. Sie sind jedoch auch gewöhnt, dass ihnen alles in den Schoß fällt. Das, wofür andere Menschen sehr hart arbeiten müssen, halten sie für selbstverständlich. Sie nehmen einfach an, das Leben sei für jeden leicht. Sie verstehen nicht, warum manche zögern oder nachdenken, bevor sie vorwärtsgehen, denn sie sind es gewohnt, Risiken einzugehen und dabei als Gewinner herauszukommen. Ohne den Druck von Quadraten erlangen sie einfach nicht ihr größtes Potenzial. Und oftmals erkennen sie ihre Grenzen nicht und brennen aus.

Ich habe Menschen mit einem großen Erdtrigon Bankrott gehen sehen. Das Geld fließt ihnen so leicht zu, dass sie sorglos werden oder zur Sicherung ihrer Finanzen keine vernünftige Vorsorge treffen. Ich hatte Investmentbroker als Klienten, die annahmen, sie würden auf ewig Profit machen – und es nicht taten.

Menschen mit einem großen Wassertrigon sind in emotionaler Hinsicht sehr selbstgenügsam. Ihre Kreativität erschafft oft weniger etwas in greifbarer Form, um es mit der Welt zu teilen, sondern wirkt eher innerlich. Sie verfügen über enorme schöpferische Kräfte, benutzen sie jedoch nur zu ihrem eigenen Vergnügen. Sie können emotional in sich selbst erfüllt sein, und sie könnten letztlich sehr einsam werden. Es genügt ihnen häufig, allein zu leben, denn sie umfassen und genügen sich selbst.

Das große Lufttrigon kennzeichnet einen im Kommunikationsbereich sehr fähigen Menschen, der mit Informationen sehr leicht und einfach umgehen kann. Ich habe jedoch auch viele Leute mit diesem Aspekt gesehen, die ewig zur Schule gehen und niemals etwas in der realen Welt tun. Sie hängen im Lernprozess fest. Sie können fünfzig Jahre alt werden, ohne jemals in einem richtigen Beruf gearbeitet zu haben.

Einer meiner Klienten studierte auch nach seinem Dr. phil. in seinem Fachgebiet, aber er hat nie gearbeitet. Ihm macht es mehr Spaß, zu lernen als das Wissen zu verwenden. Er lebt sehr sparsam von einer kleinen Erbschaft. Menschen mit einem großen Lufttrigon haben große intellektuelle Fähigkeiten, jedoch fehlt ihnen manchmal der gesunde Menschenverstand. Häufig vernachlässigen sie auch ihr physisches Wohlergehen. Sie wissen sehr viel über viele verschiedene Dinge. Unersättlich studieren und lesen sie, aber sie sind keine Tatmenschen. Sie verstehen es nicht, aus ihrem Kopf herauszukommen und ihre Arbeit in der materiellen Welt zu manifestieren.

Menschen mit einem großen Feuertrigon können zu hastig sein und zu viele Möglichkeiten auf einmal wahrnehmen wollen – wie ein Feuerwehrmann, der unter großem persönlichen Risiko in ein brennendes Haus zurückrennt. Sie fühlen sich, als hätten sie neun Leben. Sie können impulsiv sein und manchmal Dinge überleben, die andere nicht überleben würden. Einer meiner Klienten überlebte ein deutsches Konzentrationslager und ging anschließend zurück nach Ungarn. Sein großes Feuertrigon und später die Hilfe eines guten Astrologen brachten ihn auf seiner Flucht vor den Kommunisten in Sicherheit. Zusätzlich hatte er gute und stärkende Quadrate im Horoskop. Er kam schließlich in die USA und gründete ein Geschäft, das sehr erfolgreich wurde. Menschen mit einem großen Feuertrigon haben sehr viel Glück, aber sie brauchen auch einen Antreiber wie beispielsweise ein T-Quadrat, der sie zur Größe drängt.

KAPITEL ZWEI
Das Geburtsversprechen

Im vorigen Kapitel haben wir die psychologischen Muster und Profile untersucht, welche man als Astrologe vor einer Vorhersage betrachten sollte. Von Bedeutung ist aber auch das so genannte Geburtsversprechen des Horoskops. Das meiste, was in unserem Leben geschieht, wird durch das Geburtsversprechen sehr deutlich angezeigt.

Warum gehen Menschen zu einem Astrologen? Die meisten Klienten wollen etwas über Liebe und Ehe, über Karriere, Beruf, Geld, Gesundheit und Kinder wissen, und es ist die Aufgabe des Astrologen, für jedes dieser Themen das Potenzial zu bestimmen. Dann gilt es festzulegen, ob und wann ein Impuls entsteht, um das Potenzial freizusetzen. Zuerst jedoch muss das Potenzial im Geburtshoroskop auch gefunden werden.

Verspricht das Geburtshoroskop eine Ehe? Oder eine Scheidung? Viele Leute stellen solche Fragen. Vielleicht wollen sie heiraten oder sich scheiden lassen. Doch wenn es nicht vorgesehen ist, wird es auch nicht geschehen. Andere Klienten wollen vielleicht etwas über Erfolg, Popularität oder Geld wissen. Solche Dinge geschehen nicht, ohne dass im Horoskop glückbringende Konstellationen vorkommen. Ein stark gestellter Jupiter, eine starke Schützebetonung oder ein starkes fünftes Haus zeigt das Geburtsversprechen für diese Art von Glück an. Oft wollen die Klienten auch günstige Tage für den Kauf von Lotterielosen oder für Glücksspiele wissen. Haben sie jedoch dieses Potenzial nicht in ihrem Geburtshoroskop, wird nichts davon geschehen. Wenn sie allerdings ein glückbringendes Horoskop haben, kann ein guter Astrologe ihnen auch sagen, wann die Dinge geschehen werden.

Manchmal brennt den Menschen das Thema Angst unter den Nägeln. Müssen sie mit Gewalt oder Raub rechnen? Auch hierfür wird das Potenzial im Geburtshoroskop angezeigt. Mars und Pluto können zeigen, ob und wann sie mit Raub, Angriffen, Gewalt oder auch emotionalem Missbrauch konfrontiert werden können. Die Aufgabe des Astrologen ist es dann, dem Klienten dabei zu helfen, solch negativen Aspekten auszuweichen.

Zeigt das Geburtshoroskop ernsthafte gesundheitliche Probleme an? Wie Transite und Progressionen auch stehen mögen, ein Mensch wird keine schwere Krankheit bekommen, wenn es im Geburtshoroskop nicht angelegt ist.

Häufig wollen die Klienten etwas über Beziehungen wissen. Werden sie eine Beziehung eingehen und wann? Beziehungen sind besonders schwierig, denn das Potenzial muss in zwei Horoskopen zugesagt sein, in dem des Klienten und in dem der anderen beteiligten Person. In diesem Fall müssen Sie als Astrologe beide Horoskope miteinander verbinden.

Geht es um Karriere, sollte man sich meiner Meinung nach darüber im Klaren sein, dass manche Menschen zu einer machtvollen und bedeutenden Laufbahn bestimmt sind und andere nicht. Manche Menschen haben nicht den Impuls, Antrieb oder Wunsch danach, Gipfel zu erklimmen. Stattdessen können sie dazu bestimmt sein, sich in ihrem Leben auf andere Dinge wie zum Beispiel die Aufzucht von Kindern zu konzentrieren. Früher war ich von meiner eigenen Karriere angetrieben und neigte dann auch bei meinen Klienten dazu, sie zu beruflichem Wachstum und Aufstieg zu ermutigen. Ich brauchte einige Zeit, um mir darüber klar zu werden, dass die Bestimmung oder Aufgabe einer jeden Person einzigartig ist. Schließlich erkannte ich, dass es besser war, nicht meine eigenen Motive auf andere zu projizieren, denn für sie war es wichtiger, sich auf andere Dinge zu konzentrieren und andere Bereiche in ihrem Leben zu entwickeln.

55

Ehe

Wenn Klienten heiraten wollen, dann können sie es auch – davon war ich immer überzeugt. Manche Horoskope widerstehen einer Ehe mehr als andere. Starke Betonungen in Widder, Zwillinge, Schütze oder Wassermann scheinen weniger das Bedürfnis nach einer Partnerschaft zu haben als andere Zeichen. Sie genügen sich selbst und wollen frei sein. Im Gegensatz dazu ist jemand mit einer starken Waagebetonung selten ohne eine Beziehung. Das Geburtsversprechen zeigt an, ob ein Mensch frei sein und nicht heiraten will oder ob er nicht ohne Partner sein kann. Klienten mögen behaupten, dass sie eine Ehe eingehen wollen, aber als Astrologe entdecken Sie vielleicht, dass sie nichts unternehmen, um es auch Wirklichkeit werden zu lassen. Auch dies ist im Horoskop zu sehen. Ich habe noch nie gehört, dass der Märchenprinz irgendwo an die Tür geklopft hat – wenn Klienten also jemanden für's Leben wollen, müssen Sie sie auch darauf hinweisen, hinauszugehen und andere Menschen zu treffen.

Im Leben einer Frau steht die Sonne für den Mann, und im Leben eines Mannes steht der Mond für die Frau. Schütze an der Spitze des siebten Hauses oder Jupiter im siebten Haus können mehrere Ehen mit sich bringen, zum Teil deshalb, weil diese Leute optimistisch und lebensfroh sind, sich enthusiastisch in Verbindungen stürzen und ihnen oftmals die Urteilskraft fehlt. Mit Steinbock an der Spitze des siebten Hauses oder Saturn im siebten Haus ist genau das Gegenteil der Fall. Da diese Leute naturgemäß in Beziehungen vorsichtig sind, begrenzen sie auch ihre Möglichkeiten zu einer Ehe.

Zwei meiner Klientinnen sind astrale Zwillinge, das heißt, sie sind mit nur einigen Minuten Unterschied am selben Tag geboren. Doch auch bei nur ein paar Minuten kann das Horoskop verschieden genug sein, um ein Leben signifikant zu verändern. Eine der Zwillinge hat Jupiter im siebten Haus, die andere im achten. Beide haben ein kardinales T-Quadrat aus Jupiter im Quadrat zu einer Sonne/Uranus-Konjunktion im

Quadrat zu Neptun. Friedliche, realistische Beziehungen sind für keine der beiden leicht zu erlangen. Am Anfang einer Romanze sind beide überaus optimistisch, doch nach einer Weile wird ihnen die Beziehung oder Ehe über. Die Klientin mit Jupiter im siebten Haus war mit 35 Jahren bereits fünfmal verheiratet. Die Klientin mit Jupiter im achten Haus hat nur einmal geheiratet, ihr Mann und sie führen jedoch vollkommen voneinander getrennte Leben. Da Jupiter im achten Haus der gemeinsamen Finanzen steht, basiert ihre Partnerschaft in erster Linie auf finanzieller Sicherheit.

Vieles im Leben dieser astralen Zwillinge ereignet sich parallel. Ihre Leben demonstrieren jedoch den Unterschied zwischen Jupiter im siebten oder achten Haus. Fragen Klienten, ob sie wieder heiraten werden, kann man als Astrologe nur dann ja sagen, wenn Jupiter im siebten Haus steht oder sein Herrscher ist. Auch sollte man als Astrologe nicht vergessen, dass Klienten mit Jupiter in diesem Haus weniger urteilen, hoffnungsvoller, impulsiver und eher bereit sind, die Chancen in Beziehungen auch wahrzunehmen. Auch Folgendes ist wichtig: Ist Jupiter rückläufig, sind die Aussichten auf eine Ehe weit weniger wahrscheinlich, denn ein rückläufiger Jupiter hält oft nicht das, was er verspricht.

Finden wir in Verbindung mit dem siebten Haus das Steinbockprinzip, kann die Person dazu neigen, bei potenziellen Partnern stets nach Fehlern zu suchen. Ein Klient von mir hat die Spitze des siebten Hauses in Steinbock. Er ist ein sehr gutaussehender und erfolgreicher Arzt. In jeder Sitzung beschwerte er sich nur über seine Steinbock-Frau. Seit ich ihn kenne, betrügt er sie. Nach fünfzehn Jahren verließ ihn seine Frau schließlich. Er wollte dann die Scheidung und klagt nun darüber, dass er nie wieder eine wie sie finden wird und keine Frau ihr das Wasser reichen kann. Wie viele andere mit Steinbock an der Spitze des siebten Hauses hat er Angst vor Enttäuschungen oder Verletzungen, und so findet er stets Gründe, warum eine Beziehung nicht funktionieren kann. Die dem Steinbock eigene Fähigkeit, vorauszuplanen und die Vor- und Nachteile einer jeden Situation zu sehen, bewirkt bei diesen

Leuten letztlich auch, ihre eigene Beteiligung an allem wegzuerklären.

Ein anderer Klient mit Steinbock an der Spitze des siebten Hauses verliebt sich immer in Frauen, die nicht zu haben sind. Entweder sind sie verheiratet, wesentlich älter oder sie gehören einer anderen gesellschaftlichen Schicht an. Von solchen Frauen kann er träumen, Beziehungen mit ihnen sind aber wahrscheinlich nicht zu realisieren. Als ein Schlüsselelement in seiner Wahl sind die Frauen oft älter, reifer und auf ihrem Weg definitiv weiter fortgeschritten.

Eine der Frauen, von denen er träumt, ist nun geschieden, und jetzt, da sie frei ist, findet er plötzlich alle möglichen Makel an ihr. Hier wird klar, dass er die Hindernisse für eine tatsächliche Beziehung selbst erschafft. Wenn ein Mann mit Steinbock an der siebten Häuserspitze heiratet, so hat die Frau interessanterweise häufig Sonne oder Mond im Steinbock oder sie ist einiges älter und reifer als er und kann für ihn sorgen. Oder er heiratet eine Frau, die wesentlich jünger ist als er, selten ist sie jedoch eine wirklich gleichrangige Partnerin. Bei Frauen mit einem Krebs-Aszendenten sind mir diese Schwierigkeiten nicht aufgefallen. Sie scheinen dieselbe Energie auf leichtere Weise zum Ausdruck bringen zu können. Manche Zeichen, Aszendenten oder Aspekte, können für ein Geschlecht schwierig sein und für das andere nicht. Beispielsweise sind Platzierungen im Krebs für Frauen einfacher, Platzierungen im Widder fallen jedoch Männern leichter.

Schauen wir nun, was im Geburtshoroskop das Potenzial für eine Ehe schafft. Es gibt einige Faktoren, die viele Ehen oder viele Möglichkeiten zur Ehe anzeigen. Nachfolgend jene, die ich meistens verwende:

Klassische Horoskop-Indikatoren für die Ehe

- Im Horoskop einer Frau: Aspekte mit der Sonne – im Horoskop eines Mannes: Aspekte mit dem Mond
- applikative Aspekte des Herrschers des siebten Hauses
- Planeten im siebten Haus sowie ihre Aspekte
- ein eingeschlossenes Zeichen im siebten Haus weist auf mehrere Ehen

Die Beziehung zwischen den Herrschern des ersten und siebten Hauses – sowohl im Geburtshoroskop als auch bei Progressionen – zeigt, wie sich ein Klient in einer Beziehung verhält und was er in ihr braucht. Eine Klientin suchte mich auf, als Progressionen Quadrate zu den Herrschern ihres ersten und siebten Hauses bildeten (Sie hatte einen Schützeaszendenten, also fiel die siebte Häuserspitze in Zwillinge. Als sie zu mir kam, bildete der progressive Merkur in Zwillinge ein Quadrat zu Jupiter in Fische. Merkur herrscht in der Astrologie über das Zeichen Zwillinge, Jupiter über Schütze). Ich erfuhr, dass sie darauf drängte zu heiraten. Ich riet ihr aber, noch zu warten, da die Progressionen eine Ehe zu dieser Zeit nicht unterstützen würden. Sie ließ sich jedoch nicht aufhalten. Sie besorgte die Ringe und setzte den Termin fest, da aber die Herrscher zueinander im Quadrat standen, fand die Hochzeit nicht statt. Für mich war das ein sehr interessanter Test. Diese Frau stand mir sehr nahe, und als die Einladungen versandt waren, die Band bestellt war und alles seinen Weg zu nehmen schien, sagte ich immer noch zu meinem Mann: »Ich verstehe das nicht. Ich werde mir kein neues Kleid kaufen, bis das zweite Wochenende im September vorbei ist.« Nun, die Lunation zu diesem Zeitpunkt löste die Progression aus, und sie beendeten ihre Beziehung. Sie taten mir sehr leid, aber wenigstens musste ich meine Astrologiebücher nicht verbrennen.

Das Verhältnis zwischen Sonne und Mond illustriert, wie das männliche und weibliche Prinzip in jedem Klienten miteinander wirken. Es zeigt, wie sich ein Klient in Beziehungen verhält, es zeigt aber nicht unbedingt die Anzahl der Ehen an. Das Verhältnis zwischen Venus und Mars ist gleichfalls wichtig, denn sie sind die natürlichen Herrscher des ersten und siebten Hauses. Sie zeigen das Bedürfnis des Klienten nach Liebe – und ob die Liebe seinen Wünschen parallel oder ihnen zuwider läuft.

Ferner beschreibt der Mars im Horoskop einer Frau, welche Art von Mann sie anzieht; im Horoskop eines Mannes hingegen beschreibt die Venus den Typ Frau, mit dem er in Resonanz ist.

Viele Klienten wollen wissen, ob eine Beziehung auch zur Ehe führt. Es gibt viele Wege, um dies herauszufinden. In 90% meiner Fälle habe ich das Potenzial für eine Ehe auf folgende Weise festgestellt: Bei Frauen zeigt die Anzahl der applikativen Aspekte, welche die Sonne bis zum Verlassen des Zeichens bildet, auch die Anzahl der potenziellen Ehen. Bei Männern sind es die applikativen Aspekte des Mondes bis zum Verlassen des Zeichens.

Diese Technik lernte ich als junge Astrologin von älteren, praktizierenden Astrologen. Im Laufe der Jahre ist mir aufgefallen, dass sie nicht immer hundertprozentig funktioniert, aber sie ist eine nützliche Leitlinie. Nachfolgend die genaue Funktionsweise:

Bestimmung der Anzahl potenzieller Ehen

- Ich verwende nur die applikativen Hauptaspekte des Geburtshoroskops: Konjunktionen, Quadrate, Oppositionen, Trigone und Sextile.
- Berechne ich die Anzahl der potentiellen Ehen für eine Frau, schaue ich nach den applikativen Aspekten ihrer Geburtssonne, bevor diese das Zeichen verlässt. Die Sonne kann applikative Aspekte nur zu den langsamer laufenden Planeten bilden: Mars, Jupiter, Saturn, Uranus, Neptun und Pluto.

- Der Mond kann einen applikativen Aspekt zur Sonne bilden. Ich habe beobachtet, dass dieser Aspekt als Indikator für eine potenzielle Ehe wirkt.
- Merkur und Venus können ebenfalls applikative Aspekte zur Sonne bilden. Diese Aspekte kommen jedoch eher im Eingehen enger Verbindungen zum Ausdruck und enden weniger vor dem Altar. Ihre Wirkung scheint das Potenzial für eine Ehe zu schaffen, aber nicht unbedingt tatsächlich eine Hochzeit.
- Berechne ich die Anzahl der potenziellen Ehen für einen Mann, schaue ich nach den applikativen Aspekten seines Geburtsmondes, bevor dieser das Zeichen verlässt. Steht der Mond im Geburtshoroskop am Anfang eine Zeichens, so kann er möglicherweise zu allen anderen Planeten einen solchen Aspekt bilden.
- Normalerweise betrachte ich nur die applikativen Aspekte zwischen den Lichtern (Sonne und Mond) und den Planeten. Mir ist jedoch auch aufgefallen, dass applikative Aspekte von Sonne oder Mond zu den Mondknoten eine starke karmische Beziehung anzeigen. Dies ist zwar kein Aspekt für eine Ehe, aber mit Sicherheit ein Aspekt für ein starkes karmisches Band.
- Meiner Erfahrung nach wirken die stärkeren Aspekte zuerst. Ist zum Beispiel eines der Lichter in einer weiten applikativen Konjunktion mit einem Planeten, so ist dies ein sehr starker Aspekt, der vor einem Sextil zum Ausdruck kommt, selbst wenn der Sextilaspekt genauer ist. Das Gewicht einer Konjunktion überwiegt das eines Sextils. Das bedeutet, dass eine Konjunktion (der stärkste Aspekt) eher die erste Ehe und den ersten Partner beschreibt, als es das Sextil tut. Wie auch immer – alle Aspekte von Sonne und Mond, sowohl applikative als auch separative, werden in irgendeiner Weise alle Partner beschreiben, die ein Klient normalerweise anzieht.

Fallstudie: Carol Rushman
Meine Sonne bildet einen applikativen Aspekt mit Neptun, Pluto und Jupiter, also sind drei Ehen zugesagt. Sonne und Neptun bilden eine Konjunktion auf 9° Jungfrau. Pluto steht auf 24° Krebs im applikativen Sextil zur Sonne. Jupiter steht auf 28° Jungfrau in applikativer Konjunktion. Ich habe Merkur auf 1° Jungfrau (in applikativer Konjunktion), aber wie ich oben bereits sagte, konnte ich nicht feststellen, dass applikative Merkur/Sonne-Aspekte eine Ehe versprechen. Sie können eine mögliche Verbindung anzeigen, aber keine Ehe. Außerdem habe ich Mars auf 5° Skorpion (ein separatives Sextil). Das sind also meine Hauptaspekte. Ich habe auch einige Nebenaspekte, sie sind hier jedoch von geringerer Bedeutung. Sonne Konjunktion Neptun ist mein erster applikativer Aspekt, und mein erster Ehemann war Aszendent Fische (Neptun herrscht über die Fische). Ich hatte eine wichtige Beziehung zu einem Plutonier, was mein zweiter applikativer Aspekt gewesen sein dürfte. Dann heiratete ich einen Mann mit einem Schützeaszendenten und mit Jupiter auf 28° Fische, und dies beschreibt der dritte Aspekt. Mir ist aufgefallen, dass der Aszendent des Partners den Aspekt wesentlich öfter zu beschreiben scheint als sein oder ihr Sonnenzeichen.

Man sollte jedoch auf keinen Fall annehmen, dass die Anzahl der applikativen Aspekte zugleich die *Gelegenheiten* zur Ehe anzeigt. Ich habe drei applikative Aspekte meiner Sonne, habe jedoch ungefähr sieben oder acht Heiratsanträge bekommen. Die Anzahl der applikativen Aspekte von Sonne oder Mond zeigt, wie viele Male Sie tatsächlich heiraten könnten. Ich hatte verschiedene Gelegenheiten, bevor ich meinen ersten Mann heiratete, und einige weitere vor meiner zweiten Ehe. Vermutlich werde ich jedoch nur zweimal heiraten, vielleicht drei Mal, denn dies ist die Anzahl der applikativen Aspekte meiner Sonne.

Lassen Sie uns nun einige weitere Beispiele von prominenten Frauen betrachten, um diese Technik hinreichend zu erklären.

KAPITEL ZWEI: *Das Geburtsversprechen*

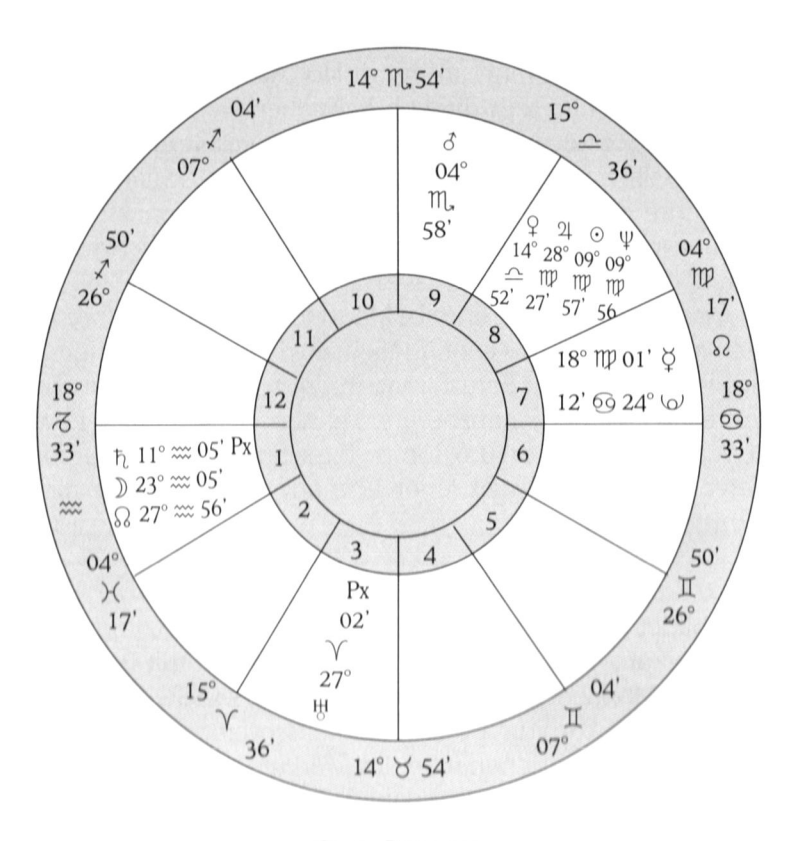

CAROL RUSHMAN
2. September 1933 / 3:55 p.m. CST
Milwaukee, WI

Fallstudie: Jacqueline Kennedy Onassis
Das Horoskop von Jacqueline Kennedy Onassis verspricht drei Ehen. Faszinierend an ihrem Horoskop ist die Tatsache, dass die Ehen hier sehr direkt beschrieben werden. Als Erstes bildet ihre Sonne auf 5° Löwe ein applikatives Sextil zu Jupiter auf 9° Zwillinge, und John F. Kennedy war ein Zwilling. Dann bildet ihre Sonne ein applikatives Trigon zu Uranus auf 11° Widder, und Aristoteles Onassis war ein Widder. Als Nächstes kommt ein weites applikatives Trigon zu Saturn auf 24° Schütze. Dies, denke ich, beschreibt Maurice Templesman. Ihre Beziehung war einer Ehe sehr ähnlich, auch wenn sie sie niemals legalisiert haben. Ihr Saturn ist in ihrem zweiten Haus, und sie lernte ihn als ihren Finanzberater kennen. Merkur auf 2° Löwe ist in applikativer Konjunktion zu ihrer Sonne. Dies zeigt ihre vielen Möglichkeiten zu einer Ehe an, die sie jedoch nicht wahrnahm.

Grace Kelly ist ein weiteres Beispiel. Ihre Sonne auf 19° Skorpion bildet nur einen applikativen Aspekt, eine Konjunktion zu Mars auf 25° Skorpion. Das war ihre Heirat mit Prinz Rainier von Monaco. Rainier ist ein Zwilling, zweifellos sieht er aber wie ein Skorpion- oder Widderaszendent aus, der durch diesen Mars beschrieben wird. Ihr Merkur auf 10° Skorpion ist in applikativer Konjunktion zu ihrer Sonne, und ihre Sonne ist Bestandteil eines großen Wassertrigons mit Mond und Pluto (beides separative Aspekte). Während diese Aspekte von ihren Möglichkeiten zu heiraten berichten, war die Sonne/Mars-Konjunktion ihre einzige Ehe.

Es ist wichtig zu erkennen, dass alle Aspekte zur Sonne, sowohl separative als auch applikative, in irgendeiner Weise alle Partner oder eher alle Männer beschreiben, die eine Frau anzieht. Schauen wir erneut auf die applikativen Aspekte meiner Sonne. Die Sonne/Neptun-Konjunktion kam durchgehend bei allen Männern, die ich kennen gelernt habe, zum Ausdruck. Mein erster Mann hatte einen Fischeaszendenten, der Herrscher über den Aszendenten meines zweiten Mannes ist Jupiter in Fische. Er ist Doktor der Chemie. Viele der Männer, die

KAPITEL ZWEI: *Das Geburtsversprechen*

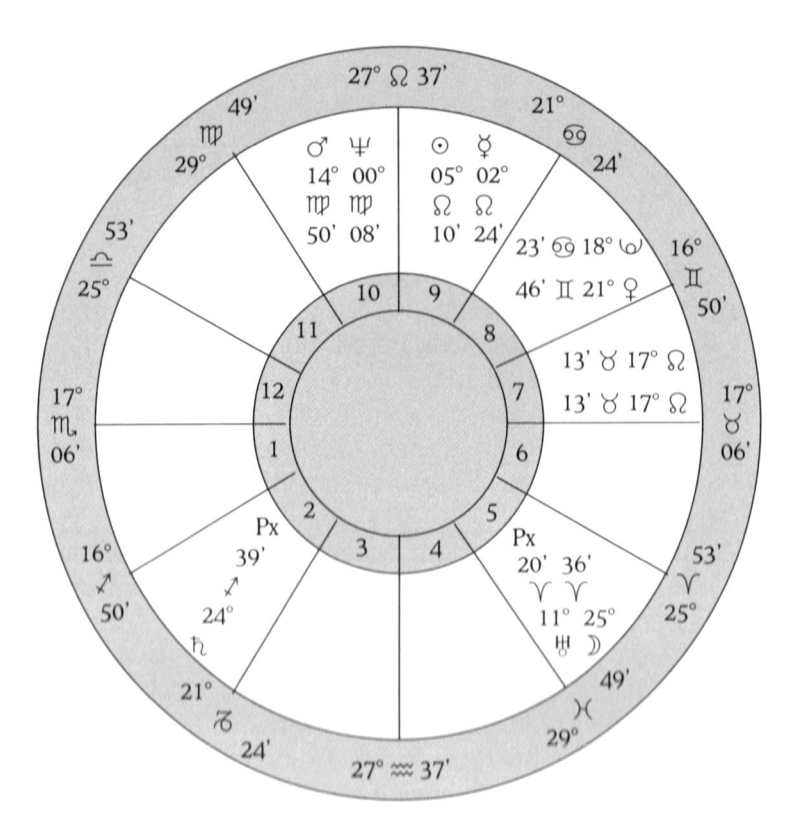

JACQUELINE KENNEDY ONASSIS
28. Juli 1929 / 2:30 p.m. EST
South Hempstead, NY

65

ich getroffen habe, fallen in eine der zwei Neptunkategorien: Sie waren entweder spirituell oder kreativ. Viele waren Musiker.

Der zweite Aspekt ist Sonne Sextil Pluto. Meine beiden Ehemänner sind machtvolle Männer und haben ein starkes Bedürfnis nach Kontrolle. Ich bin auf viele Skorpionmänner getroffen (Pluto regiert Skorpion). Alle Männer, die ich getroffen habe, waren sehr stark. Mein dritter Aspekt der Sonne geht schließlich zu Jupiter. Der Mann, mit dem ich bis heute verheiratet und sehr glücklich bin, hat einen Schützeaszendenten. Er ist sehr gebildet, weit gereist und ausgesprochen philosophisch. Beide Ehemänner wurden sehr wohlhabend. Alle Männer, mit denen ich zusammen war, werden durch den Sonne/Jupiter-Aspekt in großem Maße beschrieben. Sie sind alle Reisende. Sie sind alle sehr intelligent und auf ihre eigene Weise sehr spirituell.

Mit Merkur in applikativem Aspekt zur Sonne traf ich auch auf viele Zwillinge- und Jungfraumänner – und auf Männer, die jünger waren als ich. Meine Sonne bildet zudem ein Sextil zu Mars. Da die separativen Aspekte ebenfalls die Männer beschreiben, die man anzieht, wirkte auch dieser Aspekt. Ich habe Mars auf 5° Skorpion. Die Männer in meinem Leben waren sehr sinnlich, gefühlsbetont, engagiert und einflussreich.

Im Horoskop eines Mannes beschreiben alle Aspekte des Mondes, sowohl applikative als auch separative, die Frauen in seinem Leben. Auch hier gilt wiederum, dass die applikativen Aspekte die Frau oder Frauen beschreiben, die er heiratet. Alle Frauen im Leben eines Mannes werden die gleichen Qualitäten und Charakteristika an den Tag legen. Einer meiner Klienten hat den Mond in Krebs in exakter Konjunktion zu Pluto. Der Mond bildet zu Merkur und Sonne in Skorpion ein applikatives und zur Venus in Skorpion ein separatives Trigon. Damit sind drei Ehen zugesagt. Mit der Mond/Pluto-Konjunktion wählt er sehr machtvolle, erfolgreiche Frauen, die erste eine berühmte Ballerina, die zweite eine sehr bekannte Opernsängerin und die dritte ein wunderschönes Model. Mit dem Mond im Krebs will er von den gleichen machtvollen Frauen, dass sie ihn nähren und behüten – ein tückischer Wunsch, der von keiner seiner Frauen jemals befriedigt wurde. Mit dem Trigon zu Merkur und Sonne in Skorpion braucht er Frauen, die aus sich selbst heraus eine magnetische Anziehung haben, die gefühlsbetont, kommunikativ und einflussreich sind. Das Trigon zu Venus im Skorpion bringt ihm charismatische, intuitive und kreative Frauen. Ein Uranusquadrat zu seinem Mond brachte Rastlosigkeit in seine Beziehungen und das Potenzial für eine plötzliche Trennung. Und in der Tat, alle seine drei Ehen endeten mit einer Scheidung.

Die Aspekte im Geburtshoroskop erzählen etwas über die potenziellen Partner eines Klienten, und wenn eine Person nicht zu dem Profil passt, wird die Beziehung wahrscheinlich belanglos sein. Wenn beispielsweise ein Mann ein Mond/Pluto-Quadrat hat, wird jede Frau, die er anzieht, in gewisser Weise kastrierend, kontrollierend oder manipulativ sein, oder er wird dieses Verhalten aus ihr herauslocken. Die Frau mag vielleicht gar nicht so sein, doch sein Verhalten holt es aus ihr heraus, denn so hat er seine Mutter wahrgenommen oder erfahren. Das ist alles, was er kennt, und unbewusst wird er auf eine Weise agieren, die sein familiäres Klima wiederbegründen wird. So kann selbst eine Frau, die überhaupt nicht zur Kontrolle neigt, sich in einem solchen Verhalten vorfinden. Oder aber er zieht eine Frau an, die tatsächlich manipulativ ist.

In gleichem Masse kann ein Mann, der niemals in seinem Leben eine Frau misshandelt hat, sich plötzlich in destruktivem Verhalten wieder finden, wenn er mit einer Frau zusammen ist, die ein Mars/Pluto-Quadrat hat. Ein Klient von mir stand mit einer Frau in Beziehung, die diesen Aspekt hatte. Er sagte, sie würde das Übelste in ihm zum Vorschein bringen. Er war schockiert über seine Reaktion, niemals vorher hatte er sich einer Frau gegenüber so verhalten.

Für eine Frau mit einem Mars/Pluto-Quadrat ist es wichtig, einen Weg zum konstruktiven Ausdruck dieses Aspekts zu finden. Andernfalls kann sie unbewusst in einer Art und Weise agieren, die bei ihren Partnern »auf den Knopf drückt«, oder sie kann unabsichtlich von einer beherrschenden Person angezogen werden. Dieses Beispiel illustriert nur eine der Möglichkeiten, wie ein solcher Aspekt zum Ausdruck kommen kann. Nicht jeder Frau mit einem Mars/Pluto-Quadrat geschieht so etwas. Alle Klienten mit diesem Geburtsaspekt sollten sich jedoch dieser Tendenz in ihrem Horoskop bewusst sein. Für sie ist es wichtig, eine positive, gesunde Ausdrucksweise hierfür herauszubilden.

Wir sollten nicht vergessen, dass jeder eine erfolgreiche Ehe führen kann, wenn er oder sie bereit ist, daran zu arbeiten. Negative Muster müssen durchbrochen werden, und wenn wir erfolgreiche Partner sein wollen, müssen wir an uns selbst arbeiten. Wir sind durch die Anlage in unserem Geburtshoroskop nicht festgelegt. Es gibt immer das Potenzial, über die schwierigeren Aspekte hinauszuwachsen. Wenn ich destruktive Tendenzen bei Klienten bemerke, ermutige ich sie dazu, sich Hilfe zu suchen und an ihren negativen Seiten zu arbeiten.

Als weiteren Faktor müssen wir beachten, dass Mars im Horoskop einer jeden Frau in gewisser Weise ihre Liebhaber beschreibt, so wie Venus im Horoskop eines Mannes die Frauen beschreibt, die er instinktiv anziehend findet. Mars beschreibt immer die Männer, die eine Frau physisch anziehend findet. Eine Frau mit Mars im Steinbock wird sich von Männern angezogen fühlen, die eine Position und gesellschaftlichen Status innehaben und die erdhaft und sinnlich sind. Mit Mars in Löwe wird sie romantische, galante, selbstbewusste und dramatische Männer wollen, die großmütig und extrovertiert sind. Eine Frau mit Mars in der Waage wird Männer mögen, die romantisch, gutaussehend, kultiviert und vornehm sind und die einen guten Geschmack und gute Manieren haben. Mit Mars in Schütze mag eine Frau Männer, die philosophisch, klug und großzügig sind und die ein Hauch von Freiheit und Abenteuer umweht.

Von welcher Art Frau wird ein Mann angezogen? Seine Venus ist der Schlüssel dazu. So wird beispielsweise ein Mann mit Venus in Widder normalerweise energievolle, vitale und kämpferische Frauen anziehend finden. Mit Venus in Zwillinge wird er wortgewandte, kommunikative, burschikose, trockene, intellektuelle und gesellige Frauen mögen. Viele Männer mit Venus in Zwillinge berichteten mir, dass sie mit zwei Frauen zusammen sind und dass sie glücklich wären, wenn sie aus zweien eine machen könnten. Aber natürlich könnten sie niemals mit einer Frau glücklich sein. Ein Mann mit Venus im Stier wünscht sich Frauen, die geerdet, stabil, zuverlässig, sinnlich und attraktiv sind und welche die Möglichkeit haben, gutes Geld zu verdienen. Ein Mann mit Venus im Krebs wird von Frauen angezogen, die nährend, sensibel und häuslich sind und die ihn bemuttern. Ein Mann mit Venus im Steinbock fühlt sich mit Frauen wohler, die etwas geleistet haben und in der Gemeinschaft zu Position und Status gekommen sind, oder mit Frauen, die aus einer prestigereichen Familie kommen oder Geld haben.

Ein anderer Weg zu bestimmen, was Klienten von einem Ehepartner wollen, ist ein Blick auf das Zeichen und den Herrscher des siebten Hauses und seine Aspekte. Solche Aspekte ergänzen die Beschreibung jener Person, die am meisten die Erwartungen des Klienten erfüllen wird.

Herrscher über mein siebtes Haus ist zum Beispiel der Mond. Er steht in Konjunktion zum Nordknoten und im Sextil zu Uranus. Er machte keine schlechten Aspekte, dennoch wurde ich geschieden. Jedoch verließ mein Ex-Mann nicht mich, sondern ich ließ mich scheiden. Der Mond ist in weiter Konjunktion zu Merkur, was all die jüngeren Männer symbolisiert, die ich nicht heiratete. Auch ist der Mond in weiter Konjunktion zu Saturn und im Trigon zu Venus. Mit der Mond/Saturn-Konjunktion waren meine beiden Ehen von langer Dauer. Mit dem Trigon zu Venus waren beide Männer gutaussehend, gut gekleidet und kultiviert.

Das Zeichen, in das die siebte Häuserspitze fällt, zeigt auch an, was ein Klient von einem Partner braucht. Mit Zwillinge am Deszendenten braucht man einen Partner, der lustig, witzig und klug ist, der einen guten Sinn für Humor hat und der einen unterhält. Mit der siebten Häuserspitze in Jungfrau braucht man einen Partner, der hart arbeitet und praktisch ist, und man kann mit seinem Partner auch sehr kritisch sein. Klienten mit Wassermann am Deszendenten wollen jemanden, der ungewöhnlich, originell, interessant und anders als die anderen ist.

Planeten im siebten Haus sind ebenfalls wichtig, sie sagen viel über die Ehen und Beziehungen der Klienten aus. Wie ich schon erwähnte, kann Jupiter im siebten Haus viele Ehen anzeigen, denn diese Leute sind bereit, sich auf etwas einzulassen, Chancen wahrzunehmen und danach zu handeln. Mit Saturn im siebten Haus wird man sich zögernder, ängstlicher und misstrauischer verhalten und sich eine Verbindung gut überlegen. Saturn im siebten Haus beschreibt nicht notwendigerweise weniger Gelegenheiten zur Ehe, er beschreibt eher die Reserviertheit und Vorsicht der Person. Diese Leute bedenken alle Konsequenzen einer Ehe und wollen weniger ein Risiko eingehen.

Mit Pluto im siebten Haus hat man in einer Beziehung entweder selbst die Macht oder man gibt sie ab. Mars im siebten Haus zeigt Bewegung, Aktivität oder Kampf an. Der Mond im siebten Haus schafft Veränderungen in Beziehungen und starke Gefühle.

Wenn ich sehen will, ob eine Person eine erfolgreiche Ehe haben kann, schaue ich zum anderen auch auf die Beziehung zwischen den Herrschern des siebten und des ersten Hauses. Stehen sie in Konjunktion? Bilden sie ein Trigon oder Sextil zueinander? Oder stehen sie im Quadrat oder in Opposition zueinander?

Die Herrscher meines ersten und siebten Hauses stehen im selben Zeichen (Wassermann), und so habe ich langwährende Verbindungen. Mit dem Mond als Herrscher des siebten Hauses in Konjunktion zu Saturn als Herrscher des ersten fühle ich mich, als würde mein Mann mich nie verlassen. Wenn ich mit jemandem verheiratet bin, fühle ich mich sehr sicher. Ein Trigon zwischen dem Herrscher des ersten und siebten Hauses schafft eine sehr bequeme, leichte Verbindung. Mit einem Quadrat oder einer Opposition kann die

Verbindung zwar auch funktionieren, aber es werden immer wieder Probleme auftauchen.

Klienten, die bereits einmal geheiratet haben, brauchen nicht mehr besonders viel »Druck« von den Konstellationen, um es ein zweites Mal zu tun. Wenn sie bereits zweimal verheiratet waren, brauchen sie noch weniger Ansporn. Wenn sie schon dreimal verheiratet waren, braucht es sehr wenig, um eine neue Verbindung einzugehen (eine Progression oder ein Transit wird genügen). Und wie bereits erwähnt, wird bei Klienten mit Schütze an der siebten Häuserspitze oder Jupiter in Beziehung zum siebten Haus ihr Optimismus die Möglichkeiten zur Ehe erweitern. Natürlich kann ein verletzter oder rückläufiger Jupiter das abwandeln. Dies alles sind wichtige Faktoren, die bei der Vorhersage von Ehen zu beachten sind. Als Astrologe müssen Sie zuerst bei dem Geburtspotenzial anfangen und dann danach schauen, was Progressionen und Transite anzeigen. Wenn es im Geburtshoroskop nicht versprochen ist, wird es nicht geschehen, gleich was Progressionen und Transite auch anzeigen mögen.

Klienten, die in ihren Vierzig- oder Fünfzigern sind und niemals geheiratet haben, brauchen einige um hier herauszukommen. Wenn ihr Horoskop nicht auf einfache Weise eine Ehe anzeigt, stelle ich normalerweise fest, dass sie eigentlich auch nicht heiraten wollen. (Ähnlich ist das bei jemandem mit einem Quadrat der progressiven Venus zu Mars oder Saturn. Liebe und Beziehung sind oftmals das Letzte, was sie zu diesem Zeitpunkt wollen.) Hin und wieder habe ich gesehen, dass eine Ehe zustande kommt, jedoch brauchen sie verschiedene Progressionen, unterstützende Transite und eine Eklipse, ‚um die betreffenden Teile des Horoskops zu aktivieren. Sie brauchen einiges, um es zu bewerkstelligen, und sie müssen es wirklich wollen.

Es gibt noch andere Wege, um das Potenzial für mehr als eine Ehe zu erkennen. Veränderliche Zeichen (Zwillinge, Jungfrau, Schütze und Fische) im ersten und siebten Haus zeigen normalerweise mehr als eine Ehe an. Ein eingeschlossenes Zeichen kann eine weitere Ehe anzeigen, und dieses

Zeichen kann tatsächlich den Partner beschreiben. Ist beispielsweise Löwe im siebten Haus eines Klienten eingeschlossen, kann er oder sie sich zu jemandem mit Sonne oder Mond in Löwe hingezogen fühlen. Ich erinnere mich, dass mir die Astrologin Katherine DeJersey sagte, dass ich ein zweites Mal heiraten würde. Ich sagte: »Ja, meine Sonne macht drei applikative Aspekte«, und sie antwortete: »Sicher, aber du hast auch ein eingeschlossenes Zeichen im siebten Haus. Leute mit einem eingeschlossenen Zeichen im siebten Haus heiraten fast immer zweimal.«

Eine anderer, unter Astrologen viel diskutierter Punkt ist die Frage, welches Haus die zweite, dritte und vierte Ehe beschreibt. Jeder stimmt dem zu, dass das siebte Haus die erste Verbindung anzeigt, wenn es jedoch zu mehr als einer Ehe kommt, so habe ich mein eigenes System, um zu bestimmen, welches Haus ich mir anschaue. Dieses System basiert auf dem, was Louise Ivy mich lehrte. (Sie war eine meiner Mentoren und eine sehr weise Astrologin.) Sie sagte, dass die zweite Ehe im elften Haus zu finden ist. Ihre Begründung war (und dies ist eine sehr moralische Logik): Wenn du jemanden heiratest, ist es eine Verbindung für immer. Jede Ehe nach der ersten Ehe ist in Wahrheit eine Liebesaffäre. So zählte Ivy vom siebten Haus fünf Häuser weiter zur zweiten Ehe. Der gleichen Logik folgend ist die dritte Ehe fünf Häuser vom elften Haus entfernt und wird durch das dritte Haus repräsentiert. Ich habe festgestellt, dass ihre Vorgehensweise funktioniert. Jedoch muss man als Astrologe für jede Ehe immer zuerst auf das siebte Haus schauen, denn dieses Haus stellt immer die Grundvoraussetzung für jede Ehe dar und bringt die grundsätzlichen Bedürfnisse in einer Partnerschaft zum Ausdruck.

Zur Anzeige der zweiten Ehe schauen viele Astrologen auf das neunte Haus. Ich denke, der Grund hierfür liegt in der Tatsache, dass die Ehe eine gesetzliche Angelegenheit ist. Da Heiraten bedeutet, eine Verbindung zu legalisieren, wird dieses Haus aktiv. Ich neige aber mehr dazu, die zweite Ehe durch das elfte Haus zu beschreiben. Es beschreibt die zweite Ehe und den zweiten Ehemann. In meinem eigenen Leben hat sich dies bewahrheitet. Bei mir herrscht Jupiter über das elfte Haus, und mein zweiter Ehemann ist sehr jovial – gebildet, spirituell, optimistisch. Tatsächlich ist die Spitze meines elften Hauses im gleichen Zeichen und auf demselben Grad wie sein erstes Haus. Bei Klienten mit Steinbock an der Spitze des elften Hauses habe ich beobachtet, dass sie wesentlich ältere Partner vom »Geschäftstyp« oder Steinböcke heiraten. Eine meiner Klientinnen hat die Spitze des elften Hauses auf 29° Krebs, dem Millionärsgrad, und ihr zweiter Ehemann ist Millionär mit der Sonne in Krebs. Manchmal ist Astrologie so wörtlich zu nehmen, dass es mich sprachlos macht.

Wenn in einem Horoskop keine applikativen Aspekte zu Sonne oder Mond vorkommen oder die Lichter auf einem späten Grad stehen (27°, 28° oder 29°), kann meiner Feststellung nach alles geschehen, wenn es zu einer Ehe kommt. Es liegt in der Tat an der Person selbst, das Potenzial zu realisieren. Ich betrachte 27°, 28° und 29° als sehr spezielle Grade. Ich nenne sie »Wild-Card«-Grade. Ich denke, dass Klienten aus dieser Platzierung alles machen können, was sie wollen, wenn sie bereit sind, sich dafür einzusetzen.

Scheidung

Ein anderes Thema, nach dem Klienten häufig fragen, ist die Scheidung. Geschieden zu werden ist oftmals um einiges schwieriger, als zu heiraten. Die Klienten brauchen das Potenzial zur Scheidung in ihrem Horoskop, insbesondere wenn sie im Geburtshoroskop eine Menge fixer Zeichen haben. Scheidung muss durch das Geburtshoroskop zugesagt sein. Ich habe einige Klienten, die unglücklich verheiratet sind, in deren Geburtshoroskop jedoch keine Scheidung angelegt ist. Diese Menschen fühlen sich in ihrer Ehe miserabel und können sich doch nicht davon befreien. Sie trennen sich für eine Weile, kommen dann doch wieder zusammen und verharren in einem unglücklichen Zustand.

Wir wollen nun sehen, was im Geburtshoroskop das Potenzial für eine Scheidung anzeigt.

Klassische Horoskop-Indikatoren für die Scheidung

- Uranus in irgendeiner Weise in Verbindung mit dem siebten Haus: Entweder als Herrscher des siebten Hauses, dort platziert oder mit Aspekten zum Herrscher des siebten Hauses.
- Starke Uranusaspekte im Geburtshoroskop. Uranus ist ein eigennütziger Planet. Er will alles nach eigenen Bedingungen, so dass eine Person mit starker Uranusenergie einen schwierigen Zeitraum erleben kann, um zu verstehen, was sie für die Unterhaltung einer intimen Beziehung tun muss.
- Venus, Mars oder Sonne in hartem Geburtsaspekt (Quadrat oder Opposition) zu Uranus.
- Sonne Quadrat Mond im Geburtshoroskop
- Venus Quadrat Mars im Geburtshoroskop
- Die Herrscher des ersten und siebten Hauses im Geburtshoroskop zueinander im Quadrat
- Ein starker Plutoeinfluss im Geburtshoroskop kann zweifellos Machtkämpfe erschaffen. Starke Neptuneinflüsse zeigen Täuschung und Selbstbetrug an. Ein prominenter Uranus drängt die Person dazu, frei zu sein und das Leben nach den eigenen Bedingungen zu leben.

Bei der Bestimmung des Potenzials für eine Scheidung sollten noch einige andere Faktoren mitbeachtet werden:

Üblicherweise ist bei einer Scheidung in irgendeiner Weise, Gestalt oder Form Uranus beteiligt. Pluto reißt ab und baut neu auf, Neptun löst auf, doch es ist Uranus oder Wassermann, der ausbricht, befreit und sein eigenes Ding machen will. Er will nicht behindert werden. Selten wird jemand geschieden ohne starke Uranusaktivitäten, und dies wird im Geburtshoroskop sowie in den Progressionen und Transiten des betreffenden Zeitraums angezeigt. Auch Scheidungen werden in irgendeiner Weise durch das siebte Haus angezeigt oder sind mit ihm oder seinem Herrscher verbunden.

Ist Uranus an einem Transit oder einer Progression beteiligt, kann er eine Trennung auslösen. Kommen dann Venus oder Sonne in ein Quadrat zu Uranus, manifestiert sich oft das Geburtsversprechen der Scheidung.

Kommt irgendein persönlicher Planet (Sonne, Merkur, Venus oder Mars) bei der Progression in einen harten Aspekt zu Uranus, kann hierdurch eine Scheidung ausgelöst werden. Wieder der Hinweis: Es muss im Geburtshoroskop angelegt sein! Wenn Scheidung dort nicht versprochen ist, könnte es für das Paar vielleicht zu einer Zeit der Trennung kommen. Es könnte eine Phase sein, in der zum Beispiel ihre beruflichen Wege sie zu einer Fernbeziehung zwingen. Die einzelne Person erlebt in dem durch den Planeten repräsentierten Bereich eine umfassende Veränderung. Ist die Sonne beteiligt, verändert sich das Ego, mit Merkur verändert sich die mentale Einstellung, mit Venus kommt es zu einer Veränderung der Gefühle und der Liebe und mit Mars ist es notwendig, sich in den eigenen Handlungen frei zu fühlen und auch frei handeln zu können. Oft verändert sich die Person so drastisch, dass ein Riss entsteht, der nicht wieder zu kitten ist.

Ein Transit von Saturn, Uranus, Neptun oder Pluto durch das erste oder siebte Haus veranlasst den Menschen oft, sich selbst oder seine Beziehungen neu zu bewerten. Transitiert einer dieser Planeten durch das erste Haus, wird die Person profunden persönlichen Veränderungen unterliegen, die auch ihre engen Beziehungen oder Freundschaften beeinflussen. Geht der Transit durch das siebte Haus, wird die Person ihre Beziehungen neu bewerten. Wenn es ein Geburtsversprechen für Scheidung gibt, so ist dies wiederum die Zeit, in der sie geschehen könnte.

Ein eingeschlossenes Zeichen im siebten Haus bedeutet, dass die Person mehr als einmal heiraten könnte. Damit ist nicht notwendigerweise eine Scheidung gemeint, sondern die Person könnte auch Witwe oder Witwer werden.

Wenn Klienten das Thema Scheidung ansprechen, so passiert normalerweise etwas in ihren Horoskop oder dem ihres Partners, das sie veranlasst, ihre Ehe in Frage zu stellen oder dazu auf Abstand zu gehen. Sie könnten einen Transit von Saturn, Uranus, Neptun oder Pluto durch ihr erstes oder siebtes Haus erleben, der die Ich-du-Achse aufrüttelt. Oder sie haben durch Progressionen ein Venus/Mars-Quadrat, ein klassischer Scheidungsaspekt. Sie könnten ein Quadrat zwischen den Herrschern des ersten und siebten Hauses haben, entweder im Geburtshoroskop oder durch Progressionen ausgelöst, ein weiterer klassischer Scheidungsaspekt. Oder sie haben vielleicht durch die Progression eines persönlichen Planeten einen harten Aspekt zu Uranus. All dies kann Klienten veranlassen, ihre Ehe und ihre Zustimmung dazu ernsthaft in Frage zu stellen.

Kommt ein persönlicher Planet durch Progression in einen harten Aspekt zu Neptun, wird man oft über die eigene Ehe desillusioniert und die betreffende Person fühlt, dass sie nicht bleiben kann. Macht ein persönlicher Planet einen harten Aspekt zu Pluto, werden die Machtkämpfe zu heftig, um sie weiter zu ertragen.

Wenn Scheidung im Geburtshoroskop nicht vorgesehen ist, wird sich ihr Klient höchstwahrscheinlich durch diese schwierigen Aspekte hindurcharbeiten. Personen mit fixen Aspekten, insbesondere mit Stier/Skorpion im ersten und siebten Haus, empfinden es meistens als unmöglich, eine Ehe zu beenden. Für sie ist es eine Erfahrung im Sinne von »bis dass der Tod uns scheide«.

Eine Klientin von mir hatte fixe Aspekte. Hinzu kamen in ihrem Geburtshoroskop ein Venus/Mars-Sextil (die natürlichen Herrscher des ersten und siebten Hauses) und ein Sonne/Mond-Trigon, zudem waren die Herrscher des ersten und siebten Hauses in Harmonie. Obwohl sie einige sehr schwierige Transite und Progressionen hatte, die sie ernsthaft über Scheidung nachdenken ließen, war es meiner Meinung nach sehr unwahrscheinlich, dass sie sich tatsächlich scheiden lassen würde, denn in ihrem Horoskop ist Scheidung nicht angelegt. Ihr gesamtes Horoskop spricht davon, positiv und konstruktiv zu sein und in der Ehe ihre Beziehungsarbeit zu leisten, und das war es auch, was sie tat.

Hat auf der anderen Seite ein Klient einen verletzten Uranus oder trennende Beziehungsaspekte und erlebt exakt dieselben Transite und Progressionen, wird eine Scheidung die Folge sein. Wiederum ist die Basis hierfür das Geburtsversprechen.

Das Horoskop von Elizabeth Taylor ist ein gutes Beispiel für jemanden mit einem Geburtsversprechen der Scheidung. Sie hat Venus Konjunktion Uranus im siebten Haus. Sie ist siebenmal geschieden und einmal verwitwet. Jedes Mal, wenn diese Konjunktion spannungsreich ausgelöst wurde, wurde sie geschieden. Sie benötigt nicht viel Aktivierung, um auszubrechen, sich zu befreien und eigene Wege zu gehen. Elizabeths Horoskop ist ein klassisches Scheidungshoroskop. Sie hat an der Spitze des ersten und siebten Hauses kardinale Zeichen (Waage und Widder), sie stürzt sich in eine Ehe und ist dann schnell gelangweilt. Außerdem hat sie eine Menge applikativer Aspekte zu ihrer Sonne, und so weiß sie intuitiv, dass da immer ein anderer Mann sein wird. Mit ihrer Sonne/Neptun-Opposition hat sie nicht das beste Urteilsvermögen in Bezug auf Männer, dieser Aspekt zeigt jedoch eine ungeheure Anziehungskraft und ein enormes Charisma an. Sie kann Männer anziehen und weiß es auch.

Im Allgemeinen ist mir aufgefallen, dass sich die kardinalen Zeichen (Widder, Krebs, Waage und Steinbock) sehr schnell scheiden lassen und dann nicht mehr zurückschauen.

Wir haben viel darüber gesprochen, dass Uranus in der Ehe unterbrechend wirkt, ich habe jedoch auch eine Klientin mit Uranus im siebten Haus, die eine sehr erfolgreiche Ehe führt. Diese Beziehung ist sehr unabhängig, einzigartig und anders. Sie und ihr Ehemann führen sehr verschiedene Leben. Auf diese Weise ist es durchaus möglich, Uranus im siebten Haus und eine erfolgreiche Ehe zu haben. Sie fand einen Mann, der glücklich damit war, sie ihren eigenen Weg gehen zu lassen. Für ihre Arbeit reisen sie beide in verschiedene Richtungen, und obwohl sie sehr unabhängig voneinander leben, ergänzen sie sich gut, wenn sie zusammen sind.

Venus Quadrat Pluto kann ebenfalls eine Scheidung vorsehen. Es ist nicht immer ein Scheidungsaspekt, aber es schafft ein intensives Echo auf Beziehungen. Ist es eine Pluto-betonte Scheidung, ist die Ehe, wenn sie vorbei ist, auch wirklich vorbei. Sie ist dann so tot, dass keine Möglichkeit mehr besteht, ihr in irgendeiner Weise Leben einzuhauchen, auch nicht als Freunde.

Sonne Quadrat Mond ist ein weiterer Aspekt, der Scheidung anzeigen kann. Die männlichen und weiblichen Prinzipien in einer Person sind dann nicht in Harmonie. Häufig sehen die Klienten in der Beziehung ihrer Eltern kein positives Rollenvorbild für eine Ehe. Auch dies ist wiederum kein Aspekt, der per se für eine Scheidung steht. Er steht mehr für einen inneren Kampf, der in persönliche Beziehungen hineingetragen werden kann. Ich habe Leute mit einem Sonne/Mond-Quadrat gesehen, die sich niemals scheiden ließen, aber sie mussten mit sich selbst und der Art und Weise, wie sie sich anderen gegenüber ausdrücken, übereinkommen.

Venus Quadrat Mars ist noch ein weiterer potenzieller Scheidungsaspekt. Venus und Mars sind die natürlichen Herrscher des ersten und siebten Hauses, welche in Sachen Miteinander die wichtigste Rolle spielen. Wenn sie im Quadrat zueinander sind, ist Beziehung stets eine Herausforderung. Es zeigt oft eine unglückliche Ehe an, Bedürfnisse, die nicht erfüllt werden, oder Streit. Personen mit dieser Platzierung neigen dazu, sich Partner zu wählen, die entweder ihre emotionalen oder ihre sexuellen Bedürfnisse erfüllen, aber nicht beides zusammen. Ihr Bedürfnis nach Liebe ist mit ihrem sexuellen Begehren nicht synchron, oder ihre äußeren Aktionen sind entgegen ihren inneren Bedürfnissen, so dass eine Person mit dieser Platzierung sich distanziert oder zurückhaltend verhalten kann, wenn sie in Wahrheit Intimität wünscht.

In den meisten Fällen ist Uranus der Schlüsselplanet bei einer Scheidung. Er muss sowohl im Geburtshoroskop eines Klienten als auch durch Progressionen eine starke Stellung haben. Falls nicht, ist eine Scheidung eher unwahrscheinlich.

Andere Faktoren bei einer Scheidung
Die Menschen beginnen häufig dann über Scheidung nachzudenken, wenn sie für einen neuen Zyklus bereit sind. Das kann zum Beispiel zu dem Zeitpunkt sein, wenn Sonne oder Venus in der Progression auf 28° oder 29° stehen und demnächst ein neues Zeichen betreten werden. Der Mensch ist dann zu umfassenden Veränderungen bereit, die alle engen Beziehungen in seinem Leben beeinflussen.

Wenn einer der Gesellschaftsplaneten (Jupiter, Saturn, Uranus, Neptun oder Pluto) im Transit durch das erste oder siebte Haus geht, so bleibt weder der Mensch noch die Ehe unverändert, sondern sowohl die Person als auch die Partnerschaft werden massiven Veränderungen unterliegen.

Mit den Mondknoten im ersten und siebten Haus erfährt man bei der Arbeit an Ehe und Beziehungen Unterstützung, insbesondere wenn der Nordknoten im siebten Haus steht. Der Südnoten zeigt an, womit ein Mensch sich wohl fühlt und was ihm leicht fällt, der Nordknoten stellt den Bereich dar, in dem man sich noch in einem Klärungsprozess befindet. Mit dem Südknoten im siebten Haus weiß man, wie Beziehung »geht«. Mit dem Nordknoten im siebten Haus kann man zwar gut allein sein, hat jedoch nicht die Fähigkeit, ein Partner zu sein. Personen mit dieser Stellung können zu Anfang ihres Lebenswegs in Beziehungen sehr schwierige Zeiten erleben, weil sie nicht wissen, wie sie sich darin verhalten sollen. In ihren vergangenen Leben waren sie immer allein. Menschen mit dem Südknoten im siebten Haus hingegen werden durch ihren Partner leben, anstatt an ihrer eigenen Identität zu arbeiten. Für Klienten ist es wichtig zu lernen, ihre Mondknoten in Balance zu bringen.

Bei Partnern, deren Zeichen an der Achse eins/sieben in Umkehrung zueinander stehen, habe ich langwährende Beziehungen beobachtet. Beispielsweise ist eine Person mit einem Krebs-Aszendenten und Steinbock im siebten Haus sehr an jemanden mit einem Steinbock-Aszendenten und Krebs an der siebten Häuserspitze gebunden. Diese beiden Zeichen sind ein astrologisches Paar. Zusammen bilden sie eine vollständige Einheit, ein Ganzes. Ihre Horoskope sind ebenso wie ihre Herangehensweise an das Leben in Übereinstimmung. Diese Art von Bindung zu unterbrechen ist sehr schwer, zwischen den beiden Personen besteht ein sehr starker Zusammenhalt. Und wenn fixe Zeichen mit beteiligt sind, wird das Paar die Verbindung kaum beenden.

In vielen Fällen zeigen die Gradzahlen sehr einfach und genau einen exakten Zeitrahmen an. So habe ich zum Beispiel in meinem Geburtshoroskop Pluto auf 24° Krebs im siebten Haus im Quadrat zu Uranus. Was meinen Sie, wie lange meine erste Ehe dauerte? 24 Jahre. Gradzahlen können auch das Alter anzeigen, üblicherweise verweisen sie jedoch auf die Zeit. Ich habe eine Klientin, bei der die Gradzahlen das Alter anzeigen. Die Spitze ihres siebten Hauses ist auf 22° Widder, und in diesem Alter heiratete sie zum ersten Mal. Als sie 52 Jahre alt wurde, heiratete sie zum zweiten Mal. Solche Dinge merke ich mir, auch bei Scheidungen ist mir etwas Ähnliches schon vorgekommen.

Das Uranusquadrat zu Pluto in meinem siebten Haus ist ganz klar mein Scheidungsaspekt. Das ist interessant, denn ich kann mich erinnern, dass ich verschiedene Astrologen aufsuchte, die mir alle sagten, dass ich niemals geschieden werden würde. Ein Teil von mir wollte aber geschieden werden, das war es, was ich hören wollte. Mein Horoskop jedoch zeigte an, dass dies nicht einfach, leicht und ohne eine Menge Ärger geschehen würde, denn Pluto war mit im Spiel.

Ich hatte einen Klienten, der mich viele Jahre lang aufsuchte. Er hatte in seinem Geburtshoroskop Uranus in Konjunktion zum Aszendenten, und jedes Mal wenn ein progressiver Planet diesen Uranus aspektierte, reagierte er auf diese Energie mit einer Scheidung. Bei seiner ersten Scheidung kam er zu mir, als die progressive Venus ein Quadrat zu Uranus bildete. Er heiratete wieder. Dann tauchte der progressive Mars auf und bildete ein Quadrat zu Uranus, und er ließ sich wieder scheiden. Dann erschien seine progressive Sonne im Quadrat zu Uranus. Kürzlich habe ich von ihm gehört, er ist ein drittes Mal geschieden. Venus, Mars oder die Sonne in Verbindung zu Uranus lösten in seinem Horoskop jeweils die Scheidung aus. Jeder dieser Aspekte ist ein klassischer Scheidungsaspekt.

Kinder

Die vom Geburtshoroskop versprochene Anzahl der Kinder muss nicht damit übereinstimmen, für wie viele Kinder Sie sich selbst entscheiden. Durch die Möglichkeit der Geburtenkontrolle müssen Paare nicht all die Kinder bekommen, die in den Horoskopen der Frau und des Mannes zugesagt sind. Ich habe fünf applikative Aspekte zum Herrscher meines fünften Hauses, und ich habe fünf Kinder. Ich kenne Leute mit gleichen Konstellationen, die nicht so viele Kinder haben. Ein Paar kann sich entscheiden, keine große Familie zu haben. Jedoch können Frauen in der Regel schwanger werden, wann immer sie es wollen. Sie sind fruchtbar, aber sie verhüten. Ich benutzte keine Verhütungsmittel, und so manifestierte ich all diese Energie. Die Anzahl der applikativen Aspekte zum Herrscher des fünften Hauses entspricht der potenziellen Anzahl der Kinder, die Sie haben können. Es funktioniert in der gleichen Weise wie bei den applikativen Aspekten zu Sonne oder Mond. Erinnern Sie sich – die Anzahl der applikativen Aspekte zu den Lichtern entspricht der Anzahl der potenziellen Ehen, zeigt jedoch nicht unbedingt die Anzahl der Ehen an, die eine Person tatsächlich eingeht.

Der Herrscher meines fünften Hauses zeigte meine fünf Kinder auf die folgende Weise an:

Ich habe Zwillinge an der fünften Häuserspitze, und Merkur, der Herrscher des fünften Hauses, steht auf 1° Jungfrau. Bevor er das Zeichen verlässt, bildet er ein applikatives Sextil zu meinem Mars in Skorpion, macht eine Konjunktion zu meiner Jungfrau-Sonne und eine Konjunktion zu Neptun in Jungfrau. Dann bildet er ein applikatives Sextil zu Pluto in Krebs, und schließlich eine Konjunktion mit Jupiter in Jungfrau als letztem applikativen Aspekt. Eigentlich werden alle meine Kinder durch diese Merkuraspekte beschrieben – durch die an diesen Aspekten beteiligten Planeten, durch die Zeichen, in denen sie stehen, und durch die Zeichen, die sie natürlicherweise beherrschen. Lassen Sie uns einen konkreten Blick darauf werfen:

- Meine älteste Tochter hat eine Krebs-Sonne in Konjunktion zu Jupiter, den Mond in Fische und einen Zwillingeaszendenten. Ihr Aszendent ist auf dem gleichen Grad in Zwillinge wie meine fünfte Häuserspitze. Das fünfte Haus repräsentiert immer Ihr erstes Kind.
- Mein zweites Kind ist Jungfrau mit dem Mond in Schütze und einem Schützeaszendenten. Sein Vater ist Aszendent Fische mit Jungfrau an der siebten Häuserspitze, und die Sonne meines Sohnes fällt in das siebte Haus seines Vaters. Sie sind Geschäftspartner. Das zweite Kind einer Frau ist häufig ihrem Ehemann ähnlich (das siebte Haus repräsentiert sowohl den ersten Ehemann als auch das zweite Kind).
- Mein drittes Kind ist ein Widder mit dem Mond in Schütze und einem Jungfrauaszendenten. Ich habe Mars im neunten Haus, und dieses Haus repräsentiert das dritte Kind.
- Mein viertes Kind ist Jungfrau mit dem Mond in Krebs und einem Waageaszendenten. Merkur als Herrscher der Sonne ist auf 27° Jungfrau. Das ist deshalb so interessant, weil der Herrscher meines elften Hauses Jupiter auf 27° Jungfrau ist. Das elfte Haus entspricht dem vierten Kind. Ich finde, dies ist eine erstaunliche Übereinstimmung.
- Mein fünftes Kind ist Schütze mit dem Mond in Zwillinge und einem Steinbockaszendenten. Das fünfte Kind kann Ihnen häufig sehr ähnlich sein, denn es ist durch das erste Haus oder den Aszendenten repräsentiert. Wir haben beide Aszendent Steinbock und sind uns sehr ähnlich.

Wenn Sie Planeten im fünften Haus haben, beschreiben diese Ihre Kinder in der gleichen Weise, wie mein Merkur meine Kinder beschreibt. Menschen mit zwei Planeten im fünften Haus werden oftmals zwei Kinder haben. Jeder Planet wird eines der Kinder beschreiben. Mir ist oft begegnet, dass Leute mit der Sonne im fünften Haus ein Löwe-Kind haben, und dieses Kind wird häufig der zentrale Fokus ihres Lebens. Dieses Kind könnte auch berühmt werden, auffallend sein oder in irgendeiner Weise herausragen. Beispielsweise hat eine Freundin von mir ihre Sonne im fünften Haus, und ihr Kind ging nach West Point und wird wahrscheinlich eine außergewöhnliche militärische Karriere machen. Bei Leuten mit Zwillinge an der fünften Häuserspitze oder einer Zwillingebetonung habe ich beobachtet, dass sie auch tatsächlich Zwillinge bekommen. Auch hier ist Astrologie manchmal wieder so wörtlich und einfach zu nehmen, dass es mich verblüfft. Andere Male kann sie aber auch mühsam und frustrierend sein.

Verschiedene meiner Freunde haben zehn oder zwölf Kinder. In diesem Fall werden die Regeln zur Bestimmung der Anzahl der Kinder gebrochen. Es gibt keine Möglichkeit, zehn oder zwölf applikative Aspekte zum Herrscher des fünften Hauses zu haben. Bei vielen dieser Frauen ist mir jedoch aufgefallen, dass Jupiter in ihrem fünften Haus steht oder mit dem Herrscher des fünften Hauses stark verbunden ist. In meiner Generation hatten viele Menschen eine große Familie und brachten jeden applikativen Aspekt zum Herrscher ihres fünften Hauses zum Ausdruck, oder sie ließen ihren Jupiter im fünften Haus sich vollständig manifestieren. Heutzutage sind die Menschen in ihrer Wahl und ihren Entscheidungen differenzierter. Auch wenn sie diese Aspekte vielleicht haben, üben sie ihren freien Willen aus und entscheiden sich, den Umfang ihrer Familie zu begrenzen.

Ist es die erste Ehe eines Klienten, schaue ich im elften Haus nach adoptierten Kindern oder Stiefkindern. Das elfte Haus beschreibt die Beziehung des Klienten zu solchen Kindern, und es beschreibt zugleich das erste dieser Kinder. Für jedes weitere Kind zählen Sie einfach im Horoskop zum entsprechenden Haus weiter. Das zweite Adoptiv- oder Stiefkind wird im ersten Haus definiert, das dritte im dritten Haus und so weiter.

Geht es um Enkelkinder, schaue ich auf das neunte Haus. Da es fünf Häuser vom fünften Haus der Kinder entfernt ist, beschreibt es die Kinder der Kinder. Ich habe an der Spitze meines neunten Hauses das Zeichen Waage und Mars in Skorpion im neunten Haus. Ich habe neun Enkelkinder, und alle sind attraktiv, athletisch und energisch. Jedes Enkelkind hat Waage, Skorpion oder Widder in prominenter Stellung. Das Zeichen an meiner neunten Häuserspitze sowie der Planet darin (Mars) stellt sie alle dar. Das neunte Haus beschreibt zudem mein erstes Enkelkind im Detail. Um jedes Enkelkind der Reihe nach zu definieren, zähle ich im Horoskop vom jeweils entsprechenden Haus weiter. Somit ist das zweite Enkelkind im elften Haus zu finden und so weiter.

Geld und Wohlstand

Viele Klienten fragen nach dem Thema Geld und wollen wissen, ob sie Geld erben oder wohlhabend werden. Einkommen respektive Erbschaften werden durch das zweite und achte Haus angezeigt. Uranus, Neptun oder Pluto in positivem Aspekt zu Venus und/oder Jupiter können Wohlstand bringen. Mit Uranus in Verbindung zu Jupiter oder Venus kann es zu einem plötzlichen, unerwarteten Gewinn kommen. Eine Kombination dieser Aspekte habe ich bei Lotteriegewinnern sehen können. Neptun wirkt in verstärkender Weise. Haben Klienten gute Neptun/Jupiter-Verbindungen, scheinen sie die Fähigkeit zu besitzen, Geld manifestieren zu können. Sie wissen, dass sie reich werden, und so geschieht es dann auch. Es scheint so zu sein, dass Glaube und Vertrauen Wohlstand materialisieren. Pluto als natürlicher Herrscher des achten Hauses kann Erbschaften bringen, zugleich kann er auch großen Wohlstand anzeigen. In den Horoskopen vieler Multimillionäre können Sie Pluto/Jupiter- oder Pluto/Venus-Verbindungen sehen, und häufig ist ihr Geld ererbt. Ich habe eine Klientin mit einer starken Pluto/Jupiter-Verbindung, und ihr glückliches Schicksal ereilte sie auf faszinierende Weise. Sie arbeitete für ein Start-up-Unternehmen, und ihr Arbeitgeber konnte sie nicht bezahlen, also gab er ihr Anteile an dem Unternehmen. Das Geschäft wuchs sehr schnell, und die Anteile waren schließlich hunderte von Millionen Dollar wert. Es war keine Erbschaft und auch nicht ein typischer Weg, um Wohlstand zu schaffen, allerdings dennoch eine Goldgrube. Zu einem bestimmten Zeitpunkt war sie die höchstbezahlte Frau in den Vereinigten Staaten.

Meiner Ansicht nach kann Jupiter Trigon Saturn und auch Jupiter Quadrat Saturn Wohlstand bringen. In vielen Fällen, in denen diese Planeten in Krebs oder Steinbock stehen, kann der Wohlstand durch Immobilien- oder Grundbesitz entstehen. Einer meiner Klienten hat Sonne und Venus im zweiten Haus im Quadrat zu Saturn. Er ist in einem enormen Ausmaß zu harter Arbeit fähig und sehr diszipliniert. Sonne und Venus bilden außerdem ein Trigon zu Jupiter, und oftmals ist er zur rechten Zeit am rechten Ort. Er hat sowohl einen positiven als auch einen negativen Aspekt, ein Trigon und ein Quadrat. Das Quadrat äußert sich in harter Arbeit, Druck und Antrieb. Das Trigon zeigt sich in Glück und der Fähigkeit, im richtigen Augenblick die richtige Gelegenheit beim Schopf zu packen. Da Jupiter vom siebten Haus ein Trigon zu Sonne und Venus bildet, kam er durch Grundbesitz und eine glückliche Partnerschaft zu seinem Reichtum. Die damit verbundene harte Arbeit wird durch das Saturnquadrat beschrieben.

Sieht man als Astrologe im Horoskop eines Klienten die Sonne im zweiten Haus mit zudem verschiedenen Aspekten, muss diese Person zu Geld kommen. Solche Klienten finden weder Zufriedenheit noch ihre Individualität, bis sie zu Wohlstand gekommen sind. Mit der Sonne im zweiten Haus ist es wahrscheinlicher, dass sie sich selbst Wohlstand schaffen. Planeten im zweiten Haus zeigen Aktivitäten um das Thema Geld verdienen und ausgeben an. In den Horoskopen von vielen Millionären erscheint die Sonne im zweiten Haus. Das sind Leute, die hart arbeiten, um zu Wohlstand zu kommen, und sowohl mit guten als auch schwierigen Aspekten zur Sonne habe ich hier Erfolg beobachten können.

Bei einer unaspektierten Sonne im zweiten Haus ist man in seiner Fähigkeit, zu Geld zu kommen, eingeschränkter als mit vielen Aspekten. Hier könnte ein Transit oder eine Progression gebraucht werden, um einige der Fähigkeiten dieses Planeten, Reichtum zu schaffen, ans Tageslicht zu bringen. Ein Horoskop ist ein feststehender Moment. Es zeigt Versprechen an, braucht aber etwas, das es wachruft, stimuliert, zum Leben erweckt und eine Bühne schafft. Transite wirken stimulierend und rufen es wach, Progressionen schaffen die Bühne. Das Horoskop selbst hat diese Fähigkeiten nicht. Da die Planeten über den Himmel wandern, wird eine unaspektierte Sonne zu manchen Zeiten durch sie erhellt werden, selbst wenn sie keine Geburtsaspekte zu ihnen hat. Jemand mit einem unaspektierten Planeten hat zur Energie dieses Planeten nicht so oft den Zugang wie bei einer Aspektierung des Planeten. Sie müssen das so betrachten: Jedes Mal wenn ein Planet ausgelöst wird, werden alle anderen, im Aspekt zu ihm stehenden Planeten ebenfalls ausgelöst und eine Serie von Ereignissen tritt ein. Der Aspekt erweckt die Energien der Planeten.

Ein weiterer guter Anreiz, um zu Geld zu kommen, ist die Stellung der Sonne in einem der Eckhäuser. Eine Sonne im Eckhaus muss sich selbst öffentlich zum Ausdruck bringen, und dies bewirkt den Antrieb, »es zu schaffen«. Im ersten Haus kann die Sonne ein Individuum befähigen, selbst Wohlstand zu schaffen. So jemand hat eine starke Persönlichkeit. Wenn sich diese Person darauf konzentriert, zu Geld zu kommen, wird sie auch erfolgreich sein. Steht die Sonne im vierten Haus, werden Schicksal und Herkunft die Person zum Erfolg treiben. Sie könnte ein Familienunternehmen, Eigentum oder Vermögen erben. Mit der Sonne im siebten Haus kommt der Wohlstand durch Partnerschaften, Beziehungen oder Förderungen. Jemand mit der Sonne im zehnten Haus wird viele

Karrieremöglichkeiten anziehen. Er oder sie ist sehr ambitioniert und braucht Macht und Status. Für eine solche Person ist Karriere alles.

Auch das achte Haus ist bei der Betrachtung des Wohlstands wichtig. Dieses Haus repräsentiert gemeinsame Finanzen und Ressourcen, Steuern, Versicherungen, geschäftliche Verbindungen, das Geld eines Partners, das Geld anderer Leute, investiertes Geld und geerbtes Geld. Mit dieser Platzierung kann man Geld durch Investitionen vermehren, reich heiraten oder ein Vermögen erben. Hat eine Frau ihre Sonne im achten Haus, kann das Geld durch ihren Ehemann oder Geschäftspartner kommen. Ihr Horoskop kann ihrem Mann helfen, zu Geld zu kommen, es kann aber auch durch andere Dinge zu ihr gelangen. Eine Person mit einem schwachen fünften Haus (dem Haus der Spekulation), aber einem starken achten Haus sollte Investitionen nicht ohne eine Beratung vornehmen. Ich habe eine Klientin, deren Herrscher des fünften Hauses verletzt ist, die jedoch ein gutes achtes Haus hat. Sie kann nicht selbst mit Geld spekulieren. Wenn sie sich eine Aktie aussucht, verläuft ihr Kurs nicht gut, selbst wenn alle Vorhersagen dies versprechen. Wenn sie hingegen ihr achtes Haus benutzt und einen Investmentberater mit der Verwaltung ihres Geldes beauftragt, bekommt ihr das Marktgeschehen sehr gut.

Wenn ich bei der Arbeit an einem Horoskop Planeten auf 27°, 28° und 29° entdecke, notiere ich mir das, denn diese Person hat das Potenzial, etwas Besonderes zu erreichen. Viele meiner Klienten mit Planetenstellungen auf diesen Graden sind sehr reich. Viele sind Millionäre, und mit ihrer Sonne auf 29° Krebs verfügen sie über enormen Grundbesitz. In einer meiner Ausbildungsklassen habe ich eine Studentin und einen Studenten, die beide die Sonne auf 29° Krebs (Familie) haben und mit ererbtem Wohlstand gesegnet sind. Die Studentin besaß die Farm der Familie, und als das Land für ein kommerzielles Projekt erschlossen wurde, beförderte sie das in die Millionärs-Kategorie. Der Student erbte den familiären Grundbesitz und das Familienunternehmen. Ein weiterer Klient von mir ist Multimillionär mit Saturn auf 29° Steinbock (Steinbock erbaut Dinge und ist zuständig für Konstruktionen). Er begann mit einem kleinen Konstruktionsbüro, das zu einem großen, internationalen Unternehmen heranwuchs.

Bei Millionären habe ich Planeten auf 27°, 28° und 29° in allen Zeichen beobachtet, die meisten Stellungen sind jedoch in Erd- oder Wasserzeichen. Bei 29° Stier oder Skorpion habe ich aber auch schon Leute Bankrott gehen sehen. Diese beiden Zeichen können jedes Extrem anzeigen, den großen Reichtum oder das finanzielle Desaster. Bette Davis ist hierfür ein interessantes Beispiel. Sie hat Venus und Mars auf 28° und 29° Stier. Nach vielen erfolgreichen Jahren im Filmgeschäft erlebte sie große finanzielle Verluste und konnte keine Rolle mehr bekommen. Auf der Suche nach Arbeit musste sie ein Stelleninserat in der Zeitung aufgeben.

Planeten auf 28° oder 29° Löwe stehen in Konjunktion mit dem königlichen Fixstern Regulus. Diese Platzierung kann einem Menschen neben anderen Dingen Prominenz und die Liebe zu Macht und Erfolg verleihen. Mir ist aufgefallen, dass Klienten mit Planeten auf diesen Graden nicht unbedingt reich sein müssen, sie sich aber in sehr einflussreichen Kreisen aufhalten. Amerikas »Königin« Jackie Onassis jedoch hat Regulus in Konjunktion zu ihrer Himmelsmitte auf 29° Löwe, und sie verkehrte nicht nur in den wichtigsten Kreisen, sondern sie war auch sehr reich.

Bill Gates, der sein Glück mit Computern machte, hat Pluto als Herrscher seiner Sonne in Skorpion auf 29° Löwe. Der Schriftsteller Scott Turow hat drei Planeten auf späten Graden: Saturn auf 29° Löwe, Jupiter auf 29° Steinbock und Uranus auf 27° Zwillinge.

Einer meiner Klienten hat Neptun in Konjunktion zu Regulus auf 28° Löwe im neunten Haus, dem Haus der höheren Bildung. Er besuchte Princeton und das *Massachusetts Institute of Technology*, zwei der besten Universitäten der Vereinigten Staaten.

Es gibt Leute, die haben sehr, sehr viel Glück. Wer einen Jupiter/Venus-Aspekt hat, und zwar jedweden Jupiter/Venus-Aspekt, fällt in diese Kategorie. Gewöhnlich heiraten sie reich, erben Geld, erschaffen ihren Reichtum selbst oder gewinnen ihn. Ihr Horoskop enthält dieses Potenzial, sie können aber auch verwöhnt sein, übermäßig optimistisch und extravagant. Wenn diese beiden förderlichen Kräfte im Aspekt zueinander stehen, kommt es zu einer ungeheuren Leichtigkeit, jedoch können der betreffenden Person ohne unterstützende Aspekte der Antrieb und innere Drang fehlen.

Viele Menschen, die mich aufsuchen, wollen wissen, ob sie in der Lotterie gewinnen werden. Ich bin immer überrascht über diese Fragen, denn ich halte einen Lotteriegewinn nicht unbedingt für solch ein Gottesgeschenk. Einige meiner Klienten hatten einen solchen Gewinn, und in manchen Fällen bedeutete er nur Sorgen.

Wenn Sie in einer Lotterie gewinnen, tauchen alle möglichen Probleme auf. Nach einem Gewinn können Sie die Menschen, die Ihnen nahe stehen, nicht mehr zufrieden stellen. Verwandte brechen mit Ihnen, wenn Sie Ihr glückliches Schicksal nicht teilen. (Warum sie glauben, hierauf einen Anspruch zu haben, ist mir ein Rätsel.) Wenn Sie Ihnen Geld geben, ist es nicht genug. Es nimmt kein Ende. Ich denke, ein Lotteriegewinn kann ein regelrechter Fluch sein. Wenn er jedoch nicht im Geburtshoroskop angezeigt ist, wird er auch nicht geschehen. Sie werden dann nicht stets gewinnen. Ich habe mein eigenes Horoskop untersucht, dort steht nichts davon, dass ich immer gewinne. Es gibt keinen Aspekt, der mir diese Art von Glück verspricht. Ich kann in Geschicklichkeitsspielen gewinnen, denn mein Merkur macht einige gute Aspekte (so wie auch bei Merkur Konjunktion Nordknoten), aber ich werde niemals in Glücksspielen gewinnen. Wenn ich Münzen in einen Glücksspielautomaten werfe, kann ich sie eigentlich auch gleich auf die Straße werfen. Es wird mir niemals etwas bringen. Zur Unterhaltung und zum Spaß mache ich Glücksspiele sehr gern, aber ich weiß, dass ich niemals einen großen Gewinn machen werde.

Erfolg

Jupiter und das Zeichen Schütze verheißen Glück. Erfolg und Glück sind jedoch zwei verschiedene Dinge. Mit Glück meinen wir ein unerwartetes, unverdientes Geschenk höherer Kräfte. Mit Erfolg meinen wir das Resultat harter Arbeit oder das Ergebnis von etwas, das wir geplant und auf das wir hingearbeitet haben. In einem Horoskop gibt es verschiedene Faktoren, die Erfolg versprechen. Die Mondknoten in Eckhäusern (1, 4, 7 und 10) können ein gutes Zeichen für Erfolg sein. Meiner Beobachtung nach sind Nord- oder Südknoten im zehnten Haus gleichermaßen günstig für Erfolg. Auch die Stellung der Mondknotenachse im ersten und siebten Haus scheint gut für Erfolg zu sein. Das siebte Haus spricht von Förderern, und wenn hier ein Mondknoten steht, kann dies einer Person viele Kunden oder Geschäftsbeziehungen versprechen. Zum Beispiel ist ein selbstständiger Therapeut abhängig davon, viele Patienten und ärztliche Überweisungen zu bekommen. Einer der Mondknoten im siebten Haus kann hier von guter Protektion künden.

Die Mondknoten sind Punkte der persönlichen Bestimmung, und wenn sie in Eckhäusern stehen, ist man zum Erfolg bestimmt. Hat eine Person den Nordknoten im zehnten Haus, so ist es ihre Bestimmung, eine große Karriere zu machen. Meine Klienten haben häufig ohne viel eigenes Zutun eine große Karriere gemacht. Das ist ungeheuer faszinierend zu beobachten. Sie scheinen immer zur richtigen Zeit am richtigen Ort zu sein, ihre erfolgreiche Karriere scheint sich ohne besondere Anstrengung zu entfalten.

Der Nordknoten kann in gewisser Weise wie Jupiter betrachtet werden und der Südknoten wie Saturn. Für den Erfolg, das Erreichen von Zielen und dafür, es zu schaffen, sind beide gleichermaßen gut. Während der Einfluss des Nordknotens wie bei Jupiter zwar offensichtlicher ist und der Südknoten entsprechend Saturn für Verzögerung sorgen kann, schränkt meiner Ansicht nach jedoch keiner den Erfolg ein. Mir ist wohl aufgefallen, dass Klienten mit dem Nordknoten im zehnten und dem Südknoten im vierten Haus nicht unbedingt den nötigen Antrieb haben oder ihre Karriere unbedingt wollen. In vergangenen Leben waren sie mehr die Person im Hintergrund, die Person zu Hause. Sie wissen, wie man ein Zuhause und eine Familie schafft, und eine Karriere zu verfolgen ist für sie nicht gleichermaßen bequem. Wenn sie jedoch aus all dem heraustreten, werden sich die Dinge für sie sehr leicht an die rechte Stelle rücken, denn es ist ihre Bestimmung, einen erfolgreichen Weg zu gehen. Ich spreche hier natürlich von *unverletzten, gut aspektierten* Mondknoten.

Ich kann eine großartige Geschichte von einem Klienten erzählen, der den Nordknoten im zehnten und den Südknoten im vierten Haus hat. Er heiratete eine Frau, die bereits eine große Karriere gemacht hatte. Seine Frau war wegen eines bedeutenden Geschäfts auf Reisen, und er war bereit, zu Hause zu bleiben und die häuslichen Arbeiten wie die Kinder zu hüten und das Haus in Ordnung zu halten zu übernehmen. Er war Rechtsanwalt, hatte jedoch nicht wirklich Freude daran. Er gründete ein Immobilienunternehmen, und seine Frau gab ihm Rückendeckung. Mit Uranus im ersten Haus und dem Mond in Waage hat dieser Mann ein ungeheures Charisma und sehr viel Charme. Bald wurde er zum Superstar, ein Multimillionär. Er wurde sehr erfolgreich.

Der Südknoten zeigt an, was eine Person bereits kennt und kann, der Nordknoten zeigt an, was sie lernen muss. Der Schlüssel zu ihnen ist, sie beide in Balance zu bringen. Wenn man also den Südknoten im zehnten Haus hat, weiß man instinktiv, wie eine Karriere aufzubauen ist. Für solche Leute hatte die Karriere in anderen Leben wahrscheinlich Priorität. Dieses Mal müssen sie vermutlich dafür sorgen, auch ein gutes Zuhause und Familienleben zu haben. Deswegen sind sie hier, auch wenn sie nicht die ganze Zeit zu Hause sein wollen. Natürlich wollen sie hinausgehen und Karriere machen, denn damit fühlen sie sich sehr wohl. In diesem Leben ist es jedoch ihre Bestimmung, zusätzlich zu einer florierenden Karriere ein Zuhause und eine Familie aufzubauen.

Unter Bedrohung ziehen sich die Menschen meist auf ihren Südknoten zurück. Wenn sie das Gefühl haben, mit einer aufreibenden Situation nicht fertig zu werden, greifen sie auf vertrautes und natürliches Verhalten zurück. Zum Beispiel hatte ich jahrelang einen Priester als Klienten. Er hatte den Nordknoten im zehnten und den Südknoten im vierten Haus. Alle Türen öffneten sich ihm leicht, er tat viel Gutes und war in der kirchlichen Hierarchie auf dem Weg nach oben.

Dann gab es in seiner Kirche einen Skandal, der ihn zwar nicht betraf, ihn aber geradezu anwiderte und völlig aus der Fassung brachte. Als er zur Beratung kam, sagte ich zu ihm: »Ich weiß, was Sie gemacht haben, Sie liefen nach Hause, um sich zu verstecken, nicht wahr?« Und er bestätigte das. Er verließ einfach alles, ging in seine Heimatstadt zurück und blieb dort einige Monate. Als seine Karriere (Nordknoten im zehnten Haus) bedroht war, lief er nach Hause (Südknoten im vierten Haus), wo er sich sicher und behaglich fühlte. Ich sagte zu ihm: »Sie wissen, dass Sie dort nur eine kleine Weile bleiben können. Sie werden zu Ihrer Karriere zurückgehen müssen, denn Sie werden Bischof oder etwas Ähnliches werden, ob Sie wollen oder nicht.« Er ging zurück. Ich weiß nicht, ob er inzwischen Bischof ist, aber zuletzt hörte ich, dass er in der Kirche sehr erfolgreich ist. Hier wird deutlich, dass es sein Schicksal war, als Priester eine bemerkenswerte Karriere zu machen.

Zweifellos zeigt auch Jupiter im zehnten Haus ein erfolgreiches Schicksal an, ebenso wie das Zeichen Schütze an der zehnten Häuserspitze. Auch habe ich bei vielen Leuten mit Quadraten aus dem zehnten Haus beobachtet, dass sie einen guten Weg gehen, denn das gibt ihnen den nötigen Druck und die Energie. (Mit Quadraten aus dem zehnten Haus meine ich, dass ein Planet im zehnten Haus Quadrate bildet.) Hindernisse und Verzögerungen können zwar vorkommen, jedoch zahlt sich harte Arbeit aus. Sind Sonne, Jupiter, Neptun, Nord- oder Südknoten im zehnten Haus gut aspektiert, kann einem der Erfolg sehr leicht zufallen.

Fallstudie: Ron Howard
Ron Howard (A.d.Ü.: amerikanischer Filmschauspieler und Regisseur von »Cocoon«, »Backdraft«, »Apollo 13«, »A Beautiful Mind«, Oscar-Preisträger) hat sowohl den Mond als auch den Nordknoten im zehnten Haus in Steinbock. Sein Mond ist Bestandteil eines T-Quadrates aus dem zehnten Haus und steht in Opposition zu Uranus und im Quadrat zu Neptun. Dieses kardinale T-Quadrat verleiht ihm Antrieb und Ehrgeiz. Uranus ist zudem Bestandteil eines großen Wassertrigons, was ihm einen großartigen schöpferischen Geist gibt. Die Orben der Planeten dieses großen Wassertrigons sind sehr weit, meiner Meinung nach ist dies für die Person jedoch ein Vorteil. Ich habe oft beobachtet, dass bei sehr engen Planetenorben in einem großen Wassertrigon die Person zwar über eine enorme Kreativität verfügt, sie jedoch emotional zu selbstzufrieden ist.

Pluto im zehnten Haus oder als sein Herrscher lässt für eine erfolgreiche Karriere Gutes ahnen. Hier besteht ein solch tiefes psychisches Bedürfnis nach Anerkennung, dass die Person tun wird, was immer dazu notwendig ist. Ein Stellium im zehnten Haus gibt Ihnen für die Arbeit an Ihrer Karriere viel Energie. Wenn Klienten viele Planeten im zehnten Haus haben, so widmen sie diesem Bereich ihres Lebens sehr viele Aktivitäten. Das ist es, was für sie wichtig ist. Hat man jedoch ein Horoskop ohne Platzierungen im zehnten Haus, so bedeutet das nicht, dass man keine große Karriere machen kann. Der Herrscher des zehnten Hauses ist vielleicht sehr aktiv und gibt einem viele Möglichkeiten, seine beruflichen Ziele zum Ausdruck zu bringen.

Ein Aspekt, der mir beim Thema Erfolg durchgehend auffällt, ist ein harmonisches Verhältnis von Mond und Venus. Dieser Aspekt zeigt Zuneigung und Akzeptanz durch die Öffentlichkeit an. Mir ist dies als ein steter Aspekt bei berühmten Persönlichkeiten aufgefallen, er verheißt öffentliche Anerkennung. Das Mond/Jupiter-Trigon habe ich ähnlich wirken sehen.

Die Kunst der astrologischen Prognose

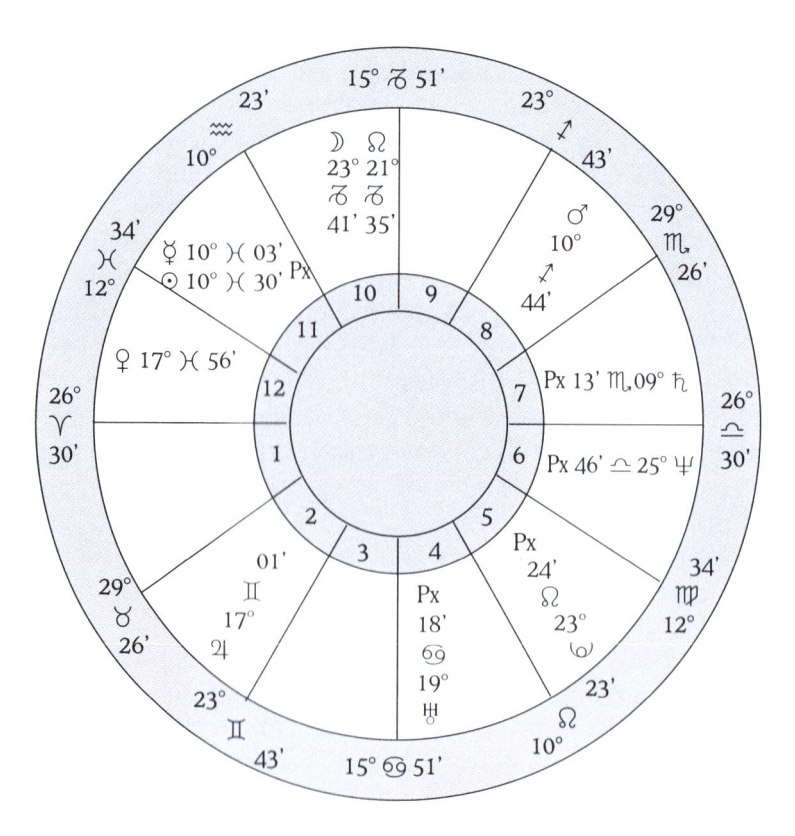

RON HOWARD
1. März 1954 / 9:30 a.m. CST
Del City, OK

Gewalt und Missbrauch

Manche Klienten machen sich Sorgen darüber, ob ihnen in ihrem Leben Gewalt oder Beraubung widerfährt. Diese Form der Traumatisierung wird im Leben nicht geschehen, wenn sie nicht im Horoskop angezeigt ist. Dies gilt auch für Krebs oder andere ernsthafte Erkrankungen. Ist es jedoch angezeigt, muss die Konstellation der Geburt erst stimuliert werden, um tatsächlich Gewalt hervorzubringen. Zuerst wird der Boden hierfür von Progressionen bereitet, dann erfolgt die Auslösung durch Transite, Lunationen, den progressiven Mond oder eine Kombination dieser Faktoren.

Eine Studentin von mir wurde Opfer eines Missbrauchs. Sie hatte Mond, Mars und Pluto in einem fixen T-Quadrat. Als der progressive Mond die Konjunktion mit ihrem Geburtsmond erreichte, wurde das T-Quadrat ausgelöst, und zu diesem Zeitpunkt geschah es auch. Augenfällig waren in ihrem Horoskop jedoch auch noch andere Faktoren am Werk, die diese Erfahrung unterstützten.

Nach jahrelanger Arbeit mit Horoskopen bin ich zu dem Schluss gekommen, dass bei Vergewaltigung oder jeglicher Form von sexuellem Missbrauch die Person in neun von zehn Fällen an Gewicht zunimmt und als Schutz sehr übergewichtig wird. Kommt eine übergewichtige Person zu mir in die Beratung, versuche ich auch, diesem Thema auf den Grund zu gehen.

Eine meiner Klientinnen ist übergewichtig, ich weiß allerdings, dass sie weder missbraucht noch vergewaltigt wurde. In einem Gespräch mit ihr kam zum Vorschein, dass sie eine sehr schlechte Erfahrung gemacht hatte. Sie hatte nie viele Verabredungen, dann jedoch ging sie mit einigen Freunden aus einer anderen Stadt aus. Mit einem der Männer landete sie schließlich im Bett. Es war ihre erste sexuelle Erfahrung. Dann verspätete sich ihre Periode und sie machte sich Sorgen, schwanger zu sein. Sie war es letztlich nicht, doch das Durcheinander war groß. Als sie mit ihrem Partner sprach, zeigte er keinen Funken Verständnis für sie. Ich denke, diese

Begegnung hat sie dazu gebracht, sich mit zusätzlichem Gewicht zu schützen.

Im Geburtshoroskop steht ihr Mond in Konjunktion mit Jupiter in Schütze. Jupiter/Schütze kann expandieren, der Mond symbolisiert Essen, Nahrung und den Magen. Somit ist eine Gewichtszunahme angelegt, und meiner Meinung nach haben die Ereignisse in ihrem Horoskop zur Zeit der Traumatisierung ebenfalls die Bereitschaft zur Gewichtszunahme ausgelöst. Dies ist ein einzelner Fall – nicht jeder mit dieser Konstellation wird auch solche Resultate erleben.

Die Verbindung von Mars und Pluto ist definitiv ein Gewaltaspekt. Es ist einer der Missbrauchsaspekte, ob Mars nun in Konjunktion, Opposition oder im Quadrat zu Pluto steht. Solche Aspekte machen mir stets Sorgen, denn es ist sehr wichtig, diese Energie auf die richtige Weise zu handhaben, sonst kann sie sich in negativer Form manifestieren. Sehe ich diesen Aspekt im Horoskop eines Kindes, spreche ich mit den Eltern. Ich will ihnen keine Angst machen, sondern sie eher dazu veranlassen, ihr Kind Aktivitäten zuzuführen, in denen es diese Energie auf konstruktive Weise kanalisieren kann. Bei jungen Menschen mit dieser Energie habe ich beobachtet, dass sie gute Tänzerinnen, Turner, Athleten und Wortführer (insbesondere wenn Merkur in irgendeiner Weise beteiligt ist) werden können.

Ein junger Mann unter meinen Klienten mit einem Mars/Pluto-Aspekt ist ein solch besessener Athlet, er nutzt die gesamte Energie im Sport. Er ist erst 16 Jahre alt und ist bereits in drei Sportarten von Universitäten aufgenommen worden. Auf diese Weise wirkt die Energie für ihn. Eine junge Klientin mit diesem Aspekt hat erkannt, dass sie zur Tänzerin bestimmt ist. Eine andere junge Klientin wandte sich dem Sport zu, als ihr Aspekt geschlossen wurde. (Mit »geschlossenem Aspekt« meine ich, dass ihr progressiver Mars sich vorwärts bewegte und zu ihrem Geburtspluto ein exaktes Quadrat bildete.) Ich erwarte die Manifestation eines jeden Aspekts in dem Zeitraum, in dem er durch eine Progression wirksam oder exakt wird. Und so war ich erleichtert, als sie sich dem Sport zuwandte und eine leidenschaftliche Wettkämpferin wurde – und keine unangenehmen Ereignisse eintraten.

Eine Klientin von mir ist wahrlich brillant und hat verschiedene Doktortitel. Sie hat ein Mars/Pluto-Quadrat. Als ich sie danach fragte, erzählte sie mir, dass sie emotional ungeheuer missbraucht wurde. Bei ihr kommt der Aspekt aus dem dritten Haus, da Pluto dort steht, und somit kam er als mentaler und verbaler Missbrauch anstelle eines physischen Missbrauchs zum Ausdruck. Doch sie konnte das Blatt wenden und nutzte diesen Aspekt schulisch zur Erlangung verschiedener akademischer Titel. Der Geburtspluto im dritten Haus kann für jemanden stehen, der niemals genug Wissen erlangen kann.

Auf der anderen Seite kann einem Menschen mit einem Mars/Pluto-Aspekt jedoch auch Missbrauch, Misshandlung oder Gewalt widerfahren. Eine Klientin hatte eine Mars/Pluto-Opposition vom ersten zum siebten Haus. Ich sagte ihr: »Sie wissen, dass Sie sehr darauf achten müssen, mit wem Sie ausgehen? Wenn Sie eine Verabredung haben, müssen Sie sehr vorsichtig sein.« Ich sagte all diese Dinge, die man jemanden mit diesem Aspekt eben sagt. Und sie antwortete: »Es ist mir schon längst passiert. Erst gab es in meinem Elternhaus eine Menge Gewalt und dann in meiner Ehe.« Und dann erzählte sie mir, dass sie als Ergebnis ihrer Erfahrungen heute ein Haus für misshandelte Frauen leitete.

Ich war beeindruckt. Sie verwendet die Mars/Pluto-Energie auf eine sehr konstruktive Weise. Das spiegelt die Opposition, sie führt zu Beziehungen und der Möglichkeit der Wahl. Sie wählte aus, wie sie die Energie nutzen wollte. Bis zu diesem Punkt wurde sie als Kind in Situationen gestellt oder ging als Erwachsene in Situationen hinein, die schwierig waren. Sie hatte eine verstörende Kindheit, einen Freund, der sie schlug, und wählte sich einen gewalttätigen Ehemann.

Bei Quadraten treten die schwierigen Situationen einfach ein und bieten im Gegensatz zu Oppositionen keine Wahl. So muss ein Klient mit einem starken Quadrat in speziellen Situationen wie beispielsweise bei einem Lokalbesuch – was für andere Leute ungefährlich ist – sehr vorsichtig sein. Die ungute Energie kommt oft, ohne eingeladen zu werden. Bei einer Opposition ist es eher eine Frage von schlechten Entscheidungen.

Ich kann nicht mehr zählen, wie oft ich zu Klienten gesagt habe: »Sie haben hier einen Aspekt, der Sie für Gefahr anfällig machen kann. Ich denke es ist wirklich wichtig, dass Sie immer wissen, wen Sie treffen. Nehmen Sie keine Leute aus Kneipen mit. Seien Sie sehr vorsichtig, mit wem Sie zusammen sind, denn Sie haben das Potenzial für Gefahr.« Und zu oft haben sie mir geantwortet: »Sie sind zu spät, es ist schon passiert. Jemand ist in mein Schlafzimmer geschlichen und hat mich vergewaltigt ... Mein Stiefvater hat mich missbraucht ... Ein Mann ist mir aus dem Lokal gefolgt und hat mich auf dem Parkplatz niedergeschlagen ...« und so weiter. Wir als Astrologen müssen den Klienten helfen, solchen Aspekten aus dem Weg zu gehen.

Beruf

Wenn Klienten nicht wegen der Themen Beziehung oder Geld kommen, dann kommen sie wegen ihrer beruflichen Karriere. Für Menschen mit einem machtvollen zehnten Haus oder Herrscher dieses Hauses oder für solche mit vielen Planeten im zehnten Haus ist die berufliche Karriere von erstrangigem Interesse. Eine Person mit einem Erdzeichen im zehnten Haus kann im beruflichen Bereich auf einer unablässigen Suche sein. Steht Löwe im zehnten Haus, hat sie das Bedürfnis, zu strahlen und Anerkennung zu ernten. Steht Skorpion dort, steht die Karriere stark im Fokus. Kardinale Zeichen an der Himmelsmitte inspirieren die Menschen zu unternehmerischen Aktivitäten. Die mit dem meisten Glück im Sinne von Karriere sind jedoch jene mit Schütze im zehnten Haus und einem gut aspektierten Jupiter. Ihnen fällt der berufliche Erfolg einfach in den Schoß.

Vielleicht möchte ein Klient Präsident von General Motors werden – für die meisten Menschen wird das jedoch nie geschehen. Daher sollte ein Astrologe den Menschen dabei helfen, realistische Karriereansprüche zu stellen. Manchmal gleicht die Beratung von Klienten einer Wanderung auf schmalem Grat. Das zehnte Haus bestimmt die Motivation und den Drang eines Klienten, Karriere zu machen. Ich versuche stets, die Menschen zur Erlangung ihres größten Potenzials zu motivieren. Ich versuche, sie zu ermutigen, sich zu strecken, anstatt sich klein zu machen. Das zehnte Haus beschreibt, zu welchem Verhalten Sie bei Ihren Karriereangelegenheiten neigen.

Planeten im zehnten Haus als berufliche Indikatoren

- Steht die Sonne im zehnten Haus oder ist sein Herrscher, so will man dramatisch oder die zentrale Figur sein und in seiner beruflichen Laufbahn glänzen.
- Mit dem Mond im zehnten Haus kann eine Person sehr gut mit der Öffentlichkeit umgehen, ihre Karriere kann jedoch auch vielen Veränderungen unterliegen.
- Bei Merkur in Verbindung mit dem zehnten Haus hat die Person die Neigung zu lehren, vorzutragen, zu schreiben oder zu anderen Bereichen der Kommunikation.
- Venus in Verbindung mit dem zehnten Haus zeigt oft eine professionelle Beschäftigung mit Schönheit, schönen Dingen, der Schönheitsindustrie, mit Einrichtungs- und Bekleidungsdesign, Modeling, Kosmetik oder den Künsten an.
- Mit Mars im zehnten Haus hat man den Hang zu einer militärischen Laufbahn, zur Polizei oder zur Medizin. Bei Chirurgen und Ärzten habe ich Mars im zehnten und Saturn im ersten Haus beobachtet. Diese Stellung ist eine häufige Signatur für Ärzte.
- Im Sinne der Karriere bedeutet Jupiter schlicht und einfach Glück. Bildung, Philosophie und Beförderungen

können einen Teil der Karriere ausmachen. Jupiter im zehnten Haus versetzt die Person oft in die Lage, zur richtigen Zeit am richtigen Ort zu sein. Ist Jupiter jedoch verletzt, kann die Person zu optimistisch sein und unrealistische Erwartungen hegen.
- Saturn in Verbindung mit dem zehnten Haus kann im beruflichen Bereich sehr großen Erfolg bedeuten. In vielen Fällen arbeiten diese Leute in der Regierung oder der Leitung von Unternehmen. Es kann aber auch zu beruflicher Frustration kommen, zu einer Verzögerung der beruflichen Anerkennung oder in wenigen Fällen auch zu ihrer Verweigerung.
- Uranus in Verbindung mit dem zehnten Haus ist unter anderem eine gute Stellung für Astrologen, Chiropraktiker, Flugpiloten und die Fernsehbranche. Gewöhnlich kommt es während des Lebens gelegentlich zu plötzlichen, unerwarteten beruflichen Veränderungen und nicht vorhersehbaren Höhen und Tiefen.
- Neptun im zehnten Haus kann einen verzaubernden Schleier spinnen. Er kann einer Person unglaubliches Charisma und magnetische Anziehungskraft verleihen und ist bei Schauspielern/Schauspielerinnen und öffentlichen Personen mit bezwingender Wirkung üblicherweise vorhanden. Zwei der bekanntesten Ikonen Amerikas, Marilyn Monroe und Jackie Kennedy, hatten Neptun im zehnten Haus. Die Person muss jedoch sehr wachsam sein, denn wenn Neptun verletzt ist, kann sie in Skandale verwickelt werden. In beruflicher Hinsicht kann eine Beziehung zur Heilkunst bestehen, zum Filmgeschäft, zur pharmazeutischen und chemischen Industrie, zu Musik, Fotografie und Tanz. Jackie Kennedy hatte Neptun im zehnten Haus im Skorpion, sie war Redakteurin.
- Pluto im zehnten Haus oder in Verbindung damit schafft ein tiefes psychisches Bedürfnis nach Macht und Erfolg, und die Person wird ihre Ziele intensiv verfolgen. Eine Klientin von mir mit Pluto im zehnten Haus ist Psycholo-

gin und arbeitete eine Zeit lang verdeckt für das Pentagon. Ich habe andere Klienten, die FBI- oder CIA-Agenten sind und alle eine starke Verbindung von Pluto oder Skorpion zum zehnten Haus haben. Häufig kann die Person auf einem Gebiet ihre berufliche Karriere beginnen und dann durch eine transformierende Metamorphose gehen, um schließlich etwas vollkommen anderes zu machen. Im Grunde kann man bei jeder Verbindung eines überpersönlichen Planeten zum zehnten Haus seinen beruflichen Weg auf dem einen Gebiet antreten und dann zu etwas anderem wechseln.

Ich habe den Bereich Karriere hier nur gestreift. Es gibt viele gute Bücher zu diesem Thema, beispielsweise von Joanne Wickenburgh »*In Search of a Fullfilling Career*«.

Gesundheit

Über medizinische Astrologie sind gute Bücher veröffentlicht worden. Bei Klienten vermeide ich dieses Thema, denn ich mache astrologische Vorhersagen und möchte nicht irgendetwas projizieren oder jemandem dabei helfen, eine selbsterfüllende Prophezeiung zu erschaffen. Zu bestimmten Zeiten sage ich Klienten, dass sie sich einmal vom Arzt durchchecken lassen sollten oder dass es eine gute Zeit wäre, ein Trainingsprogramm zu beginnen oder Vitamine zu nehmen. Wenn Saturn zum Beispiel durch das sechste Haus geht, wäre dies ein guter Weg, diese Energie zu nutzen. Zum größten Teil arbeite ich jedoch nicht viel mit dem Thema Gesundheit. Ein ehemaliger Student von mir ist Arzt und ein sehr guter Astrologe. Sind Klienten an medizinischen Angelegenheiten interessiert, so schicke ich sie zu ihm.

Erste Schritte, um Vorhersagen zu machen

Hat man als Astrologe das Geburtsversprechen erkannt und beherrscht die Technik der Bestimmung und Interpretation der Antreiber, beginnt man im nächsten Schritt mit der Entwicklung der Vorhersage. Diese gliedert sich in vier Stufen:

1. Progressionen, Transite der Langsamläufer (Pluto, Uranus und Neptun) und Eklipsen zeigen die Ereignisse des großen, 1–3 Jahre dauernden Zyklus an. Diese Faktoren beschreiben in den kommenden Jahren eine Ehe, Scheidung, geschäftlichen Erfolg, die Geburt eines Kindes oder andere große, das Leben verändernde Ereignisse.
2. Transite von Saturn und Jupiter zeigen kürzere Zyklen von einem Jahr oder weniger.
3. Der progressive Mond verfeinert die Vorhersage auf einen ein- bis 3-monatigen Zyklus.
4. Lunationen (Neu- und Vollmond) geben uns spezifische Daten ebenso wie auslösende Transite, stationäre Planeten und exakte Transite aller Hauptplaneten.

KAPITEL DREI
Progressionen

Progressionen sind meiner Ansicht nach der Schlüssel zur astrologischen Vorhersage. Wenn ich auf Vortragsreisen bin, überrascht mich immer wieder, wie wenig Astrologen sie benutzen. Ohne Progressionen kann jedoch nicht die ganze Geschichte erzählt werden. In den Informationen, die für die akkurate Auswertung eines Horoskops nötig sind, klafft ohne sie eine Lücke. Sind die Progressionen positiv und die Transite ungünstig, können Dinge in konstruktiver Weise gewendet werden. Bei schwierigen Progressionen und günstigen Transiten ist das jedoch häufig nicht der Fall. Eventuell kann dann ein unbekanntes oder maskiertes Problem irgendwo lauern.

Ich persönlich benutze die Sekundärprogressionen, das Tag-Pro-Jahr-System. Die Progressionen werden in vier Kategorien unterteilt:

1. Der progressive Mond
2. Progressive Planeten zu Geburtsplaneten
3. Progressive Planeten zu progressiven Planeten
4. Progressive Häuserspitzen

Die signifikantesten Progressionen sind jene der progressiven Planeten zu den Geburtsplaneten. Mehr und mehr nehme ich auch die progressiven Häuserspitzen mit in meine Arbeit auf, da sie zusätzlich wichtige Betonungen, Bewertungen und Einsichten liefern. Zu Zeiten großer Ereignisse oder Veränderungen sind sie stets aktiv.

Ein einzelner Planeteneinfluss oder Aspekt wird kein Hauptereignis hervorbringen, eher jedoch eine Kombination von

KAPITEL DREI: Progressionen

Transiten, Progressionen, Lunationen usw.; ihr Zusammenwirken bringt die großen Ereignisse hervor. Es ist eine kritische Angelegenheit, all diese Aspekte zu analysieren, miteinander zu verbinden und dann zu einem Schluss über das zu Erwartende zu kommen. Ein persönliches System kann bei der Bewerkstelligung eine große Hilfe sein. Ich kehre oft zu meiner Grundstruktur zurück und überprüfe das Geburtsversprechen, das psychologische Profil und alle Progressionen, Transite, Eklipsen und Lunationen, bevor ich eine Vorhersage mache. Ich will nicht schon wieder auf die Notwendigkeit hinweisen, das ganze Bild zu betrachten. Doch geschieht es häufig in meinem Unterricht, dass ein Student oder eine Studentin in Panik und der Erwartung eines schrecklichen Ereignisses auf mich zukommt, weil eine Eklipse am Himmel einen Aspekt in seinem oder ihrem Horoskop macht. Sie haben dann nicht auf die ganze Geschichte geschaut und eine genaue Bewertung dessen, was geschehen könnte, gemacht, sondern lediglich einen Faktor aus dem Kontext herausgenommen und falsche Schlüsse gezogen.

Regeln für Progressionen

1. Eine Progression betrifft die Häuser, in denen die zwei an der Progression beteiligten Planeten im Geburtshoroskop platziert sind. Nehmen wir einmal als Beispiel an, dass Venus im Geburtshoroskop im sechsten Haus steht. Ist Venus nun an einer Progression beteiligt (und zwar wenn die Geburtsvenus durch einen progressiven Planeten aspektiert wird als auch wenn die progressive Venus einen Planeten aspektiert), sind Angelegenheiten des sechsten Hauses angesprochen.

2. Eine Progression betrifft das Haus, in dem der progressive Planet steht, wenn es von der natalen Platzierung des entsprechenden Planeten verschieden ist. Ist Venus natal im sechsten Haus und ist progressiv in das siebte Haus des Geburtshoroskops fortgeschritten, werden An-

gelegenheiten des siebten Hauses aktiviert. Die Progression betrifft das Haus des Geburtshoroskops oder Häuser, die der progressive Planet regiert.
3. Ist Venus an einer Progression beteiligt, achten Sie im Geburtshoroskop auf die Häuser, in denen Stier und Waage stehen, denn sie werden sehr wichtig sein.
4. Eine Progression wird das Haus resp. die Häuser beeinflussen, in denen der progressive Planet der natürliche Herrscher ist. Bei Beteiligung der Venus an der Progression werden z.B. das zweite und siebte Haus von Bedeutung sein.
5. Eine Progression wird die grundsätzliche Natur der beteiligten Planeten zum Ausdruck bringen. Zum Beispiel herrscht Venus über Liebe, Geld, Beziehungen, Werte und Schönheit. Eine Progression mit Beteiligung der Venus wird diese Dinge zum Thema haben.
6. Eine Progression wird die Zeichen, in denen die beteiligten Planeten stehen, zum Ausdruck bringen. Ist zum Beispiel die progressive Venus in Zwillinge und an einer Progression beteiligt, kann das Objekt der Liebe und Zuneigung ein Zwilling sein. Es kann zu einer Form von Dualität kommen, vielleicht verliebt man sich in zwei Personen gleichzeitig. Werden die Finanzen angesprochen, könnten zwei Einkommensquellen bestehen.
7. Progressionen haben normalerweise applikativ die stärkste Wirkung. Typischerweise verstärkt sich der Einfluss, wenn der progressive Planet den Geburtsplaneten oder progressiven Planeten erreicht. Nachdem die Progression exakt war und den Geburtsplaneten verlässt, vermindert sich dieser Einfluss. Ist die Progression in fixen Zeichen, scheint das jedoch nicht der Fall zu sein. Fixe Progressionen können oft sehr spät wirken, sogar 2° oder 3° nach dem exakten Aspekt. Während der Einfluss bei der Bildung der Progression zwar gespürt wird, kann das Ereignis dagegen später eintreten. Ein Beispiel hierfür ist eine Progression, die ich selbst erlebte. An ihr wa-

ren die progressive Sonne und der Geburtssaturn in fixen Zeichen beteiligt. Meine Lebensgewohnheiten waren sehr diszipliniert, ich machte regelmäßige gymnastische Übungen, eine Diät usw. Und als die Progression exakt war und sogar noch 2° danach fühlten mein Mann und ich uns vom Leben einfach gut behandelt. Nach dieser Zeit aber hatten wir beide Probleme. Er hatte geschäftliche Sorgen, und ich war gezwungen, die Stadt Milwaukee zu verklagen, um die Astrologie öffentlich ausüben zu können, beispielsweise in Radio oder Fernsehen persönlich aufzutreten. Zugleich waren mir Vorträge und Unterrichtsveranstaltungen in der Stadt Milwaukee verboten. Mein Institut war in einer Vorstadt, und während ich dort zwar arbeiten konnte, fühlte ich mich dennoch gezwungen, für mein Recht und das aller anderen in Milwaukee metaphysisch Tätigen zu klagen. Ich gewann den Prozess und erhielt einen finanziellen Ausgleich, doch es waren zwei furchtbar schwierige Jahre.

8. Progressionen, in denen ein progressiver Planet andere progressive Planeten mit einbezieht, können sehr mächtig sein. Die Dauer des Einflusses scheint jedoch auf nur ungefähr ein Jahr verkürzt zu sein. Ist einer der Planeten die progressive Sonne, ist es immer so. Aspekte, der progressiven Sonne zu Geburtsplaneten wirken jedoch typischerweise mindestens drei Jahre.

9. Progressionen, bei denen der progressive Planet einen Geburtsplaneten anspricht und dann weitergeht, um denselben Planeten progressiv zu treffen, dauern sehr lange. Ein Beispiel: Ein progressiver Planet aspektiert den Geburtssaturn auf 10° und geht dann weiter zu einem Aspekt zum progressiven Saturn auf 13°. Dies würde eine sehr lange Progression bedeuten.

10. Progressionen können durch einen sehr langsam laufenden Planeten gebildet werden, wie z.B. durch den progressiven Saturn zu einem Geburtsplaneten. Ich

nenne so etwas eine permanente Progression. Macht beispielsweise der progressive Saturn ein Trigon zu Jupiter immer enger, bedeutet dies eine lebenslange finanzielle Sicherheit, falls nicht andere Umstände den Aspekt abschwächen. Eine solche Progression wäre sehr günstig.

Die Sonne in der Progression

Die Sonne repräsentiert die vitale Lebenskraft, den physischen Körper. Sie steht in Verbindung mit Macht, Erfolg, Ehrgeiz, Energie und dem Ego. Sie ist zuständig für die Männer in Ihrem Leben, wie z.b. den Vater oder männliche Autoritätsfiguren, bei Frauen auch für den Ehemann. Da die Sonne das fünfte Haus regiert, gehören Liebhaber, Kinder, sportliche Ereignisse, Spiel, Spekulation und schöpferische Projekte ebenfalls zu ihr.

Progressionen der Sonne beeinflussen Sie in einer tiefen, persönlichen Weise und können all die oben genannten Bereiche betreffen. Wo immer die Sonne im Geburtshoroskop platziert ist, kann die Person glänzen und die dramatische, zentrale Figur sein. Progrediert sie in ein anderes Haus, wird in diesem Lebensbereich ein neuer Schwerpunkt gesetzt. Als beispielsweise meine progressive Sonne vom achten ins neunte Haus ging, begann ich sofort zu reisen. Meine erste Auslandsreise unternahm ich, als sie die Spitze meines neunten Hauses erreichte. Zugleich interessierte ich mich nun sehr für Bildung und Spiritualität und begann, Vorträge zu halten und zu unterrichten.

Geht die progressive Sonne in das erste Haus, in das Zeichen Widder oder bildet einen Aspekt zu Mars, drückt sich das Ego in einer dynamischen und aufregenden Weise aus. Die Lebenskraft wird stärker, die Persönlichkeit wird extrovertierter und es besteht mehr Selbstvertrauen. Bei harten Aspekten kann es zu Egoismus, Missbrauch der Energie und überstürztem und impulsivem Verhalten kommen.

Geht die progressive Sonne in das zweite Haus, in das Zeichen Stier oder bildet einen Aspekt zu Venus, wird das Ego durch die Ansammlung von Vermögen und finanzieller Macht Befriedigung finden. Es wird zu einem stärkeren Antrieb zur Erlangung materieller Ziele kommen. Besitz und schöne Dinge werden mehr Bedeutung haben. Zugleich werden die persönlichen Werte klarer definiert. Jeder harmonische Aspekt zwischen Sonne und Venus ist ein positives Anzeichen für eine Liebesbeziehung, harte Aspekte können einen exzessiven Materialismus anzeigen.

Geht die progressive Sonne in das dritte Haus, in das Zeichen Zwillinge oder bildet einen Aspekt zu Merkur, wendet man sich dem Lernen und der Kommunikation zu. Der Dialog mit Verwandten, insbesondere Geschwistern, wird verstärkt. Sie könnten auch ein neues Auto kaufen oder kurze Reisen unternehmen. Manche Leute studieren erfolgreich eine Fremdsprache. Auch harte Aspekte zu Merkur stimulieren mentale Prozesse.

Geht die progressive Sonne in das vierte Haus, in das Zeichen Krebs oder bildet einen Aspekt zum Mond, stehen Eltern und Familie an erster Stelle. Sogar ein Wanderer wird sich niederlassen und seinen eigenen Boden erwerben wollen. Der Nesttrieb wird sehr stark und Ihr Zuhause kann zu einem Kokon werden. Bei harten Aspekten scheinen Ego und Persönlichkeit nicht mehr synchron zu sein und zwischen dem inneren und äußeren Selbst keine Schnittpunkte zu bestehen.

Geht die progressive Sonne in das fünfte Haus, in das Zeichen Löwe oder bildet einen Aspekt zur Geburtssonne, vergrößert sich das persönliche, schöpferische Selbst. Kinder, Kreativität und künstlerische Betätigung können Priorität bekommen. Bei Menschen mit der Geburtssonne im fünften Haus habe ich beobachtet, daß sie bekannte oder berühmte Kinder haben. Geht Ihre progressive Sonne in das fünfte Haus, können auch Ihre Kinder auf ihrem Gebiet zu Ruhm kommen, oder eines ihrer kreativen Projekte kann Aufmerksamkeit erhalten. Es ist eine gute Platzierung für die Befriedigung des Egos und einen überzeugenden Selbstausdruck.

Geht die progressive Sonne in das sechste Haus, in das Zeichen Jungfrau oder bildet einen Aspekt zu Merkur, werden Arbeit, Dienst, Produktivität und Effizienz hervorgehoben. Auch wird es zu mehr Beschäftigung mit gesundheitlichen Themen und der Fitness insgesamt kommen.

Geht die progressive Sonne in das siebte Haus, in das Zeichen Waage oder bildet einen Aspekt zu Venus, liegt der Fokus auf Beziehungen, Partnerschaften und der Ehe. Zu dieser Zeit rücken auch Förderungen und geschäftliche Partnerschaften ins Licht der Aufmerksamkeit. Singles können heiraten oder ihnen begegnen mit Sicherheit neue Verehrer, Berufstätige ziehen neue Klienten oder Möglichkeiten an. Kommt es zu einer Sonne/Venus-Progression, ist es Zeit, zu lieben und geliebt zu werden.

Geht die progressive Sonne in das achte Haus, in das Zeichen Skorpion oder bildet einen Aspekt zu Pluto, kann es vermehrt zu Investitionen, Erbschaften oder einer Erweiterung des Einkommens des Partners kommen. Es kann der Beginn einer Zeit sein, in der Sie das Bedürfnis spüren, durch Psychologie, Therapie oder psychologische Forschungen tiefer in die Bedeutung des Lebens einzudringen. Die Suche nach der Wahrheit hinter der Welt der fünf Sinne kann Sie faszinieren. In zunehmenden Maß können grundlegende Wandlungen und Transformationen eintreten. Bei positiven Aspekten wird die persönliche Macht zunehmen. Bei harten Aspekten werden Sie in Machtkämpfe verwickelt.

Geht die progressive Sonne in das neunte Haus, in das Zeichen Schütze oder bildet einen Aspekt zu Jupiter, können Sie sich auf Auslandsreisen wieder finden oder Interesse an fremden Kulturen, internationalen Verhältnissen oder Rechtsangelegenheiten zum Ausdruck bringen. Sie können sich der Verfolgung philosophischer Interessen zuwenden, der Religion und der Spiritualität. Eine Rückkehr zur Schule, Schreiben und Veröffentlichen könnten in den Vordergrund Ihres Lebens treten. Auch könnten rechtliche Angelegenheiten Ihre Aufmerksamkeit verlangen.

Geht die progressive Sonne in das zehnte Haus, in das Zeichen Steinbock oder bildet einen Aspekt zu Saturn, können Sie ins Rampenlicht gestoßen werden. Es könnte zu einer dramatischen Auswirkung auf Ruf, Karriere und Status kommen. Sie könnten Führer einer Gemeinschaft oder eine öffentliche Person werden. Ein harter Sonne/Saturn-Aspekt könnte die Karriere behindern und den Erfolg verzögern. Es kann zu Ereignissen mit den Eltern kommen, der Aspekt beschreibt dann die Natur dieser Ereignisse.

Geht die progressive Sonne in das elfte Haus, in das Zeichen Wassermann oder bildet einen Aspekt zu Uranus, werden Freunde, Gruppen und Organisationen sehr wichtig. Jeder Aspekt zwischen Sonne und Uranus erhöht die Anziehungskraft und schafft Unruhe und ein starkes Bedürfnis nach individuellem Selbstausdruck. Bei einem harten Aspekt können Sie alles nach Ihren eigenen Bedingungen gestalten wollen und aus Tätigkeiten und Beziehungen ausbrechen, die eigentlich recht gut für Sie sind. Mir ist auch aufgefallen, dass dann ein starkes Bedürfnis zu reisen und nach neuen und anderen Erfahrungen besteht.

Geht die progressive Sonne in das zwölfte Haus, in das Zeichen Fische oder bildet einen Aspekt zu Neptun, verstärkt sich das Charisma; die schöpferischen Kräfte sind reichlich vorhanden, die psychischen Fähigkeiten erweitern sich und das Ego tritt ziemlich in den Hintergrund. Sie sind offen für Illusionen, Verwirrung und Täuschung und fühlen sich zu Erfahrungen des Dienens hingezogen, wie z. B. im Kranken- oder Hospizdienst. Sie können sich mit dieser Energie des zwölften Hauses sehr wohl fühlen, indem Sie anderen geben.

Merkur in der Progression

Die Platzierung des Merkur im Geburtshoroskop zeigt die Art und Weise, wie Wissen aufgenommen und mitgeteilt wird. Progrediert Merkur in ein neues Zeichen oder Haus, nimmt er die Qualitäten und Charakteristika des Zeichens oder Hauses auf und reflektiert sie. Der Einfluss des betreffenden Zeichens oder Hauses wird zu Ihrer bisherigen Merkur-Erfahrung hinzugefügt. Haben Sie zum Beispiel Merkur im Skorpion und somit eine gewisse Fixierung Ihrer gedanklichen Muster, so werden beim Eintritt des Merkur in den Schützen oder in einen Aspekt zu Jupiter Ihre mentalen Prozesse weiter, expansiver und optimistischer werden.

Geht der progressive Merkur in das erste Haus, in das Zeichen Widder oder bildet einen Aspekt zu Mars, wird sich die mentale Energie in einer dynamischen, selbstsicheren und selbstbewussten Weise zum Ausdruck bringen. Ihr Verstand reagiert schnell, Ihre Ansichten sind scharfsinnig und es kann zu vorschnellen Entscheidungen kommen. Es kommt der Wunsch zu lernen und vielleicht sogar zu lehren oder zu schreiben auf. Auf jeden Fall ist die Kommunikation artikuliert, schlagfertig und selbstbewusst. Der mentale Prozess wird schneller, Entscheidungen fallen leicht, zugleich entwickelt sich intellektuelles Vertrauen.

Geht der progressive Merkur in das zweite Haus, in das Zeichen Stier oder bildet einen Aspekt zu Venus, werden die mentalen Prozesse bedächtiger. Die Kommunikation kann charmant oder poetisch sein. Manche Klienten haben unter dieser Konstellation Sprech- oder Gesangsunterricht genommen. Viel mentale Energie kann in finanzielle Angelegenheiten, Investitionen und Formen des Einkommens fließen. Man muss sich jedoch vor mentaler Rigidität hüten. Kreative Ambitionen sowie kulturelle Interessen geben ebenfalls viel Anlass zum Nachdenken.

Geht der progressive Merkur in das dritte Haus, in das Zeichen Zwillinge oder bildet einen Aspekt zum Geburtsmerkur, wird der Geist schnell und scharfsinnig, denn Merkur ist in diesem Zeichen und Haus gut platziert. Zu dieser Zeit könnten Überlegungen, zu lernen, zu unterrichten oder zu schreiben, auftauchen, und solche Projekte sollten gut vorankommen. Sogar bei ungünstigen Aspekten haben sich manche Klienten in schulische Situationen begeben. Mit dieser Platzierung kann es häufig zur Beherrschung von Fremdsprachen kommen.

Jegliche Form der Kommunikation fällt einem leicht. Es werden neue Interessen entwickelt, neue Hobbies aufgenommen und neue Fähigkeiten perfektioniert.

Geht der progressive Merkur in das vierte Haus, in das Zeichen Krebs oder bildet einen Aspekt zum Mond, wird viel über familiäre Angelegenheiten nachgedacht. Häuslichkeit steht nun an erster Stelle und führt zu Eigentum und Grundbesitz. Mit dieser Platzierung kann man auch mehr Mitleid und Verständnis zum Ausdruck bringen und einfühlsamer werden. Wissen wird eher wie ein Schwamm aufgesogen als analytisch gewonnen.

Geht der progressive Merkur in das fünfte Haus, in das Zeichen Löwe oder bildet einen Aspekt zu Sonne, kommt es zu einer sehr sicheren geistigen Haltung. Die Person wird ihren Standpunkt behaupten, es kann jedoch auch intellektuelle Arroganz vorkommen. Mit diesem Aspekt ist Merkur sehr schöpferisch, wortgewandt und geistreich. Manche Klienten haben sich in Situationen begeben, auf die sie eigentlich mental nicht ausreichend vorbereitet waren, doch das Vertrauen des Löwen scheint sie getragen zu haben.

Geht der progressive Merkur in das sechste Haus, in das Zeichen Jungfrau oder bildet einen Aspekt zum Geburtsmerkur, ist das Denken analytisch und gut organisiert, da sich Merkur in der Jungfrau sehr wohl fühlt. Die Gedanken können um Gesundheit und Fitness kreisen. Beruflichen Projekten wird viel mentale Energie gewidmet. Diese Energie kann genutzt werden, um sich effizienter zu organisieren. Man muss jedoch achtsam und vorsichtig sein, um nicht überkritisch zu werden. Manche Leute legen sich unter dem Einfluss des sechsten Hauses ein Haustier zu.

Geht der progressive Merkur in das siebte Haus, in das Zeichen Waage oder bildet einen Aspekt zu Venus, wird ein großer Teil der mentalen Energie auf kreative Weise ausgedrückt. Die Gedanken wenden sich der Liebe und Ehe zu, die Kommunikation wird charmant und gewandt. Wie bei jeder Venus-Progression kann sich auch mit Merkur im Aspekt zur Venus eine Person der Liebe zuwenden und Liebe anziehen. Zu dieser Zeit kann auch die Liebe zum Lernen auftreten. Einer meiner Klienten wurde unter einem Sextil des progressiven Merkur zur Venus zum Kunstsammler.

Geht der progressive Merkur in das achte Haus, in das Zeichen Skorpion oder bildet einen Aspekt zu Pluto, gewinnen mentale Prozesse an zusätzlicher enormer Tiefe. Der Geist will forschen, und es entsteht das Bedürfnis, nach den Geheimnissen des Lebens zu schürfen. Seelische Vorgänge und die Psychologie werden interessant. Es besteht eine große Fähigkeit, sich auf jedes mentale Ziel zu konzentrieren.

Geht der progressive Merkur in das neunte Haus, in das Zeichen Schütze oder bildet einen Aspekt zu Jupiter, wenden sich die Gedanken Themen einer höheren geistigen Ebene wie Religion, Philosophie und Spiritualität zu. Die mentale Einstellung ist optimistisch und voller Schwung. Auch können Gedanken an Reisen, Abenteuer und ferne Länder auftreten. Weiterführende Bildungsmöglichkeiten, Workshops und Vorlesungen sind zu dieser Zeit sehr willkommen. Der Geist nimmt eine expansive Qualität an.

Geht der progressive Merkur in das zehnte Haus, in das Zeichen Steinbock oder bildet einen Aspekt zu Saturn, erhalten Gedanken über Karriere, Status und gesellschaftliche Position den Vorrang. Ihre Prioritäten liegen auf der Organisation und Rationalisierung Ihres Geschäfts und insgesamt auf Erhöhung der Effektivität. Der mentale Prozess kann nachdenklicher, schwerfälliger, düsterer und ernster werden.

Geht der progressive Merkur in das elfte Haus, in das Zeichen Wassermann oder bildet einen Aspekt zu Uranus, wird der Geist sehr erfinderisch. Bei einer Verbindung von Merkur und Uranus sind Geistesblitze und ungewöhnliche Einsichten üblich. Freunden, Gruppen, Organisationen und bestimmten Anliegen werden mehr Zeit, Energie und Gedanken gewidmet. In dieser Zeit können Sie gegenüber den Bedürfnissen anderer toleranter werden.

Geht der progressive Merkur in das zwölfte Haus, in das Zeichen Fische oder bildet einen Aspekt zu Neptun, wird der Geist intuitiver und die einfühlende Kreativität stärker. Man muss sich jedoch auch vor einer gewissen Übersensibilität und Überreaktion hüten. Ich empfehle meinen Klienten, sich Prioritäten zu setzen und Listen zu machen, so dass sie die Neptun/Merkur-Energie konstruktiv nutzen können.

Venus in der Progression

Geht die progressive Venus in das erste Haus, in das Zeichen Widder oder bildet einen Aspekt zu Mars, wird die Art zu lieben feurig, aggressiv und leidenschaftlich. Ihr Selbstvertrauen wird es Ihnen ermöglichen, das Objekt Ihrer Begierde zu verfolgen. Zugleich kann es in der Liebe zu Ungeduld und Eigenwilligkeit kommen. Ich habe beobachtet, dass in Liebesbeziehungen Kampflust entsteht mit dem einzigen Zweck der Erfahrung von Streit und Versöhnung. Kommen die progressive Venus und der progressive Mars zusammen, führt dies häufig zu einer Ehe. Selbst bei einem Quadrat entsteht eine enorme »Chemie«.

Geht die progressive Venus in das zweite Haus, in das Zeichen Stier oder bildet einen Aspekt zur Geburtsvenus, ist dies eine großartige Zeit, um sich zu verlieben, Liebe anzuziehen und finanziellen Gewinn zu erzielen. Im Stier ist Venus gut platziert, und so wird die Liebe echt, großherzig und loyal sein. Schöne Dinge und schöne Menschen werden Ihnen sehr viel bedeuten. Da Stier ein sehr sinnliches Zeichen ist, wollen Sie Vergnügen bereiten und auch Ihre eigenen Bedürfnisse erfüllt wissen. Bei harten Aspekten kann es zu jeder Form von Genusssucht kommen.

Geht die progressive Venus in das dritte Haus, in das Zeichen Zwillinge oder bildet einen Aspekt zu Merkur, kann man seine Zuneigung in sehr charmanter Weise zum Ausdruck bringen. Mit diesem Aspekt ist die Liebe eher intellektuell als emotional, und so können Sie sich zu einer sehr intelligenten Person hingezogen fühlen, die Ihre Interessen und Ihr Bedürfnis zu lernen und zu kommunizieren teilt. Mit Venus in Zwillinge hat man häufig zwei Liebesbeziehungen zur gleichen Zeit. Ich weiß nicht, wie oft ich Klienten mit dieser Kombination habe sagen hören: »Wenn ich aus diesen zwei Personen doch nur eine machen könnte.« Mit dieser Stellung ist die schöpferische Kraft sehr vielseitig und wird geschickt zum Ausdruck gebracht.

Geht die progressive Venus in das vierte Haus, in das Zeichen Krebs oder bildet einen Aspekt zum Mond, können Sie sich eine liebevolle häusliche Umgebung schaffen. Ihre Lieben zu nähren und für sie zu sorgen wird zu Ihrer Art, Ihre Gefühle der Liebe zum Ausdruck zu bringen, und Sie wünschen sich das ebenfalls für sich selbst. Öffentliche Anerkennung und Zustimmung scheint nun leichter zu erlangen zu sein und Beziehungen mit Frauen funktionieren besser.

Geht die progressive Venus in das fünfte Haus, in das Zeichen Löwe oder bildet einen Aspekt zur Sonne, wird Zuneigung auf eine leidenschaftliche, zuversichtliche und dramatische Weise ausgedrückt. Wenn Sie sich verlieben, so soll die ganze Welt es wissen. Es kommt zu einem großzügigen Ausdruck der Liebe, sowohl mit Geschenken als auch mit Worten. Kinder bringen Freude, Kreativität findet einen leichten Ausdruck und Ihr Ego ist stark und voller Selbstvertrauen.

Geht die progressive Venus in das sechste Haus, in das Zeichen Jungfrau oder bildet einen Aspekt zu Merkur, wird Zuneigung auf praktische Weise ausgedrückt, manchmal jedoch auch durch Kritik. Ein Astrologe sagte mir einmal, wenn eine Jungfrau (oder Menschen mit Platzierungen in der Jungfrau) nach Ihnen hackt, wissen Sie, dass sie Sie liebt. Sie neigt auch dazu, ihre Liebe zu zeigen, indem sie nützliche Dinge für Sie tut. Beispielsweise kann Ihr Freund – anstatt Ihnen Blumen zu schicken – Sie damit überraschen, Ihr Auto zu waschen. Häufig lieben die Menschen mit der progressiven Venus in der Jungfrau oder im sechsten Haus am meisten ihre Arbeit. Ihr haben sie sich wirklich verschrieben. Menschen mit der progressiven Venus im Aspekt zu Merkur können sich mit viel Charme artikulieren, und sie können gut schreiben. Ihre Arbeit, ihre Mitarbeiter und ihre berufliche Umgebung können ihnen großes Vergnügen bereiten.

Geht die progressive Venus in das siebte Haus, in das Zeichen Waage oder bildet einen Aspekt zur Geburtsvenus, kommt die Liebe auf sehr schöne Weise zum Ausdruck. Venus fühlt sich hier sehr wohl und heimisch, und somit werden all ihre guten Eigenschaften hier hervorgehoben. Die Liebe kann blühen, es besteht ein brennender Wunsch danach, sich zu verlieben, und die Gedanken kreisen um Heirat und Bindung. Befriedigung können Ihnen auch Ihre eigenen künstlerischen Bemühungen bringen. Es besteht eine Liebe zu Schönheit und schönen Dingen. Kulturelle Ziele können sich als lohnend und erfüllend erweisen.

Geht die progressive Venus in das achte Haus, in das Zeichen Skorpion oder bildet einen Aspekt zu Pluto, wird Liebe auf intensive und mitunter sogar auf besitzergreifende und eifersüchtige Weise ausgedrückt. Eine großartige, besessene Liebe kann das Leben vollkommen bestimmen. Hier scheint es oft nach dem Prinzip »Alles oder Nichts« zu gehen. Während auf der einen Seite die Liebesempfindungen fast zu emotional sind, um noch angenehm zu sein, wird die progressive Venus im Aspekt zu Pluto andererseits jedoch häufig mit der Erlangung von großem Wohlstand in Verbindung gebracht. Was immer jemand auch als Passion hat, sie wird erbarmungslos verfolgt.

Geht die progressive Venus in das neunte Haus, in das Zeichen Schütze oder bildet einen Aspekt zu Jupiter, wird die Liebe freudig, optimistisch und mit viel Enthusiasmus ausgedrückt. Das Objekt der Liebe kann ein Abenteurer, ein Fremder, ein Weltreisender oder ein spiritueller Mensch sein. Da Jupiter, das neunte Haus und das Zeichen Schütze expandieren, kann diese Stellung sowohl eine gute Zeit für die Liebe als auch für die Finanzen bringen. Übertriebener Optimismus und übermäßige Erwartungen können hier allerdings ein negativer Faktor sein. Man sollte auch darauf achten, nicht zu viel Geld auszugeben, nicht alles zu übertreiben oder sich in Verbindungen oder geschäftliche Unternehmungen zu stürzen, ohne genügend darüber nachzudenken. Ein anderer Aspekt von Venus in Schütze ist das Bedürfnis, das Objekt der Liebe auf einen Sockel zu stellen; fällt diese Person dann herunter, verschwindet auch die Liebe.

Geht die progressive Venus in das zehnte Haus, in das Zeichen Steinbock oder bildet einen Aspekt zu Saturn, kommt die Liebe mehr in praktischer als in romantischer Weise zum Ausdruck. Eine Freundin von mir, die immer einen gut aussehenden, charmanten Mann wollte, der auch ein guter Tänzer sein sollte, sagt nun mit der progressiven Venus in Steinbock, dass sie Geld und Sicherheit will. Status, Sicherheit und die gesellschaftliche Position erhalten hier eine völlig neue Bedeutung. Bei dieser Platzierung habe ich ebenfalls beobachtet, dass die Karriere zur großen Liebe in jemandes Leben wird. Die Liebe wird hier reservierter, weniger demonstrativ und weniger herzlich. Bei harten Aspekten kann es in der Liebe und in der Karriere zu Blockaden und Verzögerungen kommen, und natürlich kann dieser Aspekt auch einen Goldgräber anzeigen.

Geht die progressive Venus in das elfte Haus, in das Zeichen Wassermann oder bildet einen Aspekt zu Uranus, wird die Liebe nahezu elektrisch ausgedrückt. Es kann eine Liebe auf den ersten Blick sein, die einen wie ein Blitz trifft, oder sie geht so schnell zu Ende, wie sie begann. Ein Freund mit der Geburtsvenus in Wassermann behauptet immer, er könne eine Frau bereits 15 Sekunden nach der ersten Begegnung lieben. Eine andere, gern verwendete Aussage von Venus in Wassermann lautet: »Ob es funktioniert oder nicht, wir werden dennoch Freunde bleiben.« Diese Züge werden sich in Ihre Art zu lieben einbringen, wenn die progressive Venus das elfte Haus oder das Zeichen Wassermann betritt, und besonders wenn sie einen Aspekt zu Uranus bildet. In einer bereits existierenden Beziehung kann ein Quadrat zu Uranus Freiheit, Scheidung oder das Bedürfnis nach einer dramatischen Veränderung bedeuten. Jeder Venus/Uranus-Kontakt bringt Ruhelosigkeit und große Anziehungskraft.

Geht die progressive Venus in das zwölfte Haus, in das Zeichen Fische oder bildet einen Aspekt zu Neptun, können Sie vollkommen selbstlos und bedingungslos lieben, Sie können aber auch zum Opferlamm werden. Sie müssen die Neigung beschränken, immer nur zu geben ohne etwas zurückzuerhalten. Die progressive Venus im zwölften Haus kann Sie dazu veranlassen, sich in geheime Bündnisse einzulassen. Mit Venus im harten Aspekt zu Neptun können Sie in die Irre gehen. Drogen, Alkohol und der irrige Glaube, dass Sie jemanden aus einem destruktiven Lebensstil erretten können, ziehen Sie womöglich in sehr gefährliche Situationen hinein. Auch unter harten Aspekten ist dennoch jegliche kreative Kraft verstärkt.

Mars in der Progression

Geht der progressive Mars in das erste Haus, in das Zeichen Widder oder bildet einen Aspekt zum Geburtsmars, fühlen Sie sich mit der Marsenergie sehr wohl, denn er ist in seinem natürlichen Zeichen und Haus. Die Energie wirkt sehr stark, konkret habe ich gesehen, dass Leute nahezu hyperaktiv werden, weil die Energie hier im Übermaß vorhanden ist. Hier kann der progressive Mars mitunter zu viel Selbstvertrauen und Aggressivität erzeugen und Energie vergeuden. Die Folge können heftiger Eigensinn und ungestümes Verhalten sein. Aufgrund von Unruhe und Hast können Unfälle passieren, und der Zorn sollte kontrolliert werden. Dies ist eine sehr gute Platzierung, um Dinge zu vollbringen, die physische Ausdauer und Mut verlangen.

Geht der progressive Mars in das zweite Haus, in das Zeichen Stier oder bildet einen Aspekt zu Venus, wird die Energie auf behutsamere Weise ausgedrückt. Es ist eine sinnliche Platzierung, die zu Liebe und Geselligkeit führt. Man drängt danach, mehr Geld zu bekommen und auch mehr auszugeben. Immer wenn Venus und Mars in Harmonie zueinander stehen, kann es zu einer Ehe oder Bindung kommen. Dies ist auch ein sehr guter Aspekt, um sich in die Gesellschaft einzubringen und neue Kontakte zu schließen.

Geht der progressive Mars in das dritte Haus, in das Zeichen Zwillinge oder bildet einen Aspekt zu Merkur, kann dies einen

Anstieg der mentalen Energie bedeuten. Hier wird der Verstand stimuliert. Wenn Sie lernen oder über Ihre Ideen sprechen, kann eine gewisse Aggressivität zum Ausdruck kommen. Der gesamte mentale Prozess scheint schneller zu werden, Sie lernen schnell und verstehen die Dinge leicht, können aber auch schnell gelangweilt sein.

Geht der progressive Mars in das vierte Haus, in das Zeichen Krebs oder bildet einen Aspekt zum Mond, können Ihre Gefühle impulsiver werden. Mit dieser Platzierung drücken Sie Ihre Gefühle auch aus. In Ihrem Zuhause kann es so geschäftig zugehen wie in einem Bienenstock. Bei Progressionen zwischen Mars und Mond kommt es häufig zu Operationen, es können auch kleinere Eingriffe wie eine Zahnfleischbehandlung oder Zahnextraktion sein. Unter diesem Aspekt ist es besser, häusliche Projekte zu beginnen als sie abzuschließen. Was immer Sie jedoch in dieser Richtung tun, Sie tun es schnell – sei es nun ein Hausputz oder ein Umbau. Mit dieser Platzierung hat jegliche Aktion ein hohes Tempo.

Geht der progressive Mars in das fünfte Haus, in das Zeichen Löwe oder bildet einen Aspekt zur Sonne, steht Ihnen nicht nur eine starke Energie zu Verfügung, sondern auch große Ausdauer und eine geringere Neigung, die Energie wie bei manch anderen Platzierungen zu streuen. Der Selbstausdruck kann in dramatischer Weise geschehen. Bildet der progressive Mars ein Quadrat zur Sonne, kann die erste Reaktion auf die Energie destruktiv sein, doch falls Sie kein destruktiver Mensch sind, kann die Energie – nachdem Sie sich daran gewöhnt haben – in konstruktive Aktivitäten einfließen. Ich habe schon gesehen, wie unter diesem Aspekt mit komplizierten Übungsprogrammen begonnen wurde.

Geht der progressive Mars in das sechste Haus, in das Zeichen Jungfrau oder bildet einen Aspekt zu Merkur, wird Ihre mentale Energie aggressiver und Sie fällen Ihre Entscheidungen schneller. Sie müssen darauf achten, mit Arbeitskollegen oder Angestellten nicht zu streiten. Themen der Gesundheit können Sie enthusiastisch aufnehmen. Eine andere Art, die Energie zu nutzen, ist die Entwicklung neuer

Fähigkeiten und die Einbringung innovativer Ideen in Ihr Arbeitsgebiet. Harte Aspekte zwischen dem progressiven Mars und Merkur können zu Nervosität führen oder eine nervöse Konstitution schaffen.

Geht der progressive Mars in das siebte Haus, in das Zeichen Waage oder bildet einen Aspekt zu Venus, wird die Energie nicht unbedingt immer gut ausgedrückt, denn Mars fühlt sich in der Waage nicht besonders wohl. Als Folge kann in Liebe oder Partnerschaft zu viel Aggression vorkommen. Auch kann impulsives Verhalten gefolgt von Sinneswandlungen mitunter Herzen brechen. Während ein guter Aspekt des progressiven Mars zur Venus ein Heiratsaspekt sein kann, eine gesellschaftlich großartige Zeit und eine gute sexuelle Beziehung anzeigen kann, können negative Aspekte zu Unzufriedenheit in der Liebe führen, da die Art des Begehrens und das Bedürfnis nach Liebe nicht miteinander synchron sind. Progrediert der Mars in das siebte Haus, beschreibt dies manchmal die Hochzeit mit einem dynamischen Partner oder ganz einfach mit einem Widder.

Geht der progressive Mars in das achte Haus, in das Zeichen Skorpion oder bildet einen Aspekt zu Pluto, ist fast zu viel Energie vorhanden. Es kommt zu großer Intensität und Belastbarkeit. Die Marsenergie wird in konzentrierter, direkter, zwanghafter und eifersüchtiger Weise ausgedrückt. Die Energie fließt in finanzielle Angelegenheiten wie zum Beispiel Steuern, Versicherungen, Erbschaften und Investitionen. Eine zu große Betonung kann auf Sex und materiellen Dingen liegen. Hat der progressive Mars einen Aspekt zu Pluto, kann sich die Sucht danach manifestieren sowie auch die Anziehungskraft für Gewalt. Sportliche Bemühungen sind ein guter Weg zur Nutzung von Mars/Pluto-Aspekten.

Geht der progressive Mars in das neunte Haus, in das Zeichen Schütze oder bildet einen Aspekt zu Jupiter, werden Sie reisen, Abenteuer erleben und die Welt erfahren wollen. Auch fließt Ihnen Energie zur Verfolgung spiritueller Themen zu. Ebenfalls kann höhere Bildung für Sie den Vorrang erhalten. Der progressive Mars im Aspekt zu Jupiter steigert die Energie und Begeisterung für diese Themen. Jeglicher Mars/Jupiter-Aspekt bringt einigen Erfolg, die harten Aspekte können jedoch zu expansiv sein.

Geht der progressive Mars in das zehnte Haus, in das Zeichen Steinbock oder bildet einen Aspekt zu Saturn, wird die Energie in dynamischer, aber disziplinierter Weise ausgedrückt. Der Fokus der Marsenergie wird zum größten Teil auf der Karriere liegen. Karriereziele werden aggressiv verfolgt, und es besteht der Trieb nach Anerkennung und Status. Ein ungünstiger Aspekt aus dem zehnten Haus kann zu Skandalen und Tratsch führen. Macht der progressive Mars einen Aspekt zum Geburtssaturn, nehmen Triebkraft und Ambitionen zu. Es kann aber zu einer Stop-Go-Reaktion kommen, zu fieberhafter Arbeit an dem einen Tag, um am nächsten Tag unter den Strapazen erschöpft zusammenzubrechen und nichts zu schaffen. Sie müssen dann eine gleich bleibende, organisierte Form der Nutzung dieser Energie entwickeln.

Geht der progressive Mars in das elfte Haus, in das Zeichen Wassermann oder bildet einen Aspekt zu Uranus, könnten Sie in Gruppen oder Organisationen eine aktive, aggressive Rolle einnehmen. Freunde, die Sie anziehen, können athletisch, dynamisch oder sehr aktiv sein. Ihre Ziele können Sie mit neuem Elan und Enthusiasmus verfolgen. Ein Aspekt des progressiven Mars zu Uranus kann unregelmäßige Energiemuster schaffen. Menschen können plötzlich in Ihr Leben treten und genauso plötzlich wieder verschwinden. In bestehenden Beziehungen, Freundschaften oder geschäftlichen Verbindungen kann ein Mars/Uranus-Aspekt Unterbrechungen bewirken. Dies ist auch ein unfallträchtiger Aspekt, und so sollten Sie in allen entsprechenden Bereichen vorsichtig sein.

Geht der progressive Mars in das zwölfte Haus, in das Zeichen Fische oder bildet einen Aspekt zu Neptun, ist die marsische Energie entschärft und nicht so stark. Die Energie kann von negativen Menschen und Einflüssen leicht geschwächt und abgesaugt werden. Es bieten sich Gelegenheiten zu heimlichen Verbindungen. Impotenz kann zu einem Problem werden. Ein guter Aspekt des progressiven Mars zu Neptun kann die Kreativität erhöhen, ein guter Sinn für Farbe und Design kann entwickelt werden, und Fotografie, Malerei und Bildhauerei können lohnende Beschäftigungen werden.

Progressionen der langsam laufenden Planeten

Die langsam laufenden Planeten (Jupiter, Saturn, Uranus, Neptun und Pluto) progredieren selten in ein neues Zeichen oder Haus. Geschieht es aber gelegentlich doch, muss eigentlich nicht betont werden, dass dies sehr wichtig ist und signifikante Änderung im Leben hervorbringt. Progrediert zum Beispiel Jupiter in ein neues Haus, so werden sich in diesem Lebensbereich großartige Gelegenheiten und Möglichkeiten zu Wachstum und Expansion ergeben. Progrediert Jupiter vom ersten in das zweite Haus, werden dessen Themen wie Geld verdienen, Ausgabegewohnheiten und Werte insgesamt eine jupiterähnliche Qualität annehmen. Progrediert Saturn von einem Haus in ein anderes, färben Realitätsbewusstsein, Klarheit und Disziplin dieses Haus.

Bilden die langsam laufenden Planeten eine Progression, ist es normalerweise die Straffung eines Geburtsaspektes. Zum Beispiel steht der progressive Uranus auf 18° Stier im Quadrat zur Geburtsvenus auf 20° Löwe. Wenn der progressive Uranus nun diesen Aspekt schließt und exakt wird, werden Bedeutung und Auswirkung des Geburtsaspekts noch intensiver. Eigentlich kommt es zu jeder Zeit, in der er aspektiert wird – auch in geringerer Weise –, zu irgendeinem Ergebnis.

Eine andere Form der möglichen Progressionen nenne ich *permanente Progression*, denn sie kann jahrelang währen. Bildet zum Beispiel der progressive Jupiter eine Progression mit dem Geburtssaturn und dann mit dem progressiven Saturn, so kann dieser Aspekt 15 bis 20 Jahre dauern. Von dem Moment an, in dem sich der progressive Jupiter innerhalb eines Orbits von 2° dem Geburtssaturn nähert und dann weitergeht, um den progressiven Saturn zu aspektieren, wird die Person sich mit der Bildung eines Vermögens und der Herstellung finanzieller Sicherheit befassen, die entsprechend der Länge der Progression ein Leben lang währen. Dieser Progressionstyp kann eine sehr positive Wirkung auf das Leben haben. Bildet sich jedoch ein lang währender ungünstiger Aspekt, kann eine chronische Krankheit auftreten.

Ändert ein progressiver Planet seine Richtung und bildet eine Progression, kann auch auf diesem Weg eine lang währende Progression entstehen. In meiner Praxis konnte ich beobachten, wie die progressive Venus rückläufig und im Quadrat zu Uranus stationär wurde. Eine Klientin wurde geschieden und wollte unter dem Quadrat der progressiven Venus zu Uranus wieder heiraten, konnte jedoch keine Beziehung halten. Solche Aspekte wirken für viele, viele Jahre. Überhaupt kann die progressive Venus, wenn sie rückläufig wird, das Bewusstsein der Liebe in einer solchen Weise ändern, dass Beziehungen von diesem Zeitpunkt an schwierig sind. Denn obwohl meine Klientin weiterhin eine hohe Anziehungskraft hatte, endeten mit Venus/Uranus in einem langen Aspekt die Beziehungen sehr schnell und aus sehr geringen oder zumindest keinen für sie erkennbaren Anlässen.

Manche Menschen heiraten auch verschiedene Male und haben viele Verehrer. Eine Klientin mit Schütze an der siebten Häuserspitze fand sich in einer veränderten Situation wieder, als Jupiter, der Herrscher ihres siebten Hauses, die Richtung änderte. Ein rückläufiger Jupiter hält nicht, was er verspricht. Wenn es also so schien, dass ein Mann ein guter Kandidat für eine Hochzeit wäre, stellte sich letztlich heraus, dass er nicht das war, was er zuerst verhieß, und die Beziehung wurde nicht fortgeführt. Bei Vorhersagen müssen all diese Dinge berücksichtigt werden.

Auch die rückläufige Station Merkurs in progressivem Aspekt zu Saturn konnte ich beobachten. Sie kündigt zwar keine fünfzehnjährige Depression an, es braucht jedoch eine Weile, sich an die andere Energie zu gewöhnen und zu lernen, sie in bequemer Weise zu handhaben.

Das Timing von Progressionen

Bei Progressionen gibt es eine Zeit des Anfangs und eine Zeit des Ausklangs. Manchmal endet eine Progression, weil eine andere gebildet wird, dies ist besonders beim progressiven Mond der Fall. Ich erinnere mich daran, die negative Wirkung des progressiven Mondes im Quadrat zum Geburts- und progressiven Saturn viele Monate lang gespürt zu haben. Erleichterung kam erst auf, als mein progressiver Mond einen guten Aspekt zu einem anderen Planeten machte.

Wenn eine Eklipse oder der Neumond auf eine Progression trifft oder sie aspektiert, wird diese häufig dadurch aktiviert. Die Progression kann früher wirken, wenn sich der Aspekt gerade bildet. Wenn eine Eklipse oder der Neumond auf einen exakten Grad der Progression fallen, wird die Progression jedoch mit Sicherheit aktiviert. Treffen sie auf die Progression oder aspektieren sie, kann eine Progression auch durch eine Eklipse oder den Vollmond beendet werden. Bis zu irgendeiner Form des Abschlusses wird stets eine gewisse Evidenz der Progression spürbar sein.

KAPITEL VIER

Die Bedeutung des progressiven Mondes

Ich habe den vielen Astrologen, die mich gefördert haben, eine Menge zu verdanken. Manche halfen mir mit ihren Workshops und Kursen, andere indem sie ihr Wissen freimütig und sehr uneigennützig geteilt haben. Eine von ihnen ist Katherine de Jersey. Ich weiß noch, wie ich 1972 mit ihr an einer AFA-Konferenz teilgenommen habe bis ungefähr drei oder vier Uhr in der Früh blieb, während sie mich großzügig an ihrem Wissen teilhaben ließ. Wann immer ich im Verlauf unserer Unterhaltung von Ereignissen meines Lebens erzählen wollte, fragte sie stets: »Was machte der progressive Mond? Was machte der progressive Mond?« Ich dachte bei mir: »Ich weiß es nicht«, sagte aber schließlich: »Also, Katherine, du bist ein Krebs und ich eine Jungfrau. Ich denke, dass aus diesem Grund der progressive Mond in deinem Leben mehr wirkt als in meinem.« Und sie antwortete »Nein. Der progressive Mond ist ein wichtiges Werkzeug zur Prognose. Du wird herausfinden, dass im Leben einer Person nichts ohne einen Aspekt des progressiven Mondes geschehen wird. Er kann 3° applikativ oder separativ sein, aber seine Wirkung wird spürbar sein.« Ich zweifelte, ging aber schließlich zurück auf mein Zimmer, holte meine 100-Jahre-Ephemeriden heraus und betrachtete mein Leben. Ich blieb den Rest der Nacht auf und entdeckte, dass jedes wichtige Ereignis in meinem Leben tatsächlich einen Aspekt des progressiven Mondes hatte. Von diesem Moment an studierte, erforschte und verwendete ich den progressiven Mond in meiner Arbeit. Für meine prognostische Arbeit war das ein sehr wichtiger Wendepunkt.

Nach meiner Ansicht haben viele Astrologen die große Bedeutung der Progressionen und insbesondere die Bedeutung des progressiven Mondes als ein Instrument zur Vorhersage leider übersehen.

Ich entdeckte auch, dass der progressive Mond im Leben von Personen, die auch den Mond prominent gestellt haben, eine starke Wirkung hat. Wenn jemand Sonne, Mond oder den Aszendenten in Krebs hat oder der Mond im Horoskop in einem Eckhaus steht, erhält der progressive Mond einen zusätzlichen Stellenwert. Und dennoch ist er in jedem Horoskop von ausgesprochen großer Bedeutung.

Nachdem ich mit Katherine de Jersey gesprochen und mein eigenes Horoskop sowie die Horoskope meiner Kinder und die meiner engen Freunde durchgearbeitet hatte, war ich verblüfft darüber, wie ich – ungeachtet der Tatsache, dass wir nicht alle krebsbetont sind – jedes Hauptereignis in unseren Leben genau feststellen konnte. Seitdem habe ich in den Horoskopen all meiner Klienten mit dem progressiven Mond gearbeitet, und ich bin zu dem Schluss gekommen, dass er eines der besten prognostischen Werkzeuge ist, die uns zur Verfügung stehen. Wenn Sie Prognosen machen wollen und ereignisorientiert arbeiten, müssen Sie den progressiven Mond benutzen, um mit ereignisorientierten Horoskopinterpretationen auch erfolgreich zu sein.

Alle Progressionen bereiten die Bühne, auf der sich unser Leben entfaltet. Sie gewöhnen uns an die verschiedenen Zeichen und Häuser. Sie erlauben uns, Persönlichkeitszüge und Charakteristika von Zeichen zu erleben, die anders sind als unsere Geburtszeichen. Progressionen lenken unsere erhöhte Aufmerksamkeit auf die Angelegenheiten jenes Hauses, welches sie erhellen. Für eine bestimmte Zeitspanne werden dieses Haus und seine Themen in unserem Leben signifikant.

Die progressive Sonne (die in Kapitel 6 noch ausführlich diskutiert wird) repräsentiert das Ego und seine Gewöhnung an ein neues Zeichen, ein neues Haus oder einen neuen Aspekt. Zum Beispiel wird jemand mit der Sonne in Jungfrau immer eine Jungfrau sein. Das ändert sich niemals, wenn aber die progressive Sonne die Waage durchläuft, wird die betreffende Person in dieser 30-jährigen Periode viele für dieses Zeichen charakteristische Erfahrungen machen. Beispielsweise wird ein in Frankreich geborener und aufgewachsener Mann immer Franzose sein. Zieht er aber in die Vereinigten Staaten, wird er sich sozial und kulturell an das neue Land anpassen. Sicher, er ist Franzose, aber er ist verändert. Die progressive Sonne ist das sich akklimatisierende Ego, seine sich wandelnden oder verändernden Absichten. Die Sonne und die progressive Sonne haben beide viel mit Ihrem Lebensweg und den Bedürfnissen des Egos zu tun.

Auf der anderen Seite steuert der Mond Ihr Gefühlsleben. Der progressive Mond ist extrem wichtig, da er die Zyklen Ihrer emotionalen Bedürfnisse bestimmt. Da der progressive Mond sich in jedem Zeichen $2^1/_2$ Jahre aufhält, benötigt er 28 bis 30 Jahre, um alle Zeichen und Häuser zu durchlaufen. Während dieser Zeit haben Sie die Möglichkeit, alle Zeichen emotional zu erfahren und in Ihre Persönlichkeit zu integrieren. In Verbindung mit dem Saturntransit durch alle Zeichen und Häuser in der gleichen 28-Jahre-Periode hebt Sie dies auf eine neue Reifestufe. Hier geschehen Ihnen so viele Veränderungen, dass Sie, wenn Sie mit jemandem zusammen sind, ihm oder ihr entwachsen könnten. Aus diesem Grund bin ich auch der Ansicht, dass niemand vor der ersten Rückkehr seines Saturns und seines progressiven Mondes heiraten sollte. Beide, Saturn und der progressive Mond, kehren zu ihrer Geburtsposition etwa zur gleichen Zeit zurück – ungefähr im Alter von 28 Jahren.

In der Beratung empfehle ich meinen Klienten, mit einer Heirat die Erfahrung der Wiederkehr von Saturn und progressivem Mond abzuwarten, denn danach sind sie so, wie sie dann auch eine Zeit lang bleiben werden. Sie haben nun genügend Erfahrungen gesammelt, um ihren Lebensweg nach eigenen Ansichten zu beschreiben, auf der Grundlage ihrer eigenen Entscheidungen. Die Art und Weise, in der sie sich an jedes Zeichen anpassen, formt ihre Persönlichkeit.

Durch diesen Zyklus haben sie die Möglichkeit zur Erweiterung ihrer selbst gehabt. Der progressive Mond zeigt an, welche intuitiven und unterbewussten Entscheidungen sie treffen werden, welche Reaktionsmuster sie entwickelt haben, welche Menschen sie in ihr Leben einlassen, und er zeigt die Zyklen und Neigungen, denen sie zu einer bestimmten Zeit unterliegen. Aus diesem Grund ist es bei der Prognose essenziell, dem progressiven Mond sorgfältige Aufmerksamkeit zu widmen.

Das Schöne am progressiven Mond ist die Tatsache, dass Sie im Alter von 28 Jahren die Möglichkeit gehabt haben, das breite Spektrum der Emotionen eines jeden Tierkreiszeichens zu erfahren. Sie haben emotionale Standpunkte anderer Menschen erfahren, und dies hat Ihnen hoffentlich zu einem größeren Verständnis für die emotionalen Bedürfnisse anderer verholfen.

Besonders stark ist der Einfluss des progressiven Mondes in den folgenden vier Bereichen des persönlichen Lebens:

1. Der progressive Mond hebt die grundsätzlichen emotionalen Bedürfnisse der Periode hervor. Noel Tyl sagte einmal zu mir: »Der Geburtsmond im Horoskop ist das herrschende Bedürfnis der Person.« Wie der Geburtsmond Ihre lebenslangen emotionalen Bedürfnisse bestimmt, so ist der progressive Mond Ihr emotionales Barometer für einen bestimmten Zeitraum. Wenn zum Beispiel Ihr progressiver Mond von den Fischen in den Widder geht, werden Sie eine umfassende Verschiebung in Ihrem Bewusstsein erleben. Sie werden damit aufhören, sich für andere aufzuopfern und damit anfangen, sich um sich selbst zu kümmern. Sie werden auf Ihre eigenen Interessen achten und erforschen, was Sie tun können. Ihre emotionalen Bedürfnisse werden um Sie selbst kreisen.

2. Wenn der progressive Mond durch ein bestimmtes Haus wandert, werden die Angelegenheiten dieses Hauses betont. Geht der progressive Mond durch das fünfte Haus

des Geburtshoroskops (Kinder, Kreativität usw.), wird in dieser Phase häufig ein Kind empfangen. Ich für meinen Fall begann zu dieser Zeit mit dem Schreiben meines ersten Buches. Geht der progressive Mond durch das zehnte Haus, kommt es fast immer zu dramatischen Veränderungen in der Karriere. Manch ein eingefleischter Junggeselle entscheidet sich zu heiraten, wenn der progressive Mond sein siebtes Haus betritt. Im sechsten Haus könnten Sie entdecken, dass Ihre Gefühle Auswirkungen auf Ihre Gesundheit haben.

3. Der progressive Mond hat einen starken Einfluss darauf, welche Art von Menschen Sie in Ihr Leben einlassen. Geht Ihr progressiver Mond durch den Skorpion, werden Sie tief gründige, intensive Menschen anziehen, und es könnte zu Machtkämpfen kommen. Ist er in Schütze, ziehen Sie Weltreisende, Lehrer, Ausländer und Freigeister an. Mit dem Mond in Steinbock könnten Sie zu sehr viel älteren und eher geschäftlich orientierten Menschen tendieren. Sie sehen also, Sie ziehen schlicht und einfach Menschen an, welche das Zeichen repräsentieren oder es oftmals auch selbst sind. Fragt mich eine Klientin mit dem progressiven Mond in Löwe nach einer neuen Beziehung mit jemandem mit starker Löwebetonung, fällt mir die Antwort leicht: »Ja, zweifellos wird er in der Zeit, in der Ihr progressiver Mond in Löwe ist, in Ihrem Leben oder Ihren Gedanken sein.« Verlässt der Mond den Löwen, wird die Klientin womöglich nicht mehr auf die gleiche Weise mit diesem Zeichen oder dieser Person verbunden sein.

4. Der progressive Mond hat viel mit unseren instinktiven Gewohnheitsmustern zu tun. Als mein progressiver Mond durch die Waage ging, erlebte ich eine sehr schöne Phase. Zu dieser Zeit schätzte ich die Kunst sehr und kleidete mich sehr sorgfältig, um das durch dieses schöne Zeichen repräsentierte romantische Bild zu projizieren. Während dieser Zeit hatte ich die Angewohnheit, falsche

> Wimpern zu tragen. Sobald sich jedoch mein progressiver Mond in den Skorpion bewegte, verschwanden sie, und seitdem habe ich sie nicht mehr getragen.

Hier ein Wort zur Warnung: Es ist sehr wichtig, bei der Interpretation des progressiven Mondes nicht nur das Zeichen zu betrachten, in dem er sich befindet, sondern auch das Haus, das er im Geburtshoroskop durchläuft. Sie beeinflussen sich gegenseitig, und eine gute Interpretation sollte diese Vermischung spiegeln. Als zum Beispiel mein progressiver Mond im Krebs stand, war diese Zeit für mich sehr unbequem und emotional. Mein Geburtsmond ist in Wassermann, und daher ist die Erfahrung eines Wasserzeichens für mich nicht gerade leicht.

Zur gleichen Zeit, in der mein progressiver Mond im Krebs war, durchlief er auch mein sechstes Haus. Unterm Strich führte das dazu, dass ich immer weniger ausgehen wollte. Ich wurde ein richtiger Stubenhocker und konzentrierte mich darauf, mein Haus in Ordnung zu bringen. Gesundheitliche Themen kamen auf, und ich erlebte viele Stimmungsschwankungen ohne ersichtlichen Grund.

Der progressive Mond sollte im Krebs eigentlich gut stehen, denn dieses Zeichen wird vom Mond beherrscht. Da aber mein Geburtsmond in einem Luftzeichen ist, fühle ich mich immer unwohl, wenn der Mond durch ein Wasserzeichen progrediert. Deshalb ist als weiterer Faktor auch darauf zu achten, ob das Zeichen des Geburtsmondes mit dem des progressiven Mondes in Harmonie ist oder nicht. Meine Klienten haben mir auch von einigem Unbehagen berichtet, wenn der progressive Mond durch eines der Wasserhäuser (viertes, achtes und zwölftes Haus) läuft, insbesondere durch das achte und zwölfte Haus. Eine Progression des Mondes durch das achte Haus ist – unabhängig vom Zeichen – vergleichbar mit dem Mond in Skorpion, und das ist das intensivste und schwierigste Zeichen, in dem der Mond stehen kann. Eine Klientin hatte den progressiven Mond in Waage, und er durchlief ihr achtes Haus. Ihre Gefühle waren sehr tief, geballt und manchmal erdrückend. Hier wird ersichtlich, dass manchmal das Haus die Wirkung des Zeichens auch aufheben kann.

Allgemeine Wirkungen des progressiven Mondes

Da der Geburtsmond Ihre emotionale Natur beschreibt, muss ihm beim Horoskopstudium zur Erstellung einer Vorhersage besondere Aufmerksamkeit geschenkt werden. Ein Geburtsmond in Steinbock weist auf emotionale Kontrolle, Disziplin oder starken Ehrgeiz hin. Ein Geburtsmond in Wassermann zeigt eine Tendenz zu Freunden, Gruppen, Organisationen oder dem Einsatz für eine gerechte Sache. Wenn Ihr Geburtsmond im zweiten Haus steht, werden Ihre Gefühle stets viel um finanzielle Angelegenheiten kreisen. Entsprechend Ihrem finanziellen Stand werden auch Ihre Gefühle wechseln. Steht zum Beispiel Ihr Geburtsmond in Löwe im zweiten Haus, könnte in Ihrer emotionalen Natur einige Starre vorkommen, besonders wenn Ihr Fokus auf Geld oder Besitz liegt. In Löwe ist der Mond fixiert, und die Platzierung im zweiten Haus (ein unterschwelliger Stiereinfluss) fixiert ihn noch mehr. Erinnern Sie sich, hier ist ein fixes Zeichen in einem fixen Haus. Sowohl das Haus als auch das Zeichen beschreiben die eigentliche Natur der Gefühle. Sie müssen miteinander kombiniert und bei der Interpretation des progressiven Mondes mit beachtet werden.

Ist der progressive Mond in einem Feuerzeichen, ist Ihr Gefühlsleben voller Schwung. Sie haben Lust auf das Leben und sind auf sich selbst ausgerichtet, zuversichtlich und gelassen. Sie fühlen sich furchtlos und handeln und reden auf inspirierte Weise. Bei einem Erdzeichen werden Sie etwas auf einer materiellen Ebene zustande bringen wollen. Sie werden sich mit Besitz befassen. Sie wollen etwas errichten und mit Ihren kreativen Talenten etwas Substanzielles tun. Sie werden Ihre Gefühle, Ihre Inspiration und Kreativität nehmen und in eine greifbare Form bringen wollen. Progrediert der Mond durch ein Wasserzeichen, können Ihre Emotionen Ihr Leben bestimmen. Sie werden empfänglich, sensitiv und intuitiv und operieren mehr auf der Gefühlsebene, manchmal mehr, als es bekömmlich ist. Es ist eine sehr gute Zeit, um sich psychisch zu entwickeln. Bei Luftzeichen erfüllt Sie große intellektuelle Neugier und der Wunsch danach, Neues zu lernen. Sie werden kontaktfreudig und sozial aktiver. Die Suche nach Wissen, Freundschaft und Ideenaustausch wird starke Priorität erhalten.

Läuft der progressive Mond durch ein Eckhaus Ihres Geburtshoroskops (das erste, vierte, siebte oder zehnte Haus), werden Ihre Angelegenheiten auch allgemein bekannt. Andere Menschen werden die Veränderungen, die Sie erleben, und die Bedingungen um Sie herum wahrnehmen. Wenn zum Beispiel der progressive Mond durch das zehnte Haus geht, wird es öffentlich, wenn Sie eine Beförderung erhalten oder Ihren Job verlieren. Im ersten Haus werden die Menschen jede physische Veränderung an Ihnen leicht bemerken.

Progrediert der Mond durch ein Eckhaus, können sich die Ereignisse sehr früh manifestieren, sogar bevor der Mond in dem entsprechenden Zeichen ist oder einen exakten Aspekt gebildet hat. Dies trifft besonders dann zu, wenn er in einem kardinalen Zeichen (Widder, Krebs, Waage und Steinbock) ist. Progrediert der Mond durch ein fixes Haus (das zweite, fünfte, achte oder elfte Haus) oder Zeichen (Stier, Löwe, Skorpion oder Wassermann), sind die Angelegenheiten Ihres Lebens weniger öffentlich. Es besteht die Notwendigkeit zu Veränderungen und Anpassungen. Bei der Manifestation von Ereignissen gibt es mehr Widerstand und Verzögerungen. Tatsächlich können Sie oft die Empfindung haben, dass Ihr Gefühlsleben sich verlangsamt hat und Sie in einer Warteschleife stecken. Bei den veränderlichen Häusern (drittes, sechstes, neuntes und zwölftes Haus) oder Zeichen (Zwillinge, Jungfrau, Schütze und Fische) durchlaufen Sie Veränderungsprozesse in Geist und Seele. Viele Geschehnisse sind von tiefer Natur und eher verborgen als offensichtlich, und vieles passiert eher auf einer mentalen Ebene als in Form von konkreten Ereignissen. Die Synthese und korrekte Interpretation der Wanderung des progressiven Mondes durch ein Eckhaus in einem fixen Zeichen oder durch jede andere gemischte Kombination stellt natürlich eine Herausforderung dar.

Aufgrund der Synchronizität operieren in der Astrologie stets viele planetare Einflüsse zur selben Zeit. Es geschieht niemals nur eine Sache. Mein progressiver Mond stand auf 14° Krebs im Quadrat zur Geburtsvenus auf 14° Waage, und der transitierende Mars war zur gleichen Zeit stationär. Das führte zu einem plötzlichen Ausschlag und schrecklichen Schmerzen in meiner Hand, was gut zwei Wochen andauerte. Interessant ist, dass ich die Diagnose und die heilenden Medikamente dann erhielt, als das Quadrat des progressiven Mondes zur Venus exakt war. Dies deckte sich auch mit der erneuten Direktläufigkeit des Mars, der sich von seiner stationären Position entfernte. Der Tag, an dem der transitierende Mond durch den Krebs lief und zu meinem progressiven Mond eine Konjunktion bildete, war der Anfang vom Ende. Der Ausschlag begann auszutrocknen und fiel einfach ab. Es war jedoch erst dann vollkommen vorbei, als der progressive Mond seinen nächsten positiven Aspekt machte, ein Trigon zu meiner Sonne. Dieses Beispiel zeigt auch auf, dass es bei Progressionen stets einen Anfang und ein Ende gibt.

Diesen sehr wichtigen Punkt sollte man sich merken. In der Astrologie gibt es immer einen Anfang und ein Ende, und beim progressiven Mond ist das besonders zutreffend. Wenn der progressive Mond den applikativen Aspekt bildet, beginnen Sie, seinen Einfluss zu spüren. Bildet zum Beispiel der progressive Mond ein applikatives Quadrat zu Ihrem Geburtssaturn, können Sie sich ungeliebt fühlen oder unfähig, Liebe auszudrücken, oder emotional belastet. Diese Erfahrung dauert an, während der progressive Mond die Applikation zum progressiven Saturn bildet (vorausgesetzt der progressive Saturn ist direkt- und nicht rückläufig). Dies könnte mehrere Monate dauern, je nachdem wie weit Ihr progressiver Saturn fortgeschritten ist. Dieses Gefühl oder emotionale Klima wird nicht eher nachlassen, bis der progressive Mond einen positiven Aspekt macht. Ein einfaches Verlassen des Quadrats zum natalen und progressiven Saturn wird die Erfahrung nicht verändern – der progressive Mond muss einen guten Aspekt machen, sonst verschwindet oder verändert sich die Gemütsverfassung nicht. Manchmal können Sie noch einige Monate länger in diesem emotionalen Klima sein, wenngleich es abnehmen und nicht mehr so intensiv sein wird, aber die Gefühle werden andauern. Auf diese Weise können Sie für Ihre Klienten festlegen, wann sie mit Erleichterung rechnen können. Bei zu vielen Astrologen habe ich den Fehler beobachtet, zu denken, dass die Wirkung vorbei sein wird, wenn der Aspekt vorbei ist. Meiner Erfahrung nach ist es erst dann wirklich vorbei, wenn der progressive Mond seinen nächsten positiven Aspekt eingeht.

Die Berechnung des progressiven Mondes

In meiner gesamten Arbeit mit Progressionen bevorzuge ich die Tag-pro-Jahr-Methode, genannt *sekundäre Progression*. In diesem System bewegt sich der progressive Mond ungefähr 59' bis 1°15' pro Monat.

Bewegt sich der Mond langsam, dauern die Aspekte länger und die Ereignisse werden sich langsamer entfalten. Bewegt er sich schneller, nimmt das Leben ein schnelleres Tempo an und die Aspekte dauern kürzer. Die durchschnittliche Bewegung pro Jahr beträgt 12°, weniger als 12° ist eine langsame, 13° und mehr pro Jahr eine sehr schnelle Bewegung.

Wann immer der progressive Mond das Zeichen wechselt, so ist das von extrem hoher Bedeutung. Die Wirkung des neuen Zeichens kann oftmals schon gefühlt werden, wenn der Mond noch auf 28° oder 29° des vorangehenden Zeichens steht. Wenn ein schwieriger Zyklus verlassen wird, können Sie die Erleichterung in Ihrem Leben fühlen, bevor der Mond das Zeichen wechselt. Einen Monat, bevor mein progressiver Mond von Skorpion in den Schützen ging, begann ich bereits eine Auflockerung zu spüren. Die gesamte Periode, in der mein progressiver Mond in Skorpion war, war eine schwierige und harte Zeit für mich, doch sobald er 28° erreichte, fühlte ich mich, als wäre ich aus dem Gefängnis entlassen worden. Als der Mond den Schützen betrat, fühlte ich mich frei und beschwingt. Auch wenn sich der Mond im Übergang in ein anderes Haus befindet, können Sie eine Verschiebung der Energie spüren. Ein oder zwei Grad bevor es geschieht, können Sie die Wirkung seiner Wanderung in ein neues Haus bereits wahrnehmen.

Der Progressive Mond in den Zeichen

Der progressive Mond im Widder

Der progressive Mond im ersten Haus und in Widder ist gleichbedeutend, denn im natürlichen Horoskop ist Widder das Zeichen im ersten Haus. Wenn der progressive Mond durch dieses Zeichen geht, bekommen Sie ein grundlegendes Gefühl für sich selbst. Mehr als vorher werden Sie sich auf sich selbst beziehen. Sie werden auf sich Acht geben, zusehen, dass Ihre Bedürfnisse befriedigt werden, und den Dingen nachgehen, die Sie wollen.

Sie erhalten zugleich mehr Schwung und eine optimistische Einstellung, die sich in energischem Auftreten zeigt. Oftmals fühlen Sie sich motiviert, voranzugehen und aktiv zu werden. Sie werden unternehmungslustiger, andere werden das an Ihrem Gang erkennen. Sie könnten schneller gehen, mit gesenktem Kopf (wie der Widder), oder sich durch Ihre Gestik zum Ausdruck bringen. Tatsächlich sind alle Teile Ihrer Persönlichkeit beeinflusst. Sie sprechen, denken und bewegen sich schneller. Sie werden ungeduldiger und impulsiver. Die Projektion Ihrer Persönlichkeit ist normalerweise öffentlicher, geselliger und mehr nach außen gerichtet, als es vorher der Fall war.

Dies ist eine willkommene Veränderung, denn Sie haben sich gerade aus dem Einfluss des Fischezeichens herausbewegt. In den Fischen erlebten Sie mitunter eine schwierige

Zeit und hatten die Neigung zu tief gehender Innenschau oder dazu, Ihre Identität für andere aufzugeben. Eine Klientin war wahnsinnig in einen Alkoholiker verliebt. Während der ganzen Zeit, in der ihr progressiver Mond durch die Fische ging, widmete sie sich nur ihm und verlor in ihm und seinen Problemen ihre eigene Identität. Ständig kümmerte sie sich um ihn, bürgte für ihn, rettete ihn vor sich selbst und opferte sich für ihn auf. Sobald ihr progressiver Mond in den Widder ging, sagte sie: »Dafür bin ich mir zu gut. Das brauche ich nicht in meinem Leben« und ging einfach fort. Das ist typisch. Wenn Ihr Mond durch den Widder progrediert, beginnen Sie damit, an sich selbst zu denken. Das kann eine sehr positive Erfahrung sein.

Mit dem progressiven Mond im ersten Haus oder in Widder werden Sie aufgrund Ihres Bedürfnisses nach Selbstverwirklichung weniger zu Hause bleiben wollen. Sie werden über gute Gesundheit und Vitalität verfügen, obwohl Sie Kopfschmerzen oder Probleme mit den Nebenhöhlen bekommen könnten. Auch könnten Sie anfälliger für Unfälle werden. Die Menschen, die Sie anziehen, werden wie Sie sein – selbstständig, selbstbewusst und dynamisch.

Wenn Sie sich an die Zeit zurückerinnern, in welcher der progressive Mond im selben Zeichen war – ungefähr 28 Jahre zuvor –, und Sie an die Erfahrungen dieser Zeit nicht unbedingt die besten Erinnerungen haben, dann ist es wichtig, bei der zweiten Runde andere Erfahrungen zu erschaffen. Ich hatte zum Beispiel eine Klientin, deren progressiver Mond im Widder war und über ihr drittes Haus herrschte. Als der progressive Mond das erste Mal durch dieses Zeichen wanderte, hatte sie verschiedene Autounfälle und ein rotes Auto (das ist echte »Kochbuch-Astrologie«: Widder = rotes Auto, Unfälle). Als der progressive Mond zum zweiten Mal in Widder war, war sie vorsichtig und achtete darauf, Unfälle zu vermeiden. Aber sie kaufte ihr zweites rotes Auto.

Um den progressiven Mond in Widder mit dem Horoskop zu verbinden, müssen Sie das vom Geburtsmars regierte Haus beachten und das Haus, in welchem er platziert ist.

Der progressive Mond im Stier
Geht der progressive Mond durch den Stier oder das zweite Haus, werden Sie vorsichtiger, als Sie es bei seinem Durchgang durch den Widder waren. Ihr Verstand wird bedächtig und langsam arbeiten, manchmal nahezu schwerfällig. Sie werden praktisch und realistisch. Sie werden die Dinge durchplanen und in Ihrer Haltung möglicherweise ein bisschen konservativ. Sie könnten Ihre Energie darauf verwenden, einige der Fehler rückgängig zu machen, die Ihnen mit dem progressiven Mond in Widder, als Sie impulsiv waren, unterlaufen sind. Sie können damit beginnen, etwas Geld zu sparen, denn Sie befassen sich nun mehr mit Ihrer Sicherheit und der Schaffung einer soliden Basis. Materielle Dinge werden wichtig, und fast jeder eröffnet ein Bankkonto oder kauft Eigentum.

Selbst die unpraktischste Person der Welt wird zu der Entscheidung kommen, dass sie etwas Vermögen anschaffen sollte. Ich hatte einen Klienten, der mit seinem Geld nur so um sich warf. Er lebte wie ein Millionär. Er reiste. Er sah sich die Welt an. Er lebte von einer Gehaltszahlung zur nächsten, ohne einen Cent zu sparen. Als sein progressiver Mond durch den Stier ging, entschied er sich plötzlich, Eigentum zu kaufen. »Ich muss sesshaft werden«, erzählte er mir. »Ich muss mich um meine Zukunft kümmern.«

Heim und Verwurzelung erhalten nun Priorität. Sie werden mehr Zeit zu Hause verbringen und wollen es vielleicht verschönern. Manche Leute kaufen Gemälde, die besten Möbel, kostspielige Fenster usw. Sie könnten sich damit befassen, die feinsten Dinge zu besitzen – das schönste Haus oder den besten Luxusschlitten in Ihrer Straße. Sie können sich richtig in Luxus verbohren und mitunter das Verhaltensmuster entwickeln, mit Nachbar XY mithalten zu müssen.

Zu dieser Zeit treten nicht selten einflussreiche Menschen in Ihr Leben. Eine Klientin traf während dieser Periode auf zwei sehr wohlhabende Männer, einer war ein Banker, der andere verfügte über ein umfangreiches Vermögen und Grundbesitz.

Wenn der progressive Mond im Stier schlechte Aspekte bildet, könnten Sie recht zügellos werden. Sie könnten träge werden, an Gewicht zulegen und zu materialistisch werden. Zum größten Teil werden Sie jedoch einen praktischen Weg einschlagen und damit anfangen, für sich selbst etwas Substanzielles aufzubauen.

Mit dem progressiven Mond in Stier könnten Sie auch für Rachenprobleme anfällig werden. Als mein progressiver Mond in diesem Zeichen war und zusammen mit einer Merkur/Mars-Progression, einigen schwierigen Transiten und einer quälenden Eklipse ein Quadrat zu meinem Horoskopherrscher Saturn bildete, versagte meine Schilddrüse ihren Dienst. Dieses Ereignis führte letztlich zu all meinen Forschungen über Lunationen und Eklipsen. Ungefähr zur gleichen Zeit kam mir zu Ohren, dass Eugene Moore einen Vortrag über Eklipsen hielt. Er erzählte von einer Klientin mit ähnlichen Aspekten, wie ich sie gerade hatte (aber offensichtlich mit einem wesentlich schwierigeren Geburtshoroskop), die von der Polizei auf freiem Gelände mit aufgeschlitzter Kehle gefunden wurde. Da wurde ich aufmerksam. Der springende Punkt an dieser Geschichte ist die Synthese der Faktoren. Beginnen Sie mit dem Geburtsversprechen. Betrachten Sie die Progressionen und Transite. Verbinden Sie diese mit den Eklipsen und Lunationen. Und dann verwenden Sie den progressiven Mond für das Timing und weitere Erklärungen. Für den einen kann es nur ein entzündeter Rachen sein – das obige Beispiel zeigt jedoch auch seine extreme Ausdrucksmöglichkeit.

Bei der Bestimmung des Einflusses des progressiven Mondes in einem bestimmten Zeichen gibt es eine Reihe von wichtigen Faktoren zu beachten. Ich will Ihnen erzählen, was zu einer anderen Zeit passierte, in der mein progressiver Mond im Stier war. Stier ist an der Spitze meines vierten Hauses. Als mein progressiver Mond in diesem Zeichen war, baute ich intensiv mein Haus um und möblierte es neu, und nur das Beste war gut genug. Außerdem unternahm ich einige ausgedehnte Reisen, denn Venus beherrschte mein neuntes Haus. Meine erste weite Reise machte ich nach Hawaii. Meine Geburtsvenus ist in meinem achten Haus, und das Einkommen meines Mannes hatte sich sehr gesteigert. Eigentlich verbesserte sich das Einkommen meines Mannes beide Male, in der mein progressiver Mond in Stier war. Beim ersten Mal befasste er sich näher mit Immobilien und startete sehr viel versprechend – und ich konnte meine Küche renovieren. Das zweite Mal, 28 Jahre später, ging der progressive Mond in den Stier und ich renovierte das ganze Haus – Steinböden, Ledersofas usw. Wir unternahmen einige fürstliche Reisen, und das Einkommen meines zweiten Mannes schnellte in die Höhe. Als ich betrachtete, was 28 Jahre zuvor geschah, und dann darauf schaute, was beim zweiten Mal geschah, so hatten sich doch viele Dinge wiederholt.

28° und 29° Stier sind die Gradzahlen für Bankrott. Aufgrund von verschwenderischen Ausgaben und einem starken Bedürfnis nach Luxus können Sie mit dem progressiven Mond in Stier eine Menge Schulden auf sich laden. Zu der Zeit, in der der progressive Mond 28° und 29° Stier erreicht, könnten Sie die Zeche dafür bezahlen müssen. Das bedeutet nicht, dass Sie Pleite gehen werden, wenn Sie jedoch unbesonnen waren, werden Sie die Rechnung dafür erhalten. Eine interessante Anmerkung: Ein Klient von mir ist Insolvenzanwalt. Seine Sonne ist auf 28° Stier.

Wenn wir den Stier als Beispiel nehmen, so ist der Schlüssel zu einer korrekten Interpretation, nach den Häusern zu schauen, welche die Geburtsvenus beherrscht und in dem sie steht. Während der $2^1/_2$-jährigen Periode, in der der progressive Mond in diesem Zeichen ist, besteht das Potenzial, dass die Themen aller beteiligten Häuser stimuliert werden.

Der progressive Mond in Zwillinge
Mit der Wanderung des progressiven Mondes in Zwillinge kommt es zu einer großen Verschiebung, denn nun werden geistige Dinge wichtig und Sie können eine starke intellektuelle Neugier entwickeln. Sie suchen nach mentaler Anregung, und Ihr Verstand wird sehr aktiv und wach. Sie können ausgesprochen kommunikativ werden. Ihr Verstand ist hung-

rig nach Wissen, Sie können die Dinge sehr leicht begreifen und eine neue Form der Wahrnehmung kommt zustande. Viele gehen während dieser Zeit wieder zur Schule, und oftmals sind Frauen in ihren Vierzigern hier sehr erfolgreich. Ein Kind, das sein Leben mit dem Geburtsmond im Stier beginnt, wird häufig viel aufgeweckter und flinker erscheinen, wenn der progressive Mond in Zwillinge geht. Beraten Sie Eltern über ihre Kinder, sollten Sie bedenken, dass Kinder, die während der Zeit des progressiven Mondes in Stier vielleicht etwas langsam waren, die Dinge häufig besser begreifen und ihre Noten steigern, wenn der progressive Mond das Zeichen wechselt. Verborgene oder unentwickelte Talente treten in den Vordergrund und werden realisiert. Ich kenne ein Kind, das mit dem Mond Anfang Stier geboren wurde. Seine Eltern waren sehr besorgt, denn das Kind war bereits zwei Jahre alt und sprach immer noch nicht. Dann wechselte der progressive Mond in Zwillinge, und schlagartig begann das Kind, in ganzen Sätzen zu sprechen.

Zu dieser Zeit lernen Sie manchmal Fähigkeiten, die Ihnen dabei helfen, Ihre Erfahrungen zu erweitern. Klienten, die niemals zuvor Auto gefahren sind, machten den Führerschein oder kauften sich zum ersten Mal ein Auto. Sie sind nun beweglicher und können mehr Orte erreichen und erfüllen damit den Drang des Zwillings, zu reisen und so viel wie möglich zu erleben.

Die Dualität des Zwillings kommt ebenfalls ins Spiel. Mit dem progressiven Mond in Zwillinge geraten Klienten häufig in doppelte Beziehungen. Einer traf zwei Verabredungen, ein anderer hatte zwei verschiedene Jobs. Manchmal kommen Klientinnen zu mir, die den progressiven Mond in Zwillinge haben oder deren Männer das Zeichen Zwillinge prominent gestellt haben. Ehefrauen machen sich dann Sorgen, dass ihr Mann herumstreunt, denn er flirtet plötzlich mehr. Nach der Analyse des gesamten Horoskops, um herauszufinden, ob er ein Spielertyp ist, kann ich sie dann beruhigen – er mag vielleicht flirten, aber macht keinen Unsinn. Erinnern Sie sich – wenn ein Mann stark gestellte Luftzeichen hat, ist er vielleicht nicht so sinnlich, kann aber eine reiche Fantasie haben. Er kann viel über Sex nachdenken und fantasieren, aber das ist es dann auch.

Mit dem progressiven Mond in Zwillinge wird bei Ihnen viel los sein, es ist eine leichte, fröhliche Zeit. Und es ist eine gute Zeit für Spekulationen, denn Sie sind gewillt, zu spielen und Chancen wahrzunehmen. Außerdem ist es eine gute Zeit für Ihr soziales Leben.

Höchstwahrscheinlich treten zu dieser Zeit solche Menschen in Ihr Leben, die kontaktfreudig sind und intellektuelle Interessen verfolgen. Bei einem neuen Studium oder durch neue intellektuelle Interessen treffen Sie natürlicherweise auf andere Menschen. Angehörige und junge Menschen sind häufig jedoch auch außerordentlich wichtig. Als mein progressiver Mond durch Zwillinge ging, bildete ich in meiner Kirchengemeinde eine Gesangsgruppe für junge Leute.

Als mit Anfang 30 mein progressiver Mond in Zwillinge war, studierte ich die Astrologie bei jedem Lehrer, den ich finden konnte. Ich reiste durch das ganze Land und lernte bei Isabel Hickey, Bob Pelletier und anderen. Als mein progressiver Mond das nächste Mal in Zwillinge war, tat ich dasselbe – nur mit dem neuen Thema Bridge. So wie mir damals die Geselligkeit, welche die Welt der Astrologie mir brachte – die Studenten, Klienten, Freunde und Studiengruppen – sehr viel Freude bereitet hatte, so erlebte ich nun das Gleiche mit Bridge. Ich betrat eine vollkommen neue soziale Welt. Mein Geburtsmerkur ist im siebten Haus, und er herrscht über die Häuser fünf, sechs und acht. Mit dem fünften Haus lernte ich Bridge (ein Hobby) und begann mit kreativen Projekten (Puppenstuben bauen und dieses Buch schreiben), was beides an mein sechstes Haus der Arbeit gebunden ist. 28 Jahre vorher begann ich mit der Astrologie als einem Fünftes-Haus-Hobby, und sie wurde mein Beruf. Befindet sich im fünften und sechsten Haus dasselbe Zeichen, kann Ihr Hobby zum Beruf werden.

Mit dem progressiven Mond in Zwillinge werden Sie natürlicherweise nicht viel mit häuslichen Angelegenheiten befasst sein, denn Sie sind einfach zu beschäftigt. Ihre Wissbegier wird Sie hinaustreiben, und wenn Sie gebunden sind, könnten Sie leicht unruhig werden.

Auch hier gilt es wieder, zur korrekten Herangehensweise an die Interpretation auf die Häuser zu schauen, die vom Geburtsmerkur beherrscht werden, und auf das Haus seiner Platzierung. Mit dem progressiven Mond in Zwillinge werden die Themen dieser Häuser angeregt.

Der progressive Mond im Krebs

Beklagen sich Ihre Klienten darüber, dass ihre Partner ständig auf Achse sind, nicht zu Hause bleiben, kein Haus kaufen oder keine Kinder haben wollen, entdecken Sie häufig, dass der Partner gerade durch eine Zwillinge-Phase geht. Sie können Ihren Klienten versichern, dass sich das Zentrum der Aufmerksamkeit verschieben wird, wenn der progressive Mond den Krebs erreicht. Zu dieser Zeit wird Häuslichkeit ein zentrales Thema, und das Zuhause wird der Mittelpunkt Ihres Lebens. Geht der progressive Mond durch den Krebs, können Sie ein Haus kaufen oder renovieren. Auf jeden Fall werden Sie mehr Zeit zu Hause verbringen.

In Krebs ist der Mond gut platziert, und somit werden Sie zu einem starken Ausdruck Ihrer Gefühle fähig sein. Sie werden eine fürsorgliche Einstellung und nährende, einfühlsame und mütterliche Verhaltensweisen entwickeln. Sie können Menschen an sich ziehen und sich um sie kümmern wollen. Obwohl der Mond im Krebs gut platziert ist, mag ich den progressiven Mond in diesem Zeichen nicht besonders, aber das kann mit meinem Geburtsmond in Wassermann zusammenhängen.

Ihre Kinder werden bei Ihren Angelegenheiten an erster Stelle stehen. Ihr familiäres Verantwortungsgefühl ist erhöht, und Ihre Energie und Gedanken drehen sich um Ihre Kinder. Sie werden sich mehr mit ihren Kindern befassen und mehr Zeit mit ihnen verbringen.

Zu dieser Zeit wünschen sich Paare häufig ein weiteres Kind. Einige meiner Klientinnen heirateten, und der Ehemann beharrte auf seinem Desinteresse an einer eigenen Familie. Als sein progressiver Mond in den Krebs ging, entschied er sich schlagartig, eine Familie zu gründen – und so taten sie es dann auch.

Ihr soziales Leben dreht sich fast immer um Ihr Zuhause, und Sie mögen es, Leute zum Essen einzuladen. Mit dem progressiven Mond in Krebs könnten Sie Interesse am Kochen entwickeln, Gourmet-Kochkurse besuchen oder einfach eine Mikrowelle oder einen neuen Herd kaufen.

Mit dem progressiven Mond in Krebs oder im vierten Haus ist Zufriedenheit leicht zu erlangen, und Sie sehen Ihren Selbstausdruck in der Fürsorge für andere.

In vielen Fällen lösen sich mit dem progressiven Mond in Krebs alte, unentschiedene Dinge auf und machen den Weg für einen neuen Anfang frei, oder Menschen aus der Vergangenheit treten wieder in Ihr Leben. Zu dieser Zeit geht man häufig zu einem Klassentreffen oder trifft Menschen wieder, die man eine Weile nicht gesehen hat. Oft werden Sie auf Menschen treffen, die wie alte Freunde scheinen, und vielleicht sind sie das auch aus vergangenen Leben. Sie könnten Kontakte aus Ihren vergangenen Leben anziehen und Déjà-vu-Erlebnisse haben.

Mit dem progressiven Mond in Krebs müssen Sie eventuell auf Wasseransammlungen im Gewebe, auf Gewichtszunahmen oder Magenprobleme achten.

Wenn Sie die Wirkung des progressiven Mondes in Krebs für Klienten deuten wollen, achten Sie auf das Haus, das der Geburtsmond beherrscht und in dem er steht. Die Angelegenheiten dieser Häuser werden belebt und müssen beachtet werden.

Der progressive Mond in Löwe
Wenn der progressive Mond vom Krebs in den Löwen wechselt, ist die Veränderung gerade für Außenstehende häufig überraschend. Der Stubenhocker wird extrovertierter und geselliger. Sie brauchen mehr Aufmerksamkeit, suchen das Rampenlicht. Was immer Sie tun, Sie tun es dramatischer, mit

mehr Flair, Sie treten offener und mit stärkerem Selbstvertrauen auf. Öffentliche Aktivitäten und Vergnügungen treten in den Mittelpunkt Ihres Lebens. Sie könnten mit etwas beginnen, was Sie nie zuvor getan haben, und Ihre Freunde mit Ihrem neuen Bedürfnis danach, im Mittelpunkt zu stehen, überraschen. Als der progressive Mond in Krebs war, haben Sie sich vielleicht eher romantisch und fein gekleidet, mit dem progressiven Mond in Löwe hingegen wird Ihr Kleidungsstil bunter, glamouröser und dramatischer. Sie wollen Aufmerksamkeit erregen.

Eine Klientin von mir ging mit dem progressiven Mond in Krebs durch eine 2^{1}/$_{2}$-jährige extrem schwierige Phase. In der überschwänglichen Zwillinge-Periode hatte sie sich von ihrem Mann scheiden lassen, aber genau als ihr progressiver Mond in den Krebs ging, wurde ihr Exmann sehr krank. Sie nahm ihn wieder in ihrem Haus auf und sorgte über zwei Jahre für ihn. Zu dieser Zeit hatte sie kein soziales Leben, verließ, außer um zur Arbeit zu gehen, kaum das Haus und spürte ein übermächtiges Bedürfnis danach, jemanden zu versorgen, das sie selbst weder erklären konnte noch verstand.

Kaum hatte ihr progressiver Mond den Löwen erreicht, warf sie all ihre häuslichen Bindungen ab. Sie verkaufte ihr Haus in einer kleinen Stadt, setzte ihren nun genesenen Exmann vor die Tür, verkaufte so viel von ihrem Besitz wie möglich, zog mit ihren Kindern in eine große Stadt und startete einen regelrechten Wirbelsturm an sozialen Aktivitäten. Ihre Anziehung brachte mehrere Löwen in ihr Leben, und sie probte für zwei Rollen in Schauspielproduktionen. Als eine echte Jungfrau war sie selbst von ihren Aktionen am meisten überrascht. Ihre Veränderung zum Löwen beschrieb sie später so: »Seit der High School habe ich nicht mehr gespielt, und jahrelang wurde ich von solchem Lampenfieber heimgesucht, dass es mir sehr schwer fiel, vor einer Gruppe von zwanzig Leuten zu sprechen. Dann, während der Probe zu der ersten Produktion, an der ich teilnahm, sah ich mich eine größere Rolle einfordern. Ich überraschte mich selbst, als ich dem Regisseur sagte, er solle mich ein Solo singen lassen. Und ich überraschte mich weiter, als ich das ohne Zittern, Kieksen und wackelige Knie ablieferte.«

Achten Sie auf Rückenprobleme, wenn der progressive Mond in den Löwen geht. Viele Klienten haben auch Herzprobleme oder sind mit jemandem verbunden, der Herzprobleme hat. Ich habe festgestellt, dass das besonders bei dem Mond auf 15° Löwe vorkommt, dies scheint ein sensitiver Grad für das Herz zu sein. Ich habe verschiedene Klienten, die eine Operation am offenen Herzen oder eine Stauungsinsuffizienz hatten, als der Mond diesen Grad erreichte. Herzprobleme müssen aber natürlich im Geburtshoroskop auch angezeigt sein.

Mit dem progressiven Mond in Löwe kann man bei Glücksspielen mehr Glück haben. In vielen Fällen fangen Klienten an, am Aktienmarkt zu spielen oder in anderer Form zu spekulieren, und es geht ihnen gut damit (aber – achten Sie auf das Geburtsversprechen). Eine Frau kann mit dem progressiven Mond in Krebs oder Löwe leichter schwanger werden. Liebesbeziehungen haben mit dem progressiven Mond in Löwe Priorität. Allerdings haben Krebs- und Löwebetonungen bei Beziehungen, Liebesaffären und Kindern auch das meiste Karma. Somit können beim Durchgang des progressiven Mondes durch Krebs oder Löwe auch karmische Herausforderungen aufkommen.

Wichtig ist auch die Betrachtung des Hauses, in dem die Geburtssonne herrscht und in dem sie steht, denn diese Häuser werden mit dem progressiven Mond in Löwe aktiviert.

Der progressive Mond in der Jungfrau
Bewegt sich der progressive Mond in die Jungfrau, können Sie eine Abnahme Ihrer Vitalität empfinden. Auch wenn Sie normalerweise gelassen sind, werden Sie nun kritisch, wählerisch und kontrollierend. Sie selbst und andere können das Ziel Ihrer Kritik sein. Sie können einen starken Impuls verspüren, sich in Weiterbildungsprojekten zu engagieren.

Arbeit wird logischerweise sehr wichtig. Sie könnten sich überarbeiten und ganz konkret die Arbeit anderer erledigen.

Insgesamt jedoch kommen nützliche, produktive Fähigkeiten zum Vorschein, und Sie lernen etwas Neues, das Sie praktisch anwenden können. Eine meiner Klientinnen lernte die Benutzung eines Computers, als ihr progressiver Mond in die Jungfrau ging. Eine andere Klienten war seit 28 Jahren ausschließlich als Hausfrau beschäftigt, nun jedoch ist sie wieder berufstätig.

Gesundheit ist ein anderes großes Thema, und häufig können Sie während dieser Zeit so gesund werden wie nie zuvor. Sie achten darauf, was Sie essen, und die disziplinierte Durchführung von Diäten oder Trainingprogrammen fällt Ihnen leicht. Es ist eine gute Zeit, um Gewicht zu verlieren und wieder in Form zu kommen. Für all die kleinen Dinge, die bei Ihnen nicht recht stimmen oder um die Sie sich bisher nicht gekümmert haben, ist die Zeit ebenfalls günstig. Als mein progressiver Mond im sechsten Haus war, wurde ich sehr gesundheitsbewusst. Ist aß keinen Zucker mehr, verlor an Gewicht und absolvierte täglich mein Training. Das ist ein klassischer progressiver Mond im sechsten Haus.

Häufig werden die Menschen zu dieser Zeit sehr penibel. Selbst die nachlässigste Hausfrau wird plötzlich einen Putzfimmel bekommen, wenn der progressive Mond in die Jungfrau geht. Selbst kleine Kinder kümmern sich um Reinlichkeit. Ich hatte einmal eine Sekretärin, deren progressiver Mond durch die Jungfrau ging, und mein Institut war nie sauberer als während dieser $2^1/_2$ Jahre.

Da Sicherheit zu den praktischen Angelegenheiten dieser Zeit gehört, können Sie mit Geld nun sehr verantwortlich umgehen. Es ist eine gute Zeit, um Geld zu sparen, einen Buchhalter zu finden, der Ihre Bücher ordnet, oder sich um Ihre Steuern zu kümmern. Einfach ausgedrückt sind Sie realistischer und mit beiden Füßen auf dem Boden der Tatsachen.

Mit dem progressiven Mond in der Jungfrau ziehen Sie nicht so viele Menschen in Ihr Leben wie zuvor. Sie sind urteilsfähiger darüber, was Sie in Ihrem Leben wollen, und anderen gegenüber kritischer. Die Menschen, mit denen Sie am meisten zusammen sein werden, sind höchstwahrscheinlich diejenigen, mit denen Sie zusammen arbeiten.

Arbeitsbedingungen, Mitarbeiter und die Arbeitsumgebung werden mit dem progressiven Mond in der Jungfrau sehr wichtig. Sie interessieren sich nun mehr für Details. Als mein progressiver Mond im Steinbock war, bemerkte ich, dass ich wirklich Struktur in mein Leben brachte. Mit dem progressiven Mond in der Jungfrau werden Sie aber auch von den Details und Feinheiten gefangen genommen. Als wir in unser neues Haus umzogen, war der progressive Mond meines Mannes in der Jungfrau, und er musste jede Kleinigkeit selbst machen und wollte alles perfekt und ordentlich haben.

Mit dem progressiven Mond in der Jungfrau oder im sechsten Haus können Sie sich auch mit Haustieren befassen. Vielleicht bekommen Sie ein Haustier oder machen sich Gedanken darüber.

Als gesundheitliche Angelegenheiten der Jungfrau können Verdauungsprobleme auftauchen. Es ist das Zeichen des Dienens, und mitunter zieht es Sie in Dienstleistungsberufe oder Sie verrichten ehrenamtliche Arbeiten.

Für die korrekte Synthese des progressiven Mondes in der Jungfrau sind das Haus, in dem der Geburtsmerkur steht, und die von ihm beherrschten Häuser von Bedeutung. Die Angelegenheiten dieser Häuser werden mit dem Durchgang des progressiven Mondes durch die Jungfrau aktiviert.

Der progressive Mond in der Waage
Der progressive Mond in der Waage ist wirklich wunderbar, es ist eine der schönsten Zeiten. Unter dem Einfluss der Venus (die Herrscherin der Waage) stehen Harmonie, Kooperation und Beziehung bei Ihnen im Mittelpunkt. Sie sind gutmütig, entgegenkommend, charmant, verträglich und wollen etwas für andere Menschen tun. Grundsätzlich fühlen Sie sich gut (beachten Sie aber immer die Aspekte des progressiven Mondes), und Ihre Lebensumstände verbessern sich.

Ihr Denken dreht sich um Schönheit, Liebe und Romanzen. Sie können sich nun für Kunst interessieren, für Musik, Malerei, Ballett usw. Ihre erhöhte Empfänglichkeit für Schönheit kann sich in Ihrer äußeren Erscheinung spiegeln. Sie könnten Ihre Frisur oder Ihr Make-up verändern oder sich um Ihre Haut kümmern (kosmetische Operationen sind ebenfalls möglich). Sie können sich auf neue Weise kleiden – geschmackvoller, eleganter – und sich eine neue Garderobe zulegen.

Eine Klientin erzählte mir, dass ihr Mann 10 Kilo abnahm und eines Tages mit vier neuen Anzügen nach Hause kam, als sein progressiver Mond die Waage betrat. Für sie war das jedoch der Hinweis, dass er eine Affäre hatte. So etwas kann mit dem progressiven Mond in der Waage gut passieren. Die Waage liebt es, sich zu verlieben. Sie könnten auf die Suche nach Ihrem romantischen Ideal gehen. Sie beziehen sich mehr auf andere Personen und wollen in Einzelbeziehungen agieren. Sie fühlen sich romantischer und zärtlicher und verhalten sich galant.

Mit dem progressiven Mond in der Waage denken Sie natürlicherweise mehr partnerbezogen, sowohl geschäftlich als auch privat. Selbst wenn Sie bisher nicht an einer Ehe interessiert waren, könnten Sie zu dieser Zeit anfangen, darüber nachzudenken. Eines der offensichtlichsten Anzeichen für eine Ehe ist die Bewegung des progressiven Mondes in das siebte Haus. Einige Klienten, die schon seit geraumer Zeit mit jemandem zusammen waren, entschieden sich zu heiraten, als bei einem der Partner der progressive Mond in das siebte Haus ging.

Im häuslichen Bereich könnten Sie vermehrt Energie darauf verwenden, Ihr Haus zu verschönern. Sie könnten Gardinen kaufen, tapezieren, Bilder kaufen oder irgendetwas tun, das Ihre Umgebung verbessert.

Gesundheitliche Probleme können die Nieren und die Blase betreffen, und es kann, wie bei allen Zeichen mit Bezug zur Polarität, zu Kopfschmerzen kommen (Widder ist das Gegenzeichen der Waage und herrscht über den Kopf).

Wie beim progressiven Mond im Stier müssen Sie als Schlüssel zu einer umfassenden Deutung auch beim progressiven Mond in der Waage auf die Häuser schauen, in denen die Geburtsvenus steht und die sie beherrscht.

Der progressive Mond in Skorpion
Eine der schwierigsten Phasen in Ihrem Leben ist die Zeit, in welcher der progressive Mond durch den Skorpion geht. Sie erleben tiefe, machtvolle Emotionen und all Ihre Gefühle sind verstärkt. In Ihnen ist eine Schwere und Intensität, die mit dem progressiven Mond in den anderen Zeichen nicht vorhanden ist.

In Skorpion sind Sie zielorientiert, aber die Ziele sind unbeweglich, nahezu bis zum Punkt der Besessenheit. Sie werden so stark an etwas gebunden, dass Sie auf dem Weg bleiben, ob er nun gut oder schlecht für Sie ist. Die unabhängigsten und freiheitliebendsten Frauen habe ich hier schon zwanghaft und besitzergreifend werden sehen. Eine Klientin wurde sehr extrem und durchwühlte den Müll und die Post ihres Freundes, um ihn zu kontrollieren. Eine andere Klientin hatte den Code zum Anrufbeantworter Ihres Exmannes, und sie rief jeden Tag dort an, um zu hören, wer ihn angerufen hatte und welche Nachrichten hinterlassen wurden. Monate nachdem sie sich getrennt hatten, wollte sie noch wissen, mit wem er sich traf und mit wem er schlief. Eine weitere Klientin verbohrte sich so sehr in eine Beziehung, dass sie es bis zur Trennung trieb. Lange Zeit grämte sie sich darüber, und über Monate hörten wir nichts anderes. Sie war von ihm besessen und machte all ihre Freunde verrückt.

Der progressive Mond in Skorpion hat eine verhängnisvolle Anziehungskraft. Eine Klientin hatte ein Verhältnis mit einem verheirateten Mann, der ihr versprach, seine Frau zu verlassen. Als sie jedoch herausfand, dass er mit seiner Ehefrau eine Reise unternommen hatte, schickte sie ihm aus Rache einhundert Pizzas ins Haus. Eine andere Klientin war 15 Jahre lang mit einem verheirateten Mann zusammen. Er war Leiter eines Unternehmens. Irgendetwas passierte, was sie in Fahrt brachte, und sie schrieb Beschwerdebriefe über ihn an den Vorstand seiner Firma, an seinen Vorgesetzten und an seine

Frau. Dann packte sie die Reue über das, was sie getan hatte. Sie nahm einen Kanister Benzin, setzte ihn in Brand und warf ihn in den Briefkasten, in dem sie ihre Briefe abgeworfen hatte. Der Briefkasten war direkt gegenüber von meinem Haus. Ich erinnere mich an den Löschzug und daran, dass ich mich wunderte und mich fragte, was wohl passiert sei. Dann kam heraus, dass meine Klientin für all das verantwortlich war! All ihre Briefe wurden zerstört, aber auch die von all den anderen. Dies ist ein extremes Beispiel dafür, was Sie unter dem Einfluss der zwanghaften Skorpionenergie tun können. Sie sind nicht Sie selbst, es ist, als wären Sie besessen.

Eine andere Klientin war mit einem verheirateten Mann zusammen, als ihr progressiver Mond in diesem Zeichen war. Es ist sehr typisch, Menschen mit dem Zeichen oder den Charakteristika des Zeichens des progressiven Mondes anzuziehen. Sie sagte, dass sie sich beim Sex mit ihm immer fühlte, als würde sie sterben und wiedergeboren werden, so machtvoll sei es. Zur gleichen Zeit machte ihre progressive Sonne auch ein Quadrat zu Pluto, und Pluto bildete ein Quadrat zu ihren Hauptachsen. Psychisch lernte sie über Beziehungen und Männer mehr als je zuvor, denn sie erfuhr ihren Geliebten als einen erstklassigen Manipulator. Er war ihr Lehrmeister, ihre grandiose Besessenheit.

Mit dem progressiven Mond in Skorpion haben Sie mehr Intensität und eine Extraportion Intuition, Ihre Sicherungen brennen jedoch auch schneller durch und Ihre Emotionen können fast zu stark sein, um sie zu handhaben. Die tiefen, heftigen Gefühle führen häufig zu später auftretenden Gesundheitsproblemen. Bei manchen Menschen hat sich Krebs gebildet, weil sie zu viel in sich hineingefressen und an tief sitzendem Ärger festgehalten haben. Manche Menschen bekommen auch sexuelle Probleme wie psychisch begründete Impotenz oder ein selbst auferlegtes Zölibat. Bei Frauen habe ich Frauenkrankheiten beobachtet oder ihre Eileiter wurden abgebunden, bei Männern wurden die Samenleiter durchtrennt.

Zu allem Übel ziehen Sie auch noch tiefe, intensive und gramvolle Menschen an. Zu dieser Zeit sind Sie wenig gesellig, denn Sie entwickeln die Neigung zu Introversion und wollen am liebsten mit sich allein sein. Es ist eine Zeit der Machtkämpfe, Manipulationen und Gedankenspiele, und Sie können sowohl Täter als auch Opfer sein.

Schauen Sie im Geburtshoroskop nach dem Haus, das von Skorpion beherrscht wird, sowie nach den Häusern, in denen Mars und Pluto stehen, um die Interpretation des progressiven Mondes in Skorpion zu kombinieren. Warum beide, Mars und Pluto? Nun, in meiner 30-jährigen Praxis habe ich festgestellt, dass beide, Mars und Pluto, als gemeinsame Herrscher von Skorpion wirken.

Der progressive Mond in Schütze
Wenn der progressive Mond den Skorpion verlässt und in den Schützen oder das neunte Haus geht, spüren Sie all die Schwere, Intensität und Belastung von sich weichen. Sie fühlen sich unabhängiger und freier. Die bisher vorherrschende Launenhaftigkeit wird durch Optimismus ersetzt, und Sie sind glücklicher und erfreuen sich am Leben. Sie sind schwungvoller und haben mehr Begeisterung für das Leben. Sie können philosophischer, spiritueller, wahrheitssuchender und idealistischer als vorher werden. Sie könnten nun aber auch auf eine brutalere Weise offen und ehrlich sein.

Mit dem progressiven Mond im Schützen können Sie Lust auf Abenteuer bekommen und reisen wollen. Als mein progressiver Mond im Schützen war, war ich ständig unterwegs und traf auf einer meiner Reisen meinen Ehemann (der einen Schützeaszendenten hat). Auf Ihren Reisen können Sie natürlich auf viele neue Freunde treffen, und oftmals werden Lehrer, Menschen fremder Nationalität und solche mit einer weiten Weltsicht für Sie wichtig. Sie werden sowohl Ihren Abenteuergeist als auch Ihr Bedürfnis nach Freiheit unterstützen. Manchmal gehen Sie zurück auf die Schule oder nehmen ein weiterführendes berufliches Training auf.

Das »Draußen« kann ebenfalls starke Bedeutung erhalten und mitunter auf interessante Weise zum Ausdruck kommen. Einer meiner Klienten kaufte sich zu dieser Zeit ein zweites

Haus. Er reiste geschäftlich kreuz und quer durch die Westindischen Inseln und kaufte sich hier schließlich ein Haus. Das Haus hatte viele Fenster und stand am Meer, so dass er das Außen ganz konkret in sein Haus ließ. Andere Menschen reagieren auf den Ruf der Außenwelt, indem sie Sportveranstaltungen besuchen oder körperliche Aktivitäten aufnehmen. Gerade wenn Sie sportliche Aktivitäten nicht besonders mögen, könnten Sie sich nun beim Training wieder finden.

Während dieser Zeitspanne sollte man auf steuerliche oder rechtliche Schwierigkeiten achten. Ich erzählte einmal vor meiner Unterrichtsklasse, dass mich die Steuerprüfung aufsuchen könnte, da mein progressiver Mond in den Schützen ging. Bingo! Eine Woche später erhielt ich einen Brief von der Steuerbehörde. Das ist wirklich war. Sie wollten mich prüfen. Als der progressive Mond in den Schützen ging, bildete er ein Quadrat zu Merkur, dem Herrscher meines achten Hauses (Steuern) im siebten Haus. Tatsächlich war fast immer, wenn ein Klient eine Steuerprüfung hatte, der progressive Mond im Schützen oder im neunten Haus. Nachdem ich das eine Weile beobachtet hatte, kam ich zu dem Schluss, dass bei einer Aktivierung des Jupiter oder des neunten Hauses, oder wenn der progressive Mond in Schütze oder im neunten Haus ist, die Möglichkeit zu einer Steuerprüfung besteht.

Da Schütze über die Hüften und Oberschenkel herrscht, kann es in diesen Bereichen zu Problemen kommen. In dieser Zeit kann eine künstliche Hüfte eingesetzt werden. Schütze ist ein nervöses Zeichen, somit können Sie manchmal unter Schlaflosigkeit leiden. Sie fühlen sich inspiriert und könnten versucht sein, mehr auf sich zu nehmen, als Sie schaffen können. Achten Sie darauf, nicht zu übertreiben, sich nicht zu übernehmen und sich nicht zu überschulden.

Für eine eingehendere Interpretation schauen Sie bei dem progressiven Mond im Schützen auch auf das Haus, das der Geburtsjupiter beherrscht und in dem er steht.

Der progressive Mond in Steinbock
Im Steinbock steht der progressive Mond nicht besonders gut. Für Ihr Gefühlsleben ist dies keine besonders schöne Zeit. Sie können sich allein fühlen, isoliert und an Pflichten gebunden. Ehrgeiz ist für den Steinbock und das zehnte Haus ein großes Thema, und Sie können sich daher mehr auf Ihre Karriere konzentrieren. Sie sind nun eher in der Lage, ein Ziel zu definieren und bei seiner Verfolgung große Schritte zu machen. Oft kommt es zu beruflichen oder geschäftlichen Veränderungen. Sie können unternehmerisch werden und Ihr eigenes Geschäft aufmachen, eine bedeutendere Arbeit erhalten oder Ihre Position innerhalb eines Unternehmens verbessern. Was immer Ihre Ziele auch sind, Sie arbeiten in einer praktischen, systematischen Weise auf sie zu. Sorgfalt und Bedachtsamkeit bestimmen Ihr Verhalten, und Sie können im Umgang mit Geld sehr verantwortungsbewusst werden. Auf der Liste Ihrer Prioritäten stehen Anerkennung, ein guter Ruf, Status und Position ganz oben.

Mir ist aufgefallen, dass viele der weltweit bedeutenden Führungspersönlichkeiten den Geburtsmond im Steinbock haben, und viele US-Präsidenten hatten den progressiven Mond im Steinbock, als sie gewählt wurden.

Gesundheitliche Probleme können die Haut, die Zähne, die Knochen und die Nägel betreffen. Wenn es regnet, fangen die Knochen an zu schmerzen. Zahnprobleme sollten sofort beachtet werden, damit sie nicht schlimmer werden. Die Haut scheint sensibler zu sein. Bei Erwachsenen kann der progressive Mond in Steinbock den Beginn von Akne bedeuten. Insbesondere trifft dies bei Personen zu, in deren Geburtshoroskop ein Mond/Saturn- oder Venus/Saturn-Quadrat besteht (oder sogar ein weicher Aspekt zwischen ihnen). Wenn der progressive Mond einen dieser Aspekte auslöst, kann zu diesem Zeitpunkt die Akne ausbrechen.

Die Angelegenheiten des Hauses, das der Geburtssaturn besetzt, und des Hauses, in dem Steinbock steht, sind der Schlüssel zur Beschreibung des progressiven Mondes in Steinbock.

Der progressive Mond in Wassermann

Wenn der progressive Mond in den Wassermann oder das elfte Haus fortschreitet, tritt das Thema Freiheit in den Vordergrund. Der Impuls, Sie selbst sein zu wollen, kann sehr stark sein. Sie können eine starke Individualität entwickeln – sich einzigartig kleiden, einen von anderen Menschen verschiedenen Stil entwickeln und sich weigern, in eine bestimmte Schublade gesteckt zu werden. Sie gehören ganz eindeutig sich selbst. Es ist nicht gerade leicht, Sie zu etwas zu bewegen, nur weil alle es tun. Sie machen sich Ihre eigenen Vorstellungen darüber, was wichtig ist, und drücken Ihre Gefühle auf unabhängige, individuelle Weise aus. Mit dem progressiven Mond in Wassermann sagen Sie vielleicht: »Ich kümmere mich nicht darum, was andere Leute denken. Ich muss ich selbst sein können.« Dies ist ein sehr großer Unterschied zum Mond in Steinbock, wo Sie sehr wohl darauf geachtet haben, was jeder dachte.

Sie können erfinderisch und innovativ sein und einen breiten Horizont aufweisen. Ihr Geist expandiert und Ihre Kreativität nimmt eine intellektuelle Form an. Geht Ihr progressiver Mond durch den Wassermann, können Sie oft regelrecht geniale Geistesblitze haben. Ihre Vorgehensweise kann humanitär und altruistisch werden. Sie wollen das Dasein auf der Erde verbessern.

Bestimmte Themen können Ihre Aufmerksamkeit fordern, und als Folge davon werden Gruppen, Organisationen und Freundschaften für Sie wichtig. Sie könnten mit Politik oder idealistischen Reformen zu tun haben, und die Menschen, die Sie in Ihr Leben ziehen, sind recht speziell und einzigartig. Nähe und Intimität entsprechen Ihnen zu dieser Zeit nicht besonders. Sie wollen eher Ihre Duftmarke setzen und sich dann heraushalten. Themen wie Haus und Heim nehmen auf dem Rücksitz Platz.

Mein Geburtsmond ist in Wassermann, und meine Einstellung gegenüber der Astrologie ist, dass sie so präsentiert werden sollte, dass die Menschen sie als eine große Berufung verstehen und sie nicht mit Wahrsagerei verwechseln. Ich machte dies zu meinem Thema und arbeitete dafür in Gruppen und Organisationen. Als ich den zweijährigen Prozess mit der Stadt Milwaukee[1] zur Legalisierung der Astrologie hinter mir hatte, empfand ich meine Mission für die Astrologie als beendet. In der Vergangenheit war ich so in diesen und andere Fälle verwickelt, dass ich die Menschen in meiner Nähe manchmal vernachlässigte.

Kreislaufprobleme und Beinkrämpfe sind einige der gesundheitlichen Probleme, die mit dem progressiven Mond in Wassermann auftauchen können.

Binden Sie bei Ihrer Synthese das Haus, in dem der Geburtsuranus steht und das Wassermann an der Häuserspitze hat, mit ein.

Der progressive Mond in Fische
Wenn Ihr progressiver Mond in die Fische oder das zwölfte Haus fortschreitet, sind Sie feinfühliger, emotionaler, intuitiver, empfänglicher und kreativer. Dies ist für den progressiven Mond eines der schwierigsten Zeichen. Ich persönlich empfinde den progressiven Mond in jedem Wasserzeichen als schwieriger. Während der Zeit des Fische-Mondes können Sie Retter oder Opfer spielen, manchmal auch beides zugleich. Sie können in Beziehungen geraten, in denen Sie das Geben übernehmen, und Sie können Ihre Identität für einen anderen opfern. Weil Sie sehr intensiv empfinden, gibt es fast immer Anlass zu vielen Tränen. Sie können sich auch selbst Leid tun.

Unter harten Aspekten können Sie selbst Ihr übelster Feind werden. Manche Klienten hielten zu dieser Zeit so rigide an ihren Prinzipien fest, dass sie die wichtigen Dinge in ihrem Leben aus den Augen verloren. Verdrehte Ideen über Liebe, Reinheit und Großmut können bewirken, sich selbst zu verleugnen und die Dinge um Sie herum zu zerstören.

---

[1] Es ist ein Präzedenzfall für das ganze Land, und wann immer die Frage nach der Legalität der Astrologie aufkommt, bezieht man sich auf diesen Fall. Das endgültige Urteil wurde von einem Bundesgericht gefällt. Als jedoch der Fall vorüber war, fühlte ich mich weniger an die Astrologie gebunden. Meine Mission war vorüber.

Als einer der positiven Aspekte des progressiven Mondes in Fische kann es zu einer erhöhten Intuition kommen, welche Sie auf die Suche nach der verborgenen Bedeutung des Lebens führen kann. Da Sie nun geistiger eingestellt sind, können Sie Interesse am Okkulten entwickeln. Indem Sie in die Tiefe gehen, können Sie mit einem neuen Verständnis für Ihre Bedürfnisse und darüber, wer Sie sind, wieder auftauchen. Es ist eine gute Zeit, um sich in einer Therapie selbst zu erforschen. Sie können mit Ihrem inneren Auftrag und der Richtung, in die Sie gehen, in Berührung kommen. Manchmal können Sie sogar mit psychischen und spirituellen Informationen aus Ihren früheren Leben in Verbindung kommen.

Gewöhnlich ist Ihr Zuhause nun Ihr Zufluchtsort, und Sie können hier sehr kreativ werden und Ihre künstlerischen Qualitäten zum Ausdruck bringen. Zu dieser Zeit können viele Menschen jedoch auch ins Krankenhaus kommen oder dort Besuche abstatten.

Manchmal können Sie durch Drogen oder Alkohol in Versuchung kommen (schauen Sie aber immer auch nach dem Geburtsversprechen). Fehlerhafte Medikamentenverschreibungen, Lebensmittelvergiftungen oder der übermäßige Genuss von Alkohol sind möglich. Sie könnten am Alkohol oder an Drogen hängen bleiben. Es kann auch eine Zeit sein, in der Sie der Realität entfliehen wollen. Im positiven Sinne können Sie zu dieser Zeit Ihre wunderbarsten Träume träumen und in Ihrer kreativen Arbeit wahrhaft inspiriert sein. Musiker können ihre betörendsten Stücke schreiben und Maler ihre phantastischsten Gemälde malen. Zu dieser Zeit sind Kreativität und Inspiration eindeutig stärker vorhanden.

Zur Synthese dieses progressiven Mondes achten Sie auf das Haus, in dem der Geburtsneptun steht und in dem er herrscht.

Die Aspekte des progressiven Mondes

Bildet der progressive Mond Aspekte, so wirken sie als Auslöser für Ereignisse. Wenn Sie ein Horoskop interpretieren und eine Vorhersage machen, beginnen Sie zunächst unbedingt mit einem Orbis von 1°. Natürlich gibt es Zeiten, in denen diese Regel nicht gilt, zum Beispiel wenn Sie Beziehungen des Klienten behandeln. Katherine de Jersey, die für mich eine Expertin für den progressiven Mond ist, lehrte mich die Benutzung eines Orbis von 3°, insbesondere wenn eine Beziehung zu einer anderen Person hinzukommt. Sie begründet das damit, dass man manchmal eine gewisse Extrazeit benötigt, um sich gegenseitig einzuholen.

Eine andere von Katherines Beziehungstheorien, die ich mit offenen Armen aufnahm, besagt, dass der progressive Mond in beiden Horoskopen aktiv sein muss, wann immer Sie jemanden treffen. Nicht nur muss Ihr progressiver Mond in einem Ihrer Horoskope (Geburts- oder Progressionshoroskop) einen Aspekt formen, sondern er muss auch einen Aspekt zum Horoskop (Geburts- oder Progressionshoroskop) der anderen Person bilden. Entsprechend muss, wenn die Beziehung andauert, der progressive Mond einen Aspekt im Horoskop der anderen Person bilden sowie auch etwas in Ihrem Horoskop berühren. Dies ist meiner Erfahrung nach eine sehr spannende Theorie und nahezu unfehlbar. Dennoch ist es meiner Meinung nach notwendig, den Orbis von 3° auch auszunutzen. Solange wie beide progressiven Monde Aspekte innerhalb eines Orbis von 3° bilden, wird die Beziehung auch wirklich Bedeutung haben. Dies ist eine Hauptregel für eine einfühlsame Interpretation, und sie sollte auch befolgt werden. Gibt es innerhalb von 3° keinen Aspekt des progressiven Mondes, wird die Beziehung meiner Beobachtung nach keine Früchte tragen. Dieser Mensch wird nicht besonders lange in Ihrem Leben verweilen.

Ich bin gefragt worden, was dabei herauskommt, wenn z.B. der progressive Mond eines Mannes (bei einer heterosexuellen Begegnung) in beiden Horoskopen einen harmonischen

Aspekt formt, der progressive Mond der Frau jedoch in einem Horoskop einen schwierigen und im anderen einen guten Aspekt bildet. Wird die Beziehung andauern? Das wird sie, aber sie werden daran zu arbeiten haben.

Als ich meinen Mann traf, bildete mein progressiver Mond in Skorpion ein Sextil zu meinem Jupiter auf 28° Jungfrau und ein Trigon zu seiner Jupiter/Uranus-Konjunktion auf 28° Fische (eine interessante Fußnote: Wir begegneten einander auf einer Reise). Sein progressiver Mond in Löwe bildete ein Trigon zu seiner Venus (dies ist oft der Fall, wenn Sie Ihre wahre Liebe finden) und zu meiner progressiven Venus/Mars-Konjunktion in Schütze.

Der progressive Mond in Konjunktion
Eine Konjunktion des progressiven Mondes hat eine starke, energetisierende Wirkung. Findet die Konjunktion innerhalb eines Grades statt, verschmilzt die Energie, ein emotionaler Funke springt über und etwas geschieht, das Sie persönlich betrifft. Es ist eine sehr dynamische Zeit, und es kommt zu vielen Veränderungen. Die Veränderungen geschehen normalerweise durch Ihr eigenes Handeln. Es liegt in Ihren Händen, es ist etwas, das Sie selbst tun. Dennoch kann die Energie manchmal ein bisschen zwanghaft wirken. Die nun auftretenden Veränderungen berühren nicht nur die Angelegenheiten, die zu dem betreffenden Planeten gehören, sondern sie beeinflussen auch das Haus, in dem der Planet steht und das er beherrscht. Ich hatte beispielsweise eine Klientin, deren progressiver Mond eine Konjunktion zu ihrem Geburtsmars im achten Haus bildete. Dieser Mars herrschte über das elfte Haus (das ihren zweiten Ehemann bezeichnet). Sie und ihr Mann vereinbarten die Scheidung – für ihren Mann eine große persönliche Veränderung. Sie achtete aber auch darauf, etwas von seinem Vermögen zu bekommen (achtes Haus).

Beachten Sie, dass das Erleben einer Konjunktion sowohl leicht als auch schwierig sein kann, je nachdem welcher Planet beteiligt ist und welche Geburtsaspekte er bildet. Eine

Konjunktion mit Venus wird häufig gut sein, eine Konjunktion mit Mars oder Saturn könnte nicht immer so gut sein, aber natürlich hängt dies von der Beschaffenheit des Planeten im Geburtshoroskop ab. Aus diesem Grund ist das Geburtsversprechen so wichtig! Wenn ein wichtiges Geburtstrigon ausgelöst wird oder eine günstige Progression aktiviert wird, verläuft dies unabhängig vom beteiligten Planeten positiv.

Der progressive Mond in Opposition
Bildet der progressive Mond eine Opposition, dann haben Sie die Wahl. Bestimmte Strukturen werden sich verändern, aber es wird etwas geben, mit dem Sie sich konfrontieren müssen. Sie könnten etwas herausfinden. Sie könnten in der Interaktion mit anderen Menschen etwas über sich selbst lernen, doch Sie allein fällen die Entscheidung dazu. Es wird Ihrer Kontrolle unterliegen. Die Dinge werden Ihnen nicht nur einfach geschehen. Eine Opposition ist immerhin ein harter bzw. schwieriger Aspekt, und Ihnen könnte einiger Wind entgegenwehen und Ihnen Zugeständnisse abverlangen. Sie sollten sich auch vor Verurteilungen oder unklugen Entscheidungen hüten, wenn es um Beziehungen geht. Eine Opposition bringt immer auch eine Beziehung mit sich. Es kann eine geschäftliche oder persönliche Beziehung sein oder Klienten oder Gegner betreffen. Gleich welcher Art von Beziehung, immer wird eine andere Person beteiligt sein. Es ist die Achse siebtes/erstes Haus – Sie und die anderen –, und Sie haben immer die Wahl, wie Sie agieren. Sie können einen Kompromiss eingehen, auf Ihrem Standpunkt bestehen oder fortgehen.

Der progressive Mond im Quadrat
Ein Quadrat ist ein harter Aspekt, und wenn der progressive Mond ein Quadrat zu einem Planeten bildet, werden Sie gezwungen sein, sich von etwas loszureißen oder ein Hindernis zu überwinden. Ein Quadrat bringt die Dinge ans Licht und zeigt eine schwierige Veränderung an, eine emotional zermürbende Zeit, eine Zeit der Einschränkungen. Etwas kommt

auf Sie zu, und Sie müssen damit fertig werden. Es ist nicht zu vermeiden. Sie können erschöpft oder emotional ausgelaugt sein. Sie müssen mit etwas umgehen, und Sie werden weniger Kontrolle darüber haben als bei der Opposition. Manchmal treten zu dieser Zeit gesundheitliche Probleme auf. Sie können sich desorganisiert und unkonzentriert fühlen. Es ist eine Zeit der Trennung. Konfrontationen und Entfremdungen werden offensichtlich. In extremen Fällen habe ich bei einem Quadrat des progressiven Mondes zur Sonne Todesfälle beobachtet, doch gewöhnlich ist es eine andere Form von Ende oder Abschluss.

Wichtig ist die Unterscheidung zwischen einem Quadrat des vierten oder des zehnten Hauses. Ein Quadrat im vierten Haus bedeutet mehr einen Abschluss, während ein Quadrat im zehnten Haus mehr von einem Neuanfang hat. Um zu bestimmen, ob das vierte oder das zehnte Haus betroffen ist, drehen Sie das Horoskop so, dass der Planet am Aszendenten ist (setzen Sie den Planeten auf den Aszendenten). Dann können Sie sehen, woher der progressive Mond kommt, ob von der Seite des vierten oder des zehnten Hauses. Das Quadrat aus dem vierten Haus bedeutet immer das Ende einer Sache, den Abschluss. Das Quadrat aus dem zehnten Haus stößt Sie in die Richtung Ihrer Bestimmung. Es bietet einen Neuanfang und ist daher weniger einschränkend.

Der progressive Mond im Trigon
Wie wir alle wissen, ist der schönste Aspekt in Ihrem Horoskop das Trigon. Bildet der progressive Mond ein Trigon zu einem Planeten, scheinen einem die Gelegenheiten nur so in den Schoß zu fallen. Sie haben ein Talent, eine Fähigkeit oder ein Wissen, das jeder braucht oder haben will. Sie Glückspilz! Falls Sie gesundheitliche Probleme haben, werden sie sich klären. Gibt es Spannungen, kann es zur Versöhnung kommen. Ihnen werden wunderbare Dinge passieren.

Der progressive Mond im Sextil
Im Sextil zu einem Planeten zeigt der progressive Mond eine Gelegenheit an. Wenn Sie sie aufspüren wollen, wird sie da sein. Andere Menschen könnten Ihnen eine Tür öffnen. Manche gehen hindurch, andere nicht. Sie können die sich Ihnen bietende Gelegenheit nutzen oder sie verstreichen lassen.

Der progressive Mond im Quincunx
Ein anderer Aspekt, den ich beachte, ist das Quincunx, ein 150°-Aspekt. Bildet der progressive Mond einen Quincunx-Aspekt zu einem Planeten, tritt nach meiner Beobachtung eine Person oder Situation in Ihr Leben, die Sie zu einer Anpassung veranlasst. Es ist die Qualität des sechsten und achten Hauses. Es ist oft mit gesundheitlichen Themen, Arbeit und Dienst oder psychischen Angelegenheiten verbunden. Ich nenne das Quincunx den Dilemma-Aspekt, denn üblicherweise gibt es hier etwas zu lösen.

Der progressive Mond im Aspekt zu den Planeten

Der progressive Mond im Aspekt zur Sonne
Jeder Aspekt des progressiven Mondes zu Ihrer Geburtssonne ist ein Teil Ihrer zyklischen Entwicklung. Wenn z.B. der progressive Mond in Konjunktion zu Ihrer Geburtssonne steht, ist es auch ein progressiver Neumond und damit eine Zeit für wunderbare Neuanfänge. Das Leben nimmt eine positive Wende. Es kommt zu einer neuen Verbindung, einer neuen Beziehung, einem neuen Beruf oder einer neuen Romanze. Sie können eine Beförderung erhalten. Sie können mehr Geld verdienen. Sie werden eins mit sich selbst sein. Wenn die Opposition auftritt, ist es ein progressiver Vollmond, und für Sie ist dies oft eine Zeit der Trennung. Ich habe Scheidungen beobachtet, Geschäftsschließungen und Kündigungen (natürlich müssen andere Faktoren im Horoskop dies auch anzeigen).

Der progressive Mond im Aspekt zum Geburtsmond

Der progressive Mond im positiven Aspekt zum Geburtsmond bedeutet eine wunderbare Zeit für das Miteinander. Sie sind in Kontakt mit Ihrem inneren Selbst und Ihren Gefühlen. Ihre Gesundheit ist gut. Sie haben positive häusliche Bedingungen. Sie erhalten öffentliche Akzeptanz. Sie werden im Gleichgewicht und gut gestimmt sein. Wenn Sie wollen, können Sie zu dieser Zeit gut häusliche Veränderungen vornehmen. In nur wenigen Fällen habe ich Probleme beobachten können. Wenn der Geburtsmond des Klienten sehr verletzt ist, kann es selbst bei guten Aspekten des progressiven Mondes zu emotional werden und in den Erfahrungen der Person für Missklang sorgen. Wenn z.B. der Geburtsmond in einem T-Quadrat steht, wird auch bei einem Trigon des progressiven Mondes zum Geburtsmond das T-Quadrat ausgelöst und der Person eine unbequeme Zeit bescheren.

Der progressive Mond im Aspekt zu Merkur

Merkur bestimmt darüber, wie wir Wissen aufnehmen und es weitergeben. Mit bequemen, leichten Aspekten des progressiven Mondes zum Geburtsmerkur könnten Sie mit jüngeren Leuten zu tun bekommen, manchmal als intellektueller Förderer, manchmal als romantischer Partner. Kommunikation wird wichtig, Sie werden gern Ratschläge geben und suchen. Beim Lernen machen Sie positive Erfahrungen, Sie erlernen eine neue Fähigkeit oder entwickeln ein neues intellektuelles Interesse oder geistiges Ziel. Bei schwierigen Aspekten kann es zu Missverständnissen oder Schwierigkeiten in der Kommunikation kommen. Sie könnten die Schule abbrechen, Dinge nicht verstehen, und es könnte auch zu schlechtem Gerede über Sie kommen. Sie könnten Probleme mit Ihrem Auto bekommen. Schriftsteller mit dem progressiven Mond im Quadrat zu Merkur könnten sich beim Schreiben quälen oder eine Schreibblockade bekommen. Die Wirkung ist jedoch vom Versprechen des Geburtsmerkur deutlich verschieden, denn je mehr Aspekte der progressive Mond zu Merkur macht, umso besser ist es. Es kommt immer zu einer mentalen

Öffnung, auch mit Spannungsaspekten. Jeder Aspekt bietet die Möglichkeit zu mentalem und intellektuellem Ausdruck.

Der progressive Mond im Aspekt zur Venus
Unsere Art zu lieben, unsere Werte, die Voraussetzungen für unser Wohlbefinden und die Art und Weise, wie wir Liebe erfahren, stehen alle unter der Herrschaft des wohltätigen Planeten Venus. Gute Aspekte zwischen dem progressiven Mond und der Geburtsvenus sichern Ihnen Popularität, gute soziale Kontakte und die Möglichkeit, Geschenke zu erhalten. Sie sind charismatisch und von hoher Anziehungskraft. Sie könnten jemanden treffen und sich verlieben. Ihr gesellschaftliches Leben verbessert sich, Ihre Beziehungen zu anderen blühen auf, und Sie verschönern Ihr äußeres Erscheinungsbild. Zu dieser Zeit drücken Sie Ihre Kreativität auch auf eine schöne Weise aus. Es ist eine gute Zeit für kosmetische Eingriffe, eine Veränderung Ihres Typs oder Ihrer Frisur, sich neue Kleider zu kaufen usw., und damit für eine lange Zeit glücklich zu sein. Und es ist natürlich eine wunderbare Zeit, um sich zu verlieben. Sind die Planeten gut platziert, wie z.B. bei Venus im Stier oder in der Waage, und ist die Geburtsvenus gut aspektiert, könnte dies eine der besten Zeiten in Ihrem gesamten Leben werden.

Der progressive Mond im Aspekt zu Mars
Eine Konjunktion mit Mars, dem Herrscher über unseren Antrieb und unsere Energie, ist normalerweise nicht angenehm, trotzdem führt ein harmonischer Aspekt des progressiven Mondes zu diesem Planeten zu einer aufregenden Zeit. Sie haben viel Energie und sind sehr produktiv. Sie verwirklichen sich selbst, sind motiviert und bringen etwas zuwege. Manchmal schaffen Sie Dinge, auf die Sie gewartet haben. Bei schwierigen Aspekten kann es zu Überreaktionen kommen, zu einem Unfall, der Notwendigkeit einer Operation oder dem Missbrauch emotionaler Energie. Sie könnten auf schwierige Menschen treffen, die Beherrschung verlieren, unbeständig sein und Gewalt oder Irritationen anziehen.

Der progressive Mond im Aspekt zu Jupiter
Wenn der progressive Mond gute Aspekte zum großen Wohltäter Jupiter macht, können Sie viele gute Ereignisse erwarten. Sie sind voller Schwung und ziehen frohe und hilfreiche Menschen an, die Sie ermutigen und schätzen. Es ist eine gute Zeit für Investitionen, und Sie können finanzielle Gewinne machen. Wenn Sie in einen Rechtsstreit verwickelt sind, werden Sie gewinnen. Wenn Sie ein Buch schreiben, wird es auch veröffentlicht. Sind Reisen in Ihrem Horoskop vorgesehen, werden Sie sich aufmachen. Falls Sie zurück zur Schule gehen, werden Sie erfolgreich sein. Es ist eine gute Zeit, um die Dinge zurechtzurücken. Da Jupiter ein gütiger Planet ist und unsere spirituelle Expansion leitet, sind auch schwierige Aspekte nicht so schlecht wie sonst. Vielleicht sind Sie zu expansiv, zu optimistisch. Manche Ihrer Pläne könnten unrealistisch sein. Sie könnten in einem gerichtlichen Prozess auf unerwartete Schwierigkeiten stoßen, weil Sie sich vor lauter Optimismus nicht gut vorbereitet haben. Alles in allem jedoch bringen Aspekte zu Jupiter Freude. Ein alter Astrologe sagte mir einmal, dass, wenn Sie bei einer Konjunktion oder einem anderen Aspekt des progressiven Mondes zu Jupiter etwas verlieren, Sie es auch wiederfinden werden. (Bildet Jupiter einen harmonischen Aspekt zu Uranus, können Sie verlorene Dinge ebenfalls wiederfinden.)

Als mein progressiver Mond ein Trigon zu meinem Geburtsjupiter bildete, lernte ich eine sehr wichtige Lektion über mein Geburtsversprechen. Ich hatte eine Reise nach Las Vegas geplant, und bei einem Blick in mein Horoskop sah ich nicht nur das Trigon des progressiven Mondes zu Jupiter, sondern auch andere Jupiteraspekte. Ich dachte: »Toll! Ich werde wohl gewinnen (beim Glücksspiel)!« Obwohl mir Gewinne beim Glücksspiel im Geburtshoroskop nicht versprochen sind, dachte ich doch, dass ich gewinnen würde, weil ich starke Jupiteraspekte hatte. Ich habe nichts gewonnen. Ich habe Geld verloren. Ich erkannte, dass das Trigon in meinem Horoskop anzeigte, dass ich bereit war, auf eine Reise zu gehen. Mein Geburtshoroskop verspricht keine Gewinne bei

Glücksspielen. Wenn Sie also kein glückbringendes Horoskop haben, werden Sie bei Glücksspielen auch nicht gewinnen.

Der progressive Mond im Aspekt zu Saturn
Ein guter Aspekt des progressiven Mondes zum Lehrer, Richter und Schulmeister Saturn hilft Ihnen dabei, für Ihre Zukunft solide Pläne zu entwerfen. Sie werden wichtige Fundamente legen und eine solide Basis bauen. Sie haben eine praktische Einstellung, und Ihr Weg ist Ihnen vollkommen klar. Sie haben stabile Beziehungen und werden Förderung erhalten. Es kommt zu definitiven Fortschritten, und Sie können alte Schulden begleichen. Sie kommen aus dieser Phase solventer und besser positioniert heraus. Es ist eine gute Zeit für große Geschäfte und Verhandlungen mit Autoritätspersonen. Bildet der progressive Mond ein Quadrat zu Saturn, kann es zu vielen Blockaden, Hindernissen und Verzögerungen kommen. Ihre Geduld steht auf dem Prüfstand. Sie fühlen sich im Stich gelassen, haben Schwierigkeiten mit Ihrem Chef oder fühlen sich von der Last der Verantwortung niedergedrückt. Sie könnten emotional Bankrott gehen. Meinen Klientinnen rate ich stets, bei einem Treffen mit einem Mann, dessen progressiver Mond im Quadrat zu Saturn steht, nichts von ihm zu erwarten. Unter diesem Aspekt wird er emotional nichts zu geben haben, somit wäre es unproduktiv, zu dieser Zeit Emotionen oder Gefühle von ihm erhalten zu wollen. Um herauszufinden, wie er gefühlsmäßig zu ihnen steht oder eine Verbindung zwischen ihnen betrachtet, müssen sie warten, bis der Aspekt vorüber ist. Astrologie ist letztlich die Lehre vom richtigen Zeitpunkt.

Der progressive Mond im Aspekt zu Uranus
Wenn der progressive Mond einen Aspekt zu Uranus, dem Erwecker und Planeten der unerwarteten Ereignisse, bildet, wird das Leben zu einem aufregenden Abenteuer. Die Leute, mit denen Sie in Kontakt kommen, sind einzigartig. Sie ziehen aufregende Freunde und unerwartete Dinge an. Sie werden spontaner reagieren. Unvorhersehbare Gelegenheiten tau-

chen auf. Bei schwierigen Aspekten des progressiven Mondes kann es jedoch zu Problemen kommen, da die Emotionen unbeständig und leichtfertig sind. Sie könnten sich Dinge oder Menschen vom Halse schaffen und erst später bemerken, dass Sie sie brauchen. Bei diesem Aspekt müssen Sie darauf achten, nicht das Kind mit dem Bade auszuschütten. Machen Sie keine Veränderungen, die Sie später bedauern werden. Menschen, die in Ihr Leben treten, schwirren häufig hinein und wieder hinaus und bleiben nur eine kurze Zeit.

Sie erleben Schwankungen der Energie in Höhen und Tiefen. Es könnte zu einer Fehlgeburt oder unerwarteten Schwangerschaft kommen. Während dieser Zeitperiode sollten Sie über die Dinge nachdenken und nicht so impulsiv vorgehen, wie Sie es eigentlich wollen. Unternehmen Sie lieber eine Reise oder stellen Sie Ihre Möbel um, als Ihren Job hinzuschmeißen oder eine Scheidung zu provozieren. Unternehmen Sie schlicht keine Veränderungen, die Sie nicht wieder rückgängig machen können.

Der progressive Mond im Aspekt zu Neptun
Bildet der progressive Mond einen positiven Aspekt zu Neptun, steht Ihre Kreativität auf einem Höhepunkt. Neptun herrscht über die spirituelle Dimension und kann Ihrem Leben eine magische, mystische Zeit verschaffen. Sie können verträumt sein, viel lesen, in okkulte Sphären eintauchen oder prophetische Träume haben. Sie könnten das Wissen aufsaugen wie ein Schwamm. Sie könnten reisen. Sie könnten Ihr Haus oder Büro verschönern, da Sie nun kreativer sind. Neptun ist jedoch auch der Planet der Illusionen, Täuschungen, Auflösungen und Verwirrungen, und mit schwierigen Aspekten könnten Sie auch auf Menschen treffen, die Ihnen gegenüber nicht ehrlich sind. Sie könnten Ärger mit falschen Medikamenten oder Lebensmittelvergiftungen bekommen. Sie fühlen sich verwundbar. Sie könnten ein Opfer von Irreführungen werden, da man Ihnen die Fakten nicht liefert. Sie sehen das Leben wie durch einen Schleier, nicht wie es wirklich ist. Die Wahrheit ist vage und verwirrend. Dennoch darf man

nicht vergessen, dass Neptun Ihnen selbst mit einem schlechten Aspekt starkes Charisma und magnetische Anziehungskraft verleihen kann.

Der progressive Mond im Aspekt zu Pluto
Mit einem Aspekt des progressiven Mondes zu Pluto, dem Planeten der Wiedergeburt, Regeneration und der neuen Perspektiven, erhalten Ereignisse eine schicksalhafte Qualität. Bei guten Aspekten sind Ihre Gefühle von tiefer Intensität. Pluto ist ein tiefer, umfassender und machtvoller Einfluss. Menschen, die in Ihr Leben treten, sind sehr intensiv. Ihre Beziehung mit Ihnen wird lange andauern, und lange nachdem sie gegangen sind, werden Sie sich noch an sie erinnern. Sie könnten starke Frauen oder tiefgründige Menschen anziehen. Es ist eine Zeit, in der Sie tiefe psychische Probleme entfesseln können und sich von Dingen, die Ihr Leben blockieren, befreien können. Sie können positive, therapeutische Hilfe erhalten. Sie können ebenfalls große finanzielle Gewinne machen, über Nacht zum Millionär werden (andere Aspekte müssen dazu vorhanden sein), eine Gehaltserhöhung bekommen, eine Steuerrückzahlung erhalten, eine lange ausstehende Forderung bezahlt bekommen, einen Versicherungsanspruch haben oder Geld erben. Es kommt in Ihrem Leben nun zu Lösungen, Geheimnisse werden offen gelegt oder in der Vergangenheit begründete Probleme endgültig gelöst. Bildet der progressive Mond schwierige Aspekte zu Pluto, kommt es zu einer psychisch strapaziösen Zeit. Die Leichen im Keller kommen zum Vorschein. Sie werden an Ihre Grenzen getrieben. Sie können Menschen anziehen, die mit Ihnen Spielchen spielen wollen, und in Machtkämpfe oder Willenskonflikte verwickelt werden. Sie können auch brutal behandelt und geopfert werden. Der progressive Mond in Verbindung mit Pluto kann bei Mädchen die erste Menstruation oder bei Frauen die Wechseljahre auslösen. Auch kann er bei Männern für die Durchtrennung der Samenleiter und bei Frauen für einen Eileiterverschluss stehen. Bei Plutoaspekten können Sie immer sicher sein, persönlich zu wachsen. Alle Aspekte des progressiven Mondes arbeiten in ereignisori-

entierter, spiritueller und psychologischer Weise. Die Aspekte mit Uranus, Neptun und Pluto operieren jedoch auf mehr unterbewusste und schicksalhafte Art als die Aspekte zu anderen Planeten. Man macht tiefe Erfahrungen, die unter die Oberfläche gehen. Ein Aspekt des progressiven Mondes kann Sie auf ein neues spirituelles Niveau bringen. Es kann zu Wachstum kommen. Die Wirkung erreicht Ihre Psyche. Falls Sie in Therapie sind, können Sie zu tiefen Einsichten in die Wirkweise Ihres Unterbewusstseins gelangen. Sie können auf eine neue Ebene des bewussten Verstehens kommen. Sicherlich kommt es auch zu Ereignissen. Ich habe jedoch in Jahren praktischer Arbeit bemerkt, dass bei Aspekten des progressiven Mondes zu Uranus, Neptun oder Pluto das Resultat eher ein psychologisches ist. Alles ist überspitzt, mehr vom Schicksal bestimmt und Ihnen aus der Hand genommen. Sie sind gezwungen zu reagieren, zu handeln. Sie werden zu bestimmten Orten getrieben und wissen nicht immer, wie Sie dort hingelangt sind.

Der progressive Mond auf kritischen Graden

Lassen Sie uns nun den progressiven Mond auf kritischen Graden betrachten. Vor vielen Jahren hörte ich immer wieder den Begriff *kritische Grade*. Was bedeuten sie? Es sind Gradzahlen, die als ein wenig schwer wiegender, bedeutender oder intensiver betrachtet werden. In den kardinalen Zeichen sind es 0°, 13° und 26°. Bei den fixen Zeichen sind es 8° – 9° und 21° – 22°, und bei den veränderlichen Zeichen 4° und 17°. Für viele Astrologen fallen auch die Grade 0° und 29° eines jeden Zeichens in diese Kategorie.

Ich war mir nicht sicher, ob und wie kritische Grade wirken. Ich wusste, dass sie als sensitive Grade betrachtet werden, und wenn ein Planet dort steht, bedeutete dies für die Themen dieses Planeten vermehrtes Gewicht und zusätzliche Betonung. Ich ging dem nach und konnte bei Menschen mit Planeten auf kritischen Graden zunächst keine besonderen

Ereignisse feststellen. Dennoch fiel mir auf, dass bei Personen mit einem Planeten auf 29° die Themen dieses Planeten für die Person vermehrt im Mittelpunkt standen. Es dauerte eine Weile, bis ich begriff, dass bei Geburtsplaneten auf kritischen Graden die Angelegenheiten des entsprechenden Planeten für die Person ein starkes Thema in ihrem Leben war. Mein Geburtsuranus ist z.b. auf einem kritischen Grad, und die Astrologie war in meinem Leben eine Hauptkraft mit meistens guter und manchmal schlechter Wirkung. Eine gute Freundin von mir hat Venus auf einem kritischen Grad, und die Themen Geld und Beziehungen verlangen von ihr eine Menge Aufmerksamkeit. In ihrem Liebesleben kommt es oft zu Krisen. Bei Gelehrten ist mir außerdem Merkur auf einem kritischen Grad aufgefallen.

Obschon ich die Wirkung von Planeten auf kritischen Graden wohl sehe, wirken sie jedoch nicht die ganze Zeit. Es ist eine Qualität, die zeitweise zurückgeht. Es kann ein subtiler Effekt sein. Wenn jedoch ein progressiver Planet oder der progressive Mond auf einen kritischen Grad trifft, gibt es wirklich Aufregung. Dann kommt es in Ihrem Leben zu einer Krise.

In meiner Definition bedeutet das Wort *Krise* einen Bereich in Ihrem Leben, der Aufmerksamkeit braucht. Betrachten Sie eine Krise nicht als etwas unbedingt Schlechtes. Trifft der progressive Mond auf einen kritischen Grad, spitzen sich nach meiner Beobachtung die Dinge zu. Es kommt in Ihrem Leben konkret zu einer Krise, die Tatsachen werden auf den Tisch gelegt. Die Angelegenheiten des Hauses, das der progressive Mond durchwandert, können betroffen sein, auch das Zeichen, in dem er steht, zudem jeder Planet, den er aspektiert, und das Haus, in dem er steht, sowie die von dem/den entsprechenden Planeten beherrschten Häuser.

Mir wurde dies bewusst, als bei mir aus heiterem Himmel eine Krise auftauchte. Ich wollte wissen, was die Ursache dafür ist. Ich betrachtete mein Horoskop und erkannte schließlich, dass eine Krise dann erschien, wenn der progressive Mond auf einen kritischen Grad traf. Normalerweise dauern solche Krisen weniger als einen Monat, es sei denn der progressive

Mond löst einen starken Transit oder eine schwierige Progression aus. Wenn also der progressive Mond auf einem kritischen Grad stand, keinen Planeten aspektiert und auch keine Transite oder Progressionen auslöste, kam es bei den Themen des Hauses, das der progressive Mond durchlief, zu einer Krise, die sich sehr schnell löste.

Wenn jedoch der progressive Mond auf einem kritischen Grad steht und andere Themen des Horoskops auslöst, wird die Krise komplizierter und dauert länger an. Sie kann eine Progression aktivieren, die bis zu diesem Zeitpunkt stagniert hat. Progressionen können einfach da sein und darauf warten, dass etwas daherkommt und sie in Gang setzt. Der progressive Mond hat großen Einfluss auf die zeitliche Steuerung von Ereignissen. Viele schreiben dies dem Mars zu, und das ist sicherlich auch richtig, aber für den progressiven Mond trifft es ebenfalls zu.

Es gab immer irgendetwas zu lösen oder etwas, das zur Entscheidung kam. Als beispielsweise mein progressiver Mond 0° Krebs in meinem sechsten Haus erreichte, hatte ich eine gesundheitliche Krise – Schwierigkeiten mit dem Implantat in meiner Brust (Krebs). Als der progressive Mond auf 17° Zwillinge in meinem fünften Haus (Kinder und das älteste Kind) stand, kam es zu einer Krise, die mein ältestes Kind betraf. Einer meiner Klienten, ein Multimillionär, erlebte eine Krise, als sein progressiver Mond 13° kardinal erreichte. Seine progressive Sonne bildete zu dieser Zeit ein Quadrat zur Geburtsvenus auf 13° kardinal. Als sein progressiver Mond diesen Grad erreichte, verlor er Millionen am Aktienmarkt. Einen großen Teil davon gewann er zwar wieder zurück, dennoch war dieser Zeitrahmen für ihn finanziell ausgesprochen negativ.

Ein anderer Grad, der als kritischer Grad gelten soll, ist 29° eines jeden Zeichens. Manche Astrologen arbeiten mit 29° eines jeden Zeichens als kritischem Grad. Technisch gesehen ist er es nicht, aber er ist sicherlich wichtig. Diesem Grad muss große Beachtung geschenkt werden. Das Leben einer Klientin änderte sich vollständig, als der progressive Mond auf 29°

kardinal stand und eine Konjunktion zu ihrem Geburtsmars und dem transitierenden Neptun bildete. Diese Konstellation aktivierte das Yod in ihrem Geburtshoroskop. Genau an dem Tag, als der progressive Mond die Mars/Neptun-Konjunktion exakt erreichte, stimmte sie einem Buchangebot zu und ging zum ersten Mal mit einem neuen, wichtigen Mann aus.

Die Modalität bewirkt, dass die kritischen Grade jedoch in jeweils verschiedener Weise wirken. In kardinalen Zeichen wirken sie schneller, in fixen Zeichen kann sich die Wirkung länger hinziehen und verzögert werden, in den veränderlichen Zeichen kann die Wirkung auf einer mehr mentalen Ebene erfahren werden. Da Ihr progressiver Mond durch alle Zeichen wandert, erfahren Sie innerhalb einer Periode von 28 Jahren alle kritischen Grade.

Manchmal benutze ich die kritischen Grade zur Geburtszeitkorrektur. Bei der Stellung des Aszendenten auf einem kritische Grad habe ich in der persönlichen Erscheinung, in Größe oder Gewicht Extreme beobachten können. Ich hatte einen Klienten von sehr kleiner Körpergröße, sein Aszendent wurde auf 26° Krebs korrigiert. Außerdem scheinen Menschen mit dem Aszendenten auf einem kritischen Grad eine sehr hohe Anziehungskraft zu haben.

Wenn Sie das Horoskop von Klienten betrachten, sollten Sie dieses Gebiet beachten und in Ihre Deutung mit aufnehmen. Wenn Sie den progressiven Mond interpretieren, achten Sie auf die kritischen Grade, erforschen Sie sie und merken Sie sich ihre Wirkung.

Der progressive Mond in der Gesamtdeutung

Der Geburtsmond ist das reflektierende Selbst. Er ist das, was wir von unserer Persönlichkeit in die Welt projizieren. Der progressive Mond ist das emotionale Barometer für eine $2^1/_2$-jährige Zeitperiode. Den progressiven Mond bei der Horoskopdeutung, Gesamtschau oder Vorhersage zu ignorieren hieße, Pläne für ein Haus zu zeichnen, ohne den Grund zu beachten, auf dem es gebaut werden soll. Die emotionalen Bedürfnisse Ihrer Klienten werden durch den Zyklus des progressiven Mondes bestimmt, und ihre Reaktionen und Antworten auf Ereignisse werden mit ihm übereinstimmen. Bei der Gesamtdeutung ist die Verwendung des progressiven Mondes sehr wichtig, um das emotionale Klima zu bestimmen, dem Ihre Klienten unterliegen. Sie erhalten dadurch die Fähigkeit zu verstehen, welche Art von Menschen Ihre Klienten anziehen werden, welche Wahlmöglichkeiten sie haben werden und für welche emotionalen Reaktionen sie anfällig sein werden.

Als z.B. mein progressiver Mond in meinem sechsten Haus war und 0° Krebs erreichte, bildete er eine Konjunktion zu meinem Glückspunkt. Zur gleichen Zeit löste er meine progressive Venus auf 0° Steinbock aus, die im Trigon zum Geburtsmerkur auf 1° Jungfrau stand. Bevor ich nun die Ergebnisse dieser Kombination aufzähle, sollten wir noch einmal sämtliche aktivierten Gebiete meines Horoskops betrachten:

- Das sechste Haus – das Haus, durch welches der progressive Mond wanderte.
- Venus im achten, Merkur im siebten Haus des Geburtshoroskops, der Glückspunkt im sechsten Haus des Geburtshoroskops.
- Das vierte und neunte Haus, beide durch Venus beherrscht.
- Das fünfte, sechste und achte Haus, alle durch Merkur beherrscht.

Als mein progressiver Mond den kritischen Grad erreichte und die Progression auslöste, kam es zu ziemlich vielen Ergebnissen. Ich begann, dieses Buch zu schreiben und fing mit der Herstellung von Puppenstuben (fünftes Haus – Kreativität) für alle meine Enkelkinder an, beides betrachte ich als eine Art Hinterlassenschaft (achtes Haus). Im sechsten Haus kommt es zu Produktivität. Die Progression der Venus bedeutet auch Verschönerung, und ich habe in der Tat einige Behandlungen meiner Haut vornehmen lassen. Venus zeigt die Verschönerung meiner selbst als auch die Verschönerung meines Hauses an. Sie herrscht über mein viertes Haus (Puppenstuben und Vermächtnisse). Sie herrscht ebenfalls über mein neuntes Haus, das Haus des Schreibens und Publizierens und der langen Reisen. Merkur herrscht über mein fünftes Haus (Kinder und Kreativität), mein sechstes Haus (Arbeit) und mein achtes Haus (das Geld anderer) – und er steht in meinem siebten Haus. Er steht auch für junge Menschen und mentale Ziele.

Zusammenfassend nun eine Liste von all dem, was durch meinen progressiven Mond auf dem kritischen Grad initiiert wurde:

- Die Entscheidung, ein Buch zu schreiben
- Die Entscheidung zur Behandlung meiner Haut
- Die Notwendigkeit, das Implantat in der Brust zu wechseln
- Eine $2^1/_2$-monatige Weltreise
- Die Renovierung und Instandhaltung meines Hauses
- Eine große Steigerung des Einkommens meines Mannes
- Große materielle Gewinne aller meiner fünf Kinder
- Die Entscheidung aller meiner Kinder abzunehmen – alle haben sich verschönert und an Gewicht verloren
- Der Empfang einer Versicherungszahlung
- Beginn mit der Herstellung von Puppenstuben für meine Enkel
- Beginn eines neuen Hobbys

All das passierte, als der progressive Mond den kritischen Grad erreichte und den Glückspunkt sowie die Venus/Merkur-Progression auslöste. Wenn ich ein Horoskop interpretiere, fange ich richtig an zu graben und versuche, jeden potenziellen Weg, auf dem sich ein Aspekt manifestieren könnte, herauszufinden. Normalerweise passiert bei der Auslösung einer Progression oder eines Transits ziemlich viel. Und oft ereignen sich 90% der Möglichkeiten auch tatsächlich.

Die Verwendung des progressiven Mondes zur Bestimmung von Ereignissen

Wie Sie im vorangehenden Beispiel sehen konnten, erhält der progressive Mond, wenn er einen Transit oder eine Progression auslöst, eine doppelte Bedeutung. Ein schwieriger Transit kann bekanntlich einige Jahre dauern, eine Progression wirkt bis zu drei Jahren. Der progressive Mond bestimmt nun, wann (in welchem Monat) die wichtigen Ereignisse stattfinden werden. Er ist einer der Indikatoren für den Zeitpunkt bedeutender Ereignisse, obwohl er nicht der einzige ist, denn Lunationen und Eklipsen zählen ebenfalls dazu. Wenn der progressive Mond in dramatischer Weise auf einen kritischen Grad trifft, hat dies zusätzliches Gewicht und die entsprechenden Angelegenheiten können zur Entscheidung kommen.

KAPITEL FÜNF

Die progressiven Häuserspitzen

Die Arbeit mit der progressiven Himmelsmitte und dem progressiven Aszendenten ist unter Astrologen durchaus üblich. Ich habe jedoch festgestellt, dass die Progression aller Häuserspitzen von Bedeutung ist. Sie sind wichtige Indikatoren der Entwicklungszyklen in unserem Leben. Konsequenterweise benutze ich alle Häuserspitzen, um zu klären, was sich ereignet und wie mein Klient davon betroffen ist.

Wenn die Häuserspitzen das Zeichen wechseln, einen kritischen Grad erreichen und natale oder progressive Planeten aspektieren, entfalten sich Hauptzyklen des Lebens. Viele Ereignisse werden durch die Aktionen der Häuserspitzen beschrieben. Beispielsweise ist es sehr selten, dass die Spitze des ersten und siebten Hauses zur Zeit einer Hochzeit oder Scheidung nicht aktiv ist. Es ist selten, dass die Spitze des vierten und zehnten Hauses zur Zeit von beruflichen Veränderungen oder Umzügen nicht aktiv ist. Die Häuserspitzen wirken oft als Paar; Veränderungen in dem einen Bereich Ihres Lebens schließen Veränderungen in dem anderen Bereich mit ein. Wenn Sie beispielsweise häufig Ihren Job wechseln, ziehen Sie oftmals auch häufig um. Wenn Sie sich scheiden lassen oder heiraten, verändern Sie sich selbst und verändert sich die Art, wie Sie sich präsentieren.

Mich besuchte eine Klientin, die Schwierigkeiten damit hatte, schwanger zu werden. Sie war vierzig Jahre alt und hatte bereits alles für eine künstliche Befruchtung in die Wege geleitet. Zu dieser Zeit stand die progressive fünfte Häuserspitze bei Saturn. Im nächsten Jahr würde die Häuserspitze ein Trigon zur Geburtsvenus in Konjunktion zu Uranus bilden, und dies war meiner Meinung nach ein besseres Jahr, um schwanger zu werden. Venus ist förderlich und Uranus reprä-

KAPITEL FÜNF: Die progressiven Häuserspitzen

sentiert neue Technologien. Sie versuchte es in dem Jahr, in dem sie zu mir kam, und es schlug fehl. Sie versuchte es jedoch im zweiten Jahr noch einmal und war erfolgreich.

In vielen Fällen kann eine Beziehung stagnieren, wenn die fünfte Häuserspitze einen Aspekt zu Saturn bildet. Der Einfluss kann ein oder zwei Jahre andauern. Die Person möchte die Beziehung festlegen, und oftmals trennen sich die Partner, weil die andere Person zu diesem Zeitpunkt nicht daran interessiert oder bereit ist, sich festzulegen. Wenn Sie Leute treffen wollen, ist das für Gesellschaft nicht gerade eine gute Zeit. Bequemer wird die Energie bei ernsthaften Aktivitäten genutzt.

Eine Häuserspitze ist ein sensitiver Punkt, eine Grenzlinie, die verschiedene Bereiche im Leben eines Menschen voneinander trennt. Die Häuserspitzen sind mit den Angelegenheiten eines Hauses verbunden, und wenn sie das Zeichen wechseln, kritische Grade erreichen oder Aspekte zu Geburts- oder Progressionsplaneten bilden, entfalten sich Hauptzyklen des Lebens. Es ist eine Zeit der Aufregung, und es ereignen sich Dinge, die durch die aktuelle Stellung der Häuserspitzen beschrieben werden. Es kommt zu einer Energetisierung, die entweder positiv oder negativ sein kann. Wenn sich eine Häuserspitze von 29° des einen Zeichens auf 0° des anderen Zeichens bewegt, signalisiert dies für die Person einen wichtigen Übergang in den Themen des Hauses. Es ist eine Zeit der Transformation. Betrifft es das zweite Haus, kann es zu einer finanziellen Umstellung kommen. Beim dritten Haus kann eine Lernsituation auftauchen. Eine Veränderung der vierten Häuserspitze kann eine häusliche Übergangszeit anzeigen. Eine berufliche Veränderung – sowohl eine Möglichkeit als auch eine Enttäuschung, das hängt von den Aspekten ab – kann durch den Wechsel der zehnten Häuserspitze entstehen. Abhängig von den gebildeten Aspekten kann es sowohl leicht und harmonisch als auch angespannt und problematisch verlaufen. Die Angelegenheiten des Hauses werden günstig oder ungünstig beeinflusst. Wechseln die Häuserspitzen das Zeichen, kommt es zu einer elektrifizierten Zeit. Die Wirkung kann von ungefähr einem Jahr bis zu drei Jahren andauern.

Manchmal dauert sie länger, weil die Häuserspitze erst einen Geburtsplaneten trifft und dann einen progressiven Planeten. Ich verwende nur die klassischen Aspekte: Konjunktion, Opposition, Quadrat, Trigon und Sextil. Das Sextil ist mir als einer der bedeutendsten Aspekte aufgefallen. Es stellt eine Zeit der Gelegenheiten dar. Ich ermutige meine Klienten, auf diese Gelegenheiten zu achten und sie zu ihrem Vorteil zu nutzen, wenn sie sich präsentieren.

Ich progrediere die Häuserspitzen nach dem System der Sekundärprogression. Ich habe beide Systeme untersucht und bin zu der Ansicht gelangt, dass dieses System im Vergleich zu anderen effektiver ist. Nach der Tag-pro-Jahr-Methode berechne ich für den progressiven Geburtstag ein neues Horoskop. Die Häuserspitzen bewegen sich im Durchschnitt 1° pro Jahr, manche Menschen haben jedoch einen langen und/oder langsamen Aszendenten, ihre Häuserspitzen bewegen sich dann nur $^{1}/_{2}$° pro Jahr. Die Zeichen mit einem langen Aufstieg in der nördlichen Hemisphäre sind Krebs, Löwe, Jungfrau, Waage, Skorpion und Schütze. Andere Häuserspitzen bewegen sich bis hin zu 2° pro Jahr, wenn der Aszendent der Person einen kurzen Aufstieg hat. Die in der nördlichen Hemisphäre schneller aufsteigenden Zeichen sind Steinbock, Wassermann, Fische, Widder, Stier und Zwilling. In der südlichen Hemisphäre sind die Zeichen mit langem oder kurzem Aufstieg genau umgekehrt.

Ich verwende die progressiven Häuserspitzen nicht nur bei Geburtshoroskopen, sondern benutze sie auch bei Solarhoroskopen, Ereignishoroskopen und in der Stundenastrologie mit erstaunlichen Ergebnissen. In diesem Buch will ich mich auf die Darstellung von Aspekten der progressiven Häuserspitzen zu Geburtsplaneten oder progressiven Planeten beschränken und auf die dazu gehörenden Ergebnisse. Nebenbei bemerkt, man fragt mich oft, welches Häusersystem ich verwende. Nachdem ich beide – Koch und Placidus – untersucht habe, verwende ich das Häusersystem nach Placidus, es scheint genauer zu sein.

Die Beziehungsachse

Wechseln der progressive Aszendent und Deszendent das Zeichen oder bilden einen Aspekt zum Geburts- oder Progressionshoroskop, bestimmt dies die Ereignisse im Leben einer Person, soweit ihre Beziehungen betroffen sind. Diese Häuserspitzen bilden eine Beziehungsachse und herrschen daher über alle Partnerschaften: Ehe, Geschäftsbeziehungen, intime Freundschaften, Schirmherrschaften und auch Widersacher.

Zur Zeit einer Hochzeit oder Scheidung sind nahezu immer die progressiven Häuserspitzen eins und sieben aktiv. Entweder wechseln sie das Zeichen oder bilden einen Aspekt zu einem Planeten im Geburts- oder Progressionshoroskop. Es kann ein harter oder einfacher Aspekt sein, aber es ist selten, dass es gar keine Aktivität gibt.

Als eine Klientin von mir das erste Mal heiratete, stand ihr progressiver Aszendent in Konjunktion zu Saturn. Als sie ihren zweiten Mann heiratete, stand die progressive siebte Häuserspitze zusammen mit Jupiter. Dies gab mir erst wirklich einen Einblick in die Natur ihrer zwei Ehen. Mit ihrer ersten Ehe begann sie eine Lebensweise, in der sie meistens vollkommen unter Kontrolle stand, untergeordnet, sehr hart arbeitete und eine ungeheure Verantwortung auf sich nahm. Ihr zweite Ehe war und ist immer noch voller Freude, Optimismus, Reisen, Abenteuer und Erfüllung.

Mir ist aufgefallen, dass eine Beteiligung Saturns an einem progressiven Aspekt zu den Häuserspitzen eins und sieben eine langwährende Ehe anzeigt oder Verantwortung mit im Spiel ist. Selbst bei weniger guten Ehen zwingt der Lehrmeister Saturn die Menschen dazu, zusammen zu bleiben und es auszuhalten. Interessant ist die Beobachtung, dass Saturn heutzutage im Horoskop eines Mannes zur Zeit der Hochzeit nicht so auffällig ist wie noch vor einigen Jahren. Der Grund hierfür liegt glaube ich darin, dass Frauen mittlerweile in einer Ehe die finanzielle Belastung teilen. In der Vergangenheit spielte Saturn im Horoskop des Mannes eine bedeutendere Rolle, denn er nahm damals die gesamte finanzielle Verantwortung für Frau und Kinder auf sich. Normalerweise hatte das Paar sofort Kinder, und der Mann übernahm die Rolle des Ernährers. Heute verringern Männer manchmal ihr Arbeitspensum, wenn sie heiraten, und es ist somit nicht ungewöhnlich, zur Zeit der Hochzeit Saturn im Horoskop der Frau in prominenter Stellung zu finden. Besonders trifft dies zu, wenn die Frau zur Zeit der Hochzeit berufstätig ist oder wenn sie die Ausbildung ihres Mannes unterstützt oder mit Karriere und Haushalt jongliert.

Wie immer die Situation auch ist, Verbindungen unter Saturn beinhalten große Verantwortung und können eine lange Zeit dauern. Mit Saturn hält man aus und lernt seine Lektionen.

Jeder gute Aspekt zwischen den progressiven Häuserspitzen eins und sieben und Planeten zeigt eine positive Veränderung in Beziehungen an. Manche Eheschließungen geschehen jedoch unter schwierigen Aspekten. Wenn ein Paar unter einem Quadrat heiratet, hat die Ehe meist einen unsanften Start. Häufig ist mir dies begegnet, wenn die Frau schwanger ist oder einer der Partner verheiratet ist und sich erst scheiden lassen muss, bevor wieder geheiratet werden kann. Wenn ich ein Quadrat von der siebten Häuserspitze zu einem Planeten sehe, frage ich danach, ob sie Hindernissen entgegentreten mussten. Normalerweise mussten sie das. Das bedeutet nicht, dass die Ehe nicht funktioniert, denn das kann sie durchaus.

Wenn ein Paar sich scheiden lässt, finden wir ebenfalls an der Spitze des ersten und siebten Hauses Aktivitäten. Wiederum kann der Aspekt harmonisch oder disharmonisch sein. Üblicherweise findet man ein Quadrat im Horoskop der Person, die gegen die Scheidung kämpft. Sie kann ihr letztlich zustimmen, aber nicht ohne Kampf. Andererseits hatte ich auch eine Klientin, die sich schon seit langer Zeit scheiden lassen wollte und die geschieden wurde, als die Beziehungsachse in Konjunktion zu Jupiter trat. Es war nicht nur eine friedliche Trennung, sondern sie erhielt auch einen guten finanziellen Ausgleich und hatte ein wundervolles Gefühl von Freiheit. Eine andere Klienten wurde unter derselben Konjunktion geschieden, sie heiratete sofort wieder, und zwar einen wohlhabenden, feinen Mann.

Bei einer Hochzeit oder Scheidung wechseln die progressiven Häuserspitzen eins und sieben häufig das Zeichen. Das Jahr, in dem sie auf 29° und 1° stehen, kann eine Zeit voller Krisen oder ein Wendepunkt sein. Der Zeichenwechsel leitet sowohl ein Ende als auch einen Anfang ein. Sogar eine bestehende Ehe nimmt gewöhnlich eine neue Qualität an. Sie wird durch das neue Zeichen gefärbt und lässt das alte Zeichen hinter sich. Eine Klientin, deren Achse von Widder/Waage zu Stier/Skorpion wechselte, hatte das Gefühl, dass ihre Ehe intensiver und enger wurde. Sie hatte das überwältigende Gefühl, dass sie hier für den Rest ihres Lebens hingehören würde. Sie fühlte, dass sie mit diesem Mann für immer zusammen bleiben würde, obwohl sie in den ersten zwölf Jahren ihrer Ehe solche Gefühle nicht gehabt hatte. Eine Beziehung kann auf die gleiche Weise neu definiert werden, wenn der Aszendent ein Quadrat zu einem Planeten bildet. Es bedeutet keinen Bruch, sondern meint immer eine Restrukturierung von etwas.

Die Beziehungsachse betrifft alle Arten von Partnerschaft einschließlich geschäftlicher Beziehungen, Patronagen und enger Freundschaften. Die erste und siebte Häuserspitze im Aspekt zu einem Planet kann eine geschäftliche Beziehung verfestigen oder auflösen. Aspekte zur progressiven siebten Häuserspitze können auch jene Menschen beeinflussen, die von Förderungen abhängig sind, wie z. B. Astrologen, die für ein erfolgreiches Geschäft auf ihre Klienten bauen, oder Ärzte, die von ihren Patienten abhängig sind. Die progressive siebte Häuserspitze in gutem Aspekt zu Venus, Jupiter oder der Sonne kann eine Erweiterung des Kundenstammes anzeigen. Die Person könnte plötzlich mit Klienten und Patienten überschwemmt werden. Die progressive siebte Häuserspitze einer Klientin stand in Konjunktion zur Venus. Sie heiratete nicht nur, sondern ihre berufliche Partnerschaft wurde in positiver Weise beeinflusst. Als bei einer anderen Klientin die progressive siebte Häuserspitze in schwierigem Aspekt zu Saturn stand, erlebte sie einen Rückgang in ihrem Geschäft und Kundenkreis, und sie hatte weniger Verehrer und gute Freundschaften. Sie fühlte sich sehr allein, isoliert und auf verschiedene Weisen begrenzt. Zur gleichen Zeit hatte sie auch einen Plutotransit, so dass es Zeit für eine persönliche Metamorphose war.

Wie lange jemand irgendeinen dieser Effekte erfährt, ist verschieden und hängt von den Ereignissen im Horoskop ab. Die progressiven Häuserspitzen verstärken die Transite und anderen Progressionen, sie vermitteln also die Botschaft ein zweites oder drittes Mal. Sie geben dem Astrologen keine andere Auskunft als die, das zu verstärken, was ohnehin schon da ist. Dennoch bringen sie mitunter neue Informationen. In einem Fall hatte meine Klientin, die sehr anziehend war und stets viele Verehrer hatte, mit der progressiven fünften Häuserspitze im Quadrat zu Saturn nun weniger Verehrer und Verabredungen als je zuvor. Wenn sie eingeladen wurde, war die Person immer viel älter und oft sehr ernsthaft. Dieses Quadrat war der Hauptanzeiger für die Ereignisse in ihrem Liebesleben.

Gegenspieler und Konkurrenten werden durch Aktivitäten der ersten und siebten Häuserspitze ebenfalls beeinflusst. Ein Klient, ein professioneller Golfspieler, hatte die progressive siebte Häuserspitze im Trigon zur Sonne und schlug die Konkurrenz leicht und mühelos. Wie ich ihm voraussagte, gewann er einen nationalen Wettkampf. Seine anderen Transite und Progressionen sagten dies wiederum auch voraus. Je häufiger ein Anzeichen vorkommt, umso sicherer können Sie bei der Erstellung einer Vorhersage sein.

Die erste und siebte Häuserspitze behandelt auch Lebensbereiche, die mit Gesundheit und Vitalität zu tun haben. Da der Aszendent über den Körper herrscht, können schwierige Aspekte zu diesen Häuserspitzen zu gesundheitlichen Problemen führen. Gesundheitliche Probleme, die sich unter diesem Aspekt manifestieren, sind häufig an Beziehungsthemen gebunden.

Die Achse eins/sieben hat auch mit Ihrem zweiten Kind zu tun. Ist sie sehr aktiv, ist es das Leben Ihres zweiten Kindes auch. Mit guten Aspekten wird sich sein Leben erweitern und Möglichkeiten werden auftreten. Wenn Ihre Häuserspitzen das Zeichen wechseln, könnte es heiraten, falls es in einem entsprechenden Alter ist. Mit harten Aspekten wird es vor Herausforderungen stehen.

Extrem schwierige Aspekte zur ersten und siebten Häuserspitze sind gewöhnlich ein Anzeichen für eine Beziehungskrise. Ein Quadrat zu Uranus kann eine plötzliche Trennung bedeuten. Ein Neptunquadrat kann Auflösung oder Täuschung anzeigen. Ein Plutoquadrat kann Zerstörung oder Transformation anzeigen. Eine Klientin hatte die Beziehungsachse im Quadrat zu Uranus. Ihr Mann starb plötzlich an einem Herzanfall. Ich möchte wieder darauf hinweisen, dass hier auch verstärkende Progressionen, Transite und Eklipsen am Werk waren.

Manchmal beschreibt der Planet im Aspekt zur ersten oder siebten Häuserspitze die Person, die Sie heiraten werden. Zum Beispiel heiratete eine Klientin einen zehn Jahre jüngeren Mann, als ihre Beziehungsachse in Verbindung zu einem Planeten in Zwillinge trat. Bei einer Konjunktion der progressiven siebten Häuserspitze mit Merkur ist mir das auch schon vorgekommen. Es sind beides Aspekte, die jüngere Männer anziehen. Eine andere Klientin heiratete einen erfolgreichen, älteren Geschäftsmann, als ihre siebte Häuserspitze im Trigon zu Venus im Steinbock stand. Die selbe Situation kann bei einer Verbindung der Häuserspitze zu Saturn auftauchen. Steht die siebte Häuserspitze in Konjunktion zu Mars, kann der Partner dynamisch und selbstbewusst sein. Mit Uranus kann er ungewöhnlich sein, ein Astrologe oder anders als die anderen und von magnetischer Ausstrahlung. Mit Jupiter kann er ein Fremder oder Gelehrter sein, ein Weltreisender oder sehr spirituell. Bei einer Konjunktion mit Pluto kann es ein sehr machtvoller Mensch sein, und Ihre gesamte Vorstellung von einer Ehe kann durch diesen Partner vollkommen verändert und transformiert werden. Die Konjunktion kann aber auch auf sehr pragmatische Weise wirken. Verbindet sich die siebte Häuserspitze mit Uranus, können Sie einen Wassermann heiraten, mit Jupiter einen Schützen.

Wichtig ist, dass Sie Folgendes beachten: Wenn die erste und siebte Häuserspitze einer Person sehr aktiv ist, aber im Horoskop nichts passiert, so besteht die Möglichkeit, dass das Horoskop nicht stimmt und die Geburtszeit falsch ist. Diese Achse ist in meinem System eine der Hauptkomponenten, um die Geburtszeit zu korrigieren.

Die Achse des Verlangens

Die zweite und achte Häuserspitze bilden die Achse des Verlangens. Sie regieren sowohl über körperliches als auch materielles Verlangen und betreffen jemandes finanzielle Situation, das Sexualleben, Versicherungen, Erbschaften und auch den Tod. Verdientes und gespartes Geld sowie das Vermögen insgesamt sind bei einem Aspekt der zweiten Häuserspitze zu einem Planeten im Geburts- oder Progressionshoroskop betroffen. Eine Klientin hatte beispielsweise ihre zweite und achte Häuserspitze im Quadrat zu Pluto, als sie sich scheiden ließ. Als Ergebnis davon verlor sie alles. Obwohl es ihr zustand, erhielt sie keinen fairen finanziellen Ausgleich. Ein anderer Klient hatte seine Achse des Verlangens in Konjunktion zu Jupiter und durchlief eine schrecklich extravagante Phase. Er kaufte alles, was in Sichtweite war. Wenn es um Geld ging, hatte er keine Disziplin oder Kontrolle. Glücklicherweise verdiente er zu diesem Zeitpunkt seines Lebens viel Geld. Bei einer anderen Klientin wechselten die Häuserspitzen zwei und acht das Zeichen, und die Spitze ihres zweiten Hauses bildete zugleich eine Konjunktion zu Pluto. Während dieser Periode veränderte sie ihre Einkommensstruktur, und ihr beruflicher Weg unterschied sich nun sehr von dem, was sie bisher getan hatte. Bei einem weiteren Klienten bildeten seine zweite und achte Häuserspitze ein Trigon und Sextil zu Pluto. Er wurde durch eine große Erbschaft plötzlich sehr wohlhabend.

Auch sexuelle Erfahrungen werden durch Aktivitäten der zweiten und achten Häuserspitzen beschreiben. Manchmal erlebt eine Person in sexueller Hinsicht die schönste Zeit im Leben, wenn die achte Häuserspitze ein Trigon zu Venus, Jupiter oder der Sonne bildet. Als die progressive achte Häuserspitze eines Klienten in Konjunktion zu Saturn stand, lebte er über ein Jahr sexuell enthaltsam.

Auch der Tod ist in den Aktivitäten der achten Häuserspitze zu sehen. Ein Klient infizierte sich mit HIV, als seine achte Häuserspitze im Quadrat zu Pluto stand. Ein anderer Klient starb, als seine progressive achte Häuserspitze 29° Widder erreichte und eine Konjunktion mit seiner Geburtssonne bildete. Natürlich gab es hier auch verstärkende Transite und Progressionen. Saturn und Pluto im Transit in Waage standen in Opposition zu seiner Sonne. Seine progressive Sonne war in Konjunktion mit dem Nordknoten und der progressive Neptun bildete prominente Aspekte. Sein Horoskop zeigte an, dass er eine sehr angenehme Reise antrat, denn die progressive Häuserspitze stand in leichten Aspekten zur Sonne, zum Nordknoten und zu Jupiter. Es war keine Spannung in seinem Tod. Er starb, weil sein Apartment über einer Garage lag und jemand unter ihm Selbstmord beging, indem er den Automotor die ganze Nacht lang laufen ließ. Die Abgase brachten ihn um, aber es war ein leichter, friedvoller Tod.

Wenn jemand aus dem Umfeld einer Person stirbt, so wird dies auch durch die Bewegung der progressiven zweiten und achten Häuserspitzen beschrieben. Im vorangegangenen Beispiel zeigte das Horoskop des Mannes einen leichten Übergang an, doch seine Exfrau, die ihn immer noch liebte, hatte in ihrem Horoskop die progressive achte Häuserspitze in Konjunktion zu Mars und im Quadrat zu Saturn. Sie erlebte viel Schmerz und trauerte eine lange Zeit. Sie war zurückgelassen worden, um an seinem Tod zu leiden. Mein eigener Vater starb, als meine progressive achte Häuserspitze in Konjunktion zu Mars stand. Es ist selten, dass in Ihrer Umgebung jemand stirbt, ohne dass die progressive achte Häuserspitze einen Aspekt bildet. Wenn eine Person lange krank ist und leidet, so ist die Zeit, in der die progressive achte Häuserspitze ein Trigon zu einem Planeten bildet, häufig die Zeit, in der sie stirbt.

Um eine große Erbschaft zu erhalten, müssen Sie im Geburtshoroskop ein gutes achtes Haus haben. Sie müssen stets zum Geburtsversprechen zurückgehen. Jeder gut aspektierte Planet im achten Haus kann eine Erbschaft anzeigen, insbesondere Venus oder Jupiter. Eine Person kann eine Erbschaft erhalten, wenn die progressive achte Häuserspitze einen Aspekt zu einem dieser Planeten macht. Ich hatte einen Klienten, dessen Vater damit anfing, ihm jedes Jahr $ 20.000.– zu schenken, als seine progressive achte Häuserspitze im Sextil zu Jupiter stand.

Das fünfte Haus betrifft Spekulationen und das achte Haus Investitionen. Was für ein bestimmtes Individuum am besten wirkt, zeigt dasjenige Haus, welches besser konstelliert ist. Das achte Haus des Geburtshoroskops zeigt an, ob jemand mit Investitionen gut fährt oder nicht, häufig werden die finanziellen Entscheidungen mit jemandem gemeinsam getroffen. Gut aspektierte Aspekte von Planeten im achten Haus oder gute Aspekte zum Herrscher des achten Hauses zeigen dies an. Ist das Geburtsversprechen vorhanden, sind die Investitionen einer Person ganz besonders lohnend, wenn die achte Häuserspitze einen guten Aspekt macht. Ein Klient hatte ein starkes achtes Haus und war mit Investitionen immer erfolgreich. Als seine progressive achte Häuserspitze ein Quadrat zum Geburts- und progressiven Saturn bildete, erlebte er eine vier- bis fünfjährige Dürreperiode, in der sich keine seiner Investitionen bezahlt machte. Er wechselte mehrere Male seine Berater, ohne dass es ihm besser ging. Für Klienten mit diesem Aspekt kann das eine typische Erfahrung sein. Ist das fünfte Haus besser aspektiert, kann es Klienten mit dem Kauf und Verkauf von Aktien und Anleihen in eigener Verantwortung besser ergehen.

Die Achse des Geistes

Die Spitzen des dritten und neunten Hauses bilden die intellektuelle und philosophische Achse. Sie haben mit Bildung, geistigem Potenzial, Religion und der Umgebung zu tun sowie mit angeheirateten Verwandten und Blutsverwandten.

Wenn die progressive dritte und neunte Häuserspitze gute Aspekte zum Geburts- oder Progressionshoroskop bildet, besuchen viele Menschen wieder die Schule. Als meine neunte Häuserspitze vom Skorpion in den Schützen wanderte, verbreiterte sich meine spirituelle und philosophische Basis. Zu dieser Zeit hatte ich enorm viele Möglichkeiten, auf Reisen zu gehen. Zugleich tauchte ich in ein neues Wissensgebiet ein. Zur gleichen Zeit, in der die Häuserspitzen das Zeichen wechselten, wanderte die progressive Venus in den Schützen. Meine progressive dritte und neunte Häuserspitze und meine progressive Venus begannen, miteinander im gleichen Tempo zu laufen, und seit dieser Zeit reise ich.

Wenn Sie einen harmonischen Aspekt zwischen der progressiven neunten Häuserspitze und Jupiter sehen, wissen Sie, dass Ihr Klient sich bald auf Reisen begeben wird. Die Person wird sich zwar aufmachen, doch es ist relativ. Für jemanden, der in Milwaukee lebt, kann es bedeuten, nach Chicago zu fahren und damit seine erste Reise in einen anderen Staat zu unternehmen. Für einen anderen, erfahreneren Reisenden kann es eine Reise nach Hongkong bedeuten. Bei einer Klientin bildete die progressive neunte Häuserspitze ein Trigon zu ihrer Geburtssonne. Sie ging für ein Jahr zum Studium nach Europa.

Bei schlechten Aspekten der progressiven neunten Häuserspitze kann eine Person für ein ganzes Jahr Ärger mit den Verwandten bekommen oder sich sogar von ihnen entfremden. Sie könnten sich auch mitten in einem herausfordernden gerichtlichen Kampf wiederfinden.

Die Achse von Heim und Beruf

Die vierte und zehnte Häuserspitze bilden die Elternachse, die Achse der Autoritätsfiguren sowie von Haus und Beruf. Berufliche Veränderungen, Beförderungen, Umzüge, das Ansehen in der Gemeinschaft und Veränderungen im Leben der eigenen Eltern werden durch Aktivitäten dieser Häuserspitzen im Progressionshoroskop angezeigt.

Wenn die progressive zehnte Häuserspitze einer Person 29° erreicht, ist sie oftmals bereit, ihren Beruf mit einem völlig neuen Schwerpunkt anzugehen. Sie kann eine ganz andere Tätigkeit annehmen oder einen neuen beruflichen Weg wählen. Doch auch wenn sie es nicht tut, wird sie einen neuen Weg finden, sich im gegenwärtigen Beruf einzubringen. Als meine progressive zehnte Häuserspitze vom Schützen in den Steinbock wechselte, wurde ich in Bezug auf meine astrologische Karriere wesentlich geschäftsmäßiger. Ich wurde ambitionierter, organisierter, erschien im Fernsehen, hatte Radiosendungen, packte mein Wissen in ein Lehrbuch und unterrichtete Astrologieklassen. Da ich immer sehr viel gearbeitet und viele Klienten hatte, hatte ich die Neigung, die geschäftliche Seite meiner astrologischen Aktivitäten eher leicht zu nehmen. Dieser Aspekt ermutigte mich jedoch, mir selbst neue Ziele zu setzen.

Eine meiner Klientinnen hatte die progressive vierte und zehnte Häuserspitze im Trigon und Sextil zur Venus. Sie wurde mit ihrem kreativen Hobby – dem Design von Handtaschen – sehr erfolgreich und machte es zu ihrem Beruf. Außerdem zog sie in ein neues Haus, in dem es auch ein Studio gab, und so veränderten sich beide Bereiche ihres Lebens auf eine sehr schöne Weise.

Ansehen und Stellung in der Gemeinschaft sind mit dem zehnten Haus verbunden. Harte Aspekte können hier Ihren Ruf schädigen. Bei einer Klienten stand die progressive zehnte Häuserspitze im Quadrat zu Neptun. Ein ganzes Jahr lang wurde sie von fürchterlichem Klatsch verfolgt. Die Skandale folgten ihr überallhin, und ihr Ruf nahm einigen Schaden. Sie wurde Opfer von Tricks und Täuschungen durch ihre Mitarbeiter. Mir sagte sie, sie fühle sich, als hätte sie all ihre Anziehungskraft verloren.

Wesentliche Veränderungen im Leben eines Elternteils werden entweder im vierten oder zehnten Haus angezeigt. Das vierte Haus beschreibt den mehr nährenden, das zehnte den mehr autoritären Teil der Eltern sowie auch andere Autoritätsfiguren im Leben. Wenn die progressive vierte oder zehnte Häuserspitze eine Konjunktion oder ein Quadrat zu Saturn bildet, habe ich im Leben der Eltern große Veränderungen beobachten können – berufliche Veränderungen, Pensionierung und auch den Tod. Eine Klienten machte sich große Sorgen um ihre Mutter, jedoch war es ihr Arbeitgeber, der unter diesem Saturnaspekt starb.

In der esoterischen Astrologie ist das vierte Haus mit den Erfahrungen der Seele aus vergangenen Leben verbunden, und das zehnte Haus stellt die Bestimmung, Mission oder den Lebensweg einer Person dar. Ein guter Aspekt der progressiven zehnten Häuserspitze zu einem Planeten kann Sie auf Ihrem Weg ein Stück weiterbringen. Ein starker Aspekt der progressiven vierten Häuserspitze kann Menschen in Ihr Leben bringen, die in vergangenen Leben wichtig für Sie waren.

Die soziale und kreative Achse

Die fünfte und elfte Häuserspitze hat mit allen Formen unserer Kreativität sowie mit den gesellschaftlichen Organisationen, denen wir angehören, zu tun. Es ist die Achse von Schöpfung, sozialem Umgang und Spekulation.

Das fünfte Haus beschreibt alles, was wir erschaffen, ob es die Liebe ist, die wir geben, ein Kind, ein Buch oder ein künstlerisches Werk. Dieses Haus spiegelt alle Formen schöpferischer Bemühungen. Mit einem harten Aspekt der progressiven fünften Häuserspitze ist eine leicht fließende Liebesbeziehung schwierig, bei harmonischen Aspekten jedoch kann eine Beziehung ihren Anfang nehmen und angenehm verlaufen. Dies betrifft auch jedwede kreativen Projekte und die Beziehung zu Ihren Kindern. Momentan, während ich dieses Buch schreibe, bilden meine fünfte und elfte Häuserspitze einen guten Aspekt zur Venus, und meine Kreativität ist erhöht, mein soziales Leben großartig und das Leben aller meiner Kinder verläuft gut.

Es kann für Klienten sehr hilfreich sein, die Wirkung eines Aspekts der progressiven Häuserspitze zu einem Planeten zu verstehen. Einer meiner Klienten erlebte gerade eine Schreibblockade. Er war soweit, seinen schriftstellerischen Beruf aufzugeben und zu etwas ganz anderem zu wechseln. Als ich in seinem Horoskop ein separatives Quadrat der progressiven fünften Häuserspitze zum natalen und progressiven Saturn entdeckte, konnte ich ihm sagen, dass er seine Fähigkeit zu schreiben nicht verloren hatte. Die Blockade war vorübergehend, der Aspekt würde vorbeigehen. Stattdessen sei es noch für eine kleine Weile eine gute Zeit für ihn, um zu forschen und an anderen Dingen zu arbeiten. Als er wusste, dass die Wirkung bald vorüber sein würde, war er sehr erleichtert.

Die Wirkung eines Aspekts einer Häuserspitze kann bis zu zwei Jahre gespürt werden, normalerweise dauert sie jedoch ein Jahr an. Am stärksten ist sie bei applikativen Aspekten. Ist der Aspekt exakt, lässt die Wirkung langsam nach. Bei fixen Zeichen kann sich die Wirkung länger hinziehen, auch bei separativen Aspekten. Ist jedoch beispielsweise Ihr Mond auf 23° Wassermann, Ihr Pluto auf 24° Krebs und bildet die fünfte Häuserspitze in Skorpion ein Quadrat zu Ihrem Mond, wird sie sehr schnell ein Trigon zu Pluto formen und der ungünstige Aspekt sehr kurz sein.

Häufig wird eine Frau mit einem harmonischen Aspekt ihrer fünften Häuserspitze schwanger. Bildet sie eine Konjunktion zu einem Planeten in Zwillinge, könnten Zwillinge oder zwei kurz nacheinander geborene Kinder das Ergebnis sein. Ich hatte eine Klientin, die in der Vergangenheit immer sehr schnell schwanger wurde und die sich für ein viertes Kind entschieden hatte. Dieses Mal jedoch brauchte sie zwei Jahre, um schwanger zu werden, denn die progressive fünfte Häuserspitze stand in Konjunktion zu Saturn, somit war die Empfängnis verzögert.

Steht Schütze an der progressiven fünften Häuserspitze oder bildet sie einen Aspekt zu Jupiter, kann die Person zwei Verehrer haben. Die progressive fünfte Häuserspitze im Quadrat zu Neptun kann eine illusorische, unrealistische Liebesaffäre anzeigen. Künstler können bei einem leichten Aspekt zur Venus sehr fruchtbar sein. Ein Schriftsteller empfindet das Schreiben nun vielleicht als leicht und angenehm, und seine Kreativität kommt gut zum Ausdruck. Liebesbeziehungen werden ebenfalls harmonisch sein.

Die Beziehung zu Freunden, Hoffnungen, Wünsche, Ziele und Ambitionen sind mit der elften Häuserspitze verbunden. Macht diese in der Progression gute Aspekte, werden Freunde reichlich vorhanden sein und sich als loyal erweisen. Bei harten Aspekten kann es schwierig sein, Ziele und Ambitionen zu erfüllen, und es kann zu Enttäuschungen mit Freunden kommen.

Als die progressive elfte Häuserspitze in Konjunktion zu meinem Aszendenten stand, wurde um meine Mitgliedschaft im Vorstand der *American Federation of Astrologers (AFA)* angefragt. Bildet die progressive elfte Häuserspitze einen leichten Aspekt zu Jupiter, so rate ich meinen Studenten im Scherz, vorsichtig mit dem zu sein, was sie sich wünschen, da sie es zugleich erschaffen. Desgleichen ziehen Sie dann spirituelle Menschen an, Fremde oder Schützen. Bei harmonischen Aspekten zur Venus ziehen Sie viele kreative, liebevolle Freunde an, vielleicht einen Stier oder eine Waage. Bei einem Aspekt zu Uranus können Ihre Freunde sehr unterschiedlich oder in irgendeiner Weise ungewöhnlich sein, wie beispielsweise ein Wassermann. Ein Aspekt zu Neptun bringt spirituelle, künstlerische Begleiter wie eben Fische, Aspekte zu Pluto bringen machtvolle Menschen wie Skorpione. Die Person, die in Ihr Leben tritt, kann sowohl die Sonne als auch den Aszendenten im entsprechenden Zeichen haben.

Die Achse von Dienst und Opfer

Die sechste und zwölfte Häuserspitze hat mit Produktivität, Arbeitsbedingungen und -umgebung, Gesundheit, Dienst, Opfer und Karma zu tun. Das zwölfte Haus wird häufig als das Haus der Selbstaufgabe bezeichnet, aber das muss es nicht sein. Dennoch wird bei einer Betonung des zwölften Hauses der Dienst an anderen gefordert.

Bildet die progressive sechste Häuserspitze zu einem Planeten gute Aspekte, kommt es zu einer guten Wechselwirkung mit den Arbeitskollegen. Die Arbeitsumgebung ist positiv. Sie können gute Mitarbeiter anziehen. Das Management und die Belegschaft kommen gut miteinander aus. Sie neigen zu extremer Produktivität und haben viel physische Energie und Vitalität. Bei harten Aspekten kann es zu gesundheitlichen Problemen und Schwierigkeiten mit der Arbeit kommen. Ein Quadrat zu Mars kann eine Operation anzeigen, ein Quadrat zu Saturn eine chronische Krankheit, und ein Quadrat zu Jupiter kann Ausschweifungen und übermäßigen Genuss reflektieren.

Progressionen mit Beteiligung der zwölften Häuserspitze zeigen Gefangenschaft, Selbstopfer und die Arbeit des Unterbewusstseins an. Einer meiner Klienten musste wegen des Besitzes von Marihuana in ein mexikanisches Gefängnis, als seine progressive zwölfte Häuserspitze im Quadrat zum natalen und progressiven Saturn stand. Er war vier Jahre eingesperrt. Wiederum muss ich hier anmerken, dass dabei auch andere verstärkende Transite am Werk waren.

Im günstigsten Fall beschreiben Aspekte des zwölften Hauses eine Person, die sehr gut allein arbeitet, ihr eigenes Unternehmen genießt und einsamen Projekten nachgeht. Es ist auch eine gute Zeit für Forschungen. Das Interesse an Yoga und Meditation ist lohnend. Wenn jedoch die progressive zwölfte Häuserspitze ein Quadrat zu einem Planeten bildet, können Sie selbst ihr ärgster Feind sein. Ein Quadrat zu Mars kann selbstzerstörerisches Verhalten anzeigen.

Manche Quadrate der progressiven zwölften Häuserspitze können auch eine Periode massiven Rückzugs und tiefer Isolation andeuten. Gute Aspekte können unglaubliche psychische Durchbrüche bringen. Sie können mit einer Arbeit hinter den Kulissen zu tun bekommen, mit Hospizarbeit oder dem Dienst am Gemeinwesen. Es ist eine Zeit, in der Sie der Welt einen guten Dienst leisten können.

Da so wenige Astrologen die progressiven Häuserspitzen benutzen, gibt es auch wenig verfügbare Daten darüber, wie dieses System arbeitet. Ich schlage vor, dass Astrologen die Häuserspitzen beobachten und die Ergebnisse notieren. Eher als bei den Eckhäusern ist es besonders bei den fixen und veränderlichen Häusern nötig. Über die Eckhäuser gibt es bereits einige Forschungen. Einen weiteren Wert besitzt dieses System für die Geburtszeitkorrektur. Findet die erwartete Aktivität nicht statt, frage ich die Klienten nach der Quelle ihrer Geburtszeit.

KAPITEL SECHS

Transite

Da es bereits viele gute Bücher über Transite gibt, legt dieses Buch keinen besonderen Schwerpunkt darauf. Ein exzellentes und gründliches Buch über Transite ist z.B. Robert Hands *Buch der Transite*. Hier möchte ich in Bezug auf die Transite dagegen einige wesentliche Dinge besprechen, die ich in den Jahren meiner astrologischen Praxis habe beobachten können.

Zu Beginn eines Vortrags über Transite sage ich stets: »Wenn Sie ein Horoskop berechnen, halten Sie die Planeten für den exakten Moment der Geburt in der Länge und Breite an. Das ist das Geburtshoroskop. Diese Planeten jedoch bewegen sich weiter durch das Universum. In ihrer weitergehenden Bewegung werden sie Transitplaneten genannt.« Das Geburtshoroskop beschreibt unsere Bestimmung, unser Potenzial, unsere Neigungen usw. Es ist unsere Landkarte, aber es ist ein Transit nötig, um vom Horoskop versprochene Ereignisse auszulösen. Transite sind die in den Ephemeriden verzeichneten täglichen Positionen der Planeten am Himmel, und sie sind in ihrem Einfluss auf das Geburtshoroskop sehr wichtig.

Behandelt man die Transite, sollte man sich an zwei wichtige Dinge erinnern. Erstens kann ein Transit nicht bringen, was nicht versprochen ist. Um zu bestimmen, was zu erwarten ist, müssen Sie auf die natalen Aspekte schauen. Zweitens werden Sie die Wirkung eines Transits umso mehr spüren und wird sich Ihr Leben um so mehr ändern, je langsamer der Transit ist. Somit hat ein Plutotransit die größte Wirkung und der transitierende Mond die geringste. Konjunktionen und Oppositionen sind die mächtigsten Transite, gefolgt von Quadraten und Trigonen. Jede Konjunktion wird Sie in einer persönlichen Weise beeinflussen. Die Opposition betrifft Beziehungen zwischen Ihnen und jemand anderem. Quadrate können Sie auf die Probe stellen und Ihnen Hindernisse und versperrte Wege präsentieren. Auf Trigone und Sextile warten wir, sie bringen schöne Zeiten, Möglichkeiten und Vorteile.

Bei der Bewertung eines jeden Transits müssen Sie die Qualität des transitierenden Planeten berücksichtigen. Jupiter expandiert. Saturn ist der Realitätsfaktor. Uranus will Freiheit. Neptun löst auf, und Pluto reißt ab und baut neu auf. Es ist nicht nur wichtig, diese Dinge im Gedächtnis zu behalten, sondern sich auch daran zu erinnern, dass ein Transitplanet den Einfluss des Hauses, in dem er steht sowie des Hauses, das er im Geburtshoroskop beherrscht, mit sich bringt. Ich gebe Ihnen ein Beispiel: Saturn beherrscht mein erstes Haus, somit beeinflusst mich jeder Saturntransit persönlich. Ich habe einen Steinbockaszendenten mit Saturn im erstes Haus, und somit trifft das doppelt zu. Ich habe Jupiter im achten Haus, also wirkt jeder Jupitertransit in der Weise des achten Hauses auf mich ein. Ein Transitplanet trägt immer die Qualität seiner Platzierung in Ihrem Geburtshoroskop mit sich – die Qualität des Zeichens und des Hauses, das er beherrscht. Bei jedem einzelnen Transit müssen Sie diese Faktoren beachten. Ich betrachte Transite psychologisch, spirituell und ereignisorientiert. Ich frage mich selbst: »Wie wird dieser Transit die Person verändern? Welche Lektionen werden gelernt? Wie bietet dieser Transit dem Klienten Entwicklungsmöglichkeiten? Und welche Art von Ereignissen werden geschehen?« Es ist wichtig, Transite unter all diesen Gesichtspunkten zu betrachten und daraus dann eine Synthese zu bilden.

Regeln für Transite

1. Jeder Transit trägt die Färbung des Hauses, in dem der transitierende Planet im Geburtshoroskop platziert ist. Wenn beispielsweise der Geburtssaturn in Ihrem zweiten Haus steht, so wird jeder Saturntransit Ihre Finanzen, Ihre Werte und Ihr Selbstwertgefühl beeinflussen.

2. Jeder Transit trägt die Färbung des Hauses, das der transitierende Planet im Geburtshoroskop beherrscht. Herrscht beispielsweise Saturn über Ihr achtes Haus, dann handelt jeder Saturntransit von psychologischen Reflexionen, gemeinsamen Finanzen, Steuern, Sexualität usw.

3. Jeder Transit trägt die Färbung der natürlichen Herrschaft des transitierenden Planeten. Da Saturn zum Beispiel der natürliche Herrscher des zehnten Hauses ist, wird jeder Saturntransit irgendwie den Beruf, öffentliches Ansehen, Reputation, einen Elternteil oder andere Angelegenheiten des zehnten Hauses betreffen.

4. Jeder Transit trägt die Färbung des Zeichens, in dem der transitierende Planet steht. Es besteht ein großer Unterschied zwischen einem Transit von Saturn im Stier und einem Transit von Saturn im Widder. Bei einem fixen Zeichen (wie Stier) manifestieren sich die Ergebnisse langsamer, werden eventuell verzögert oder geleugnet, und der Transit dauert insgesamt länger. So wäre die Situation zum Beispiel bei einem Transit von Saturn im Stier.

5. Wenn die Geburtsstellung des transitierenden Planeten in Ihrem Geburtshoroskop gut aspektiert ist, werden sich Ihre Gewinne vergrößern und Ihre Verluste mindern. Ist er schlecht aspektiert, verringern sich Ihre Gewinne und Ihre Verluste werden größer.

6. Wenn Ihr Geburtsplanet in einem für ihn guten Zeichen oder Haus platziert ist, kann der Transit zu sehr positiven

Ergebnissen führen. Haben Sie zum Beispiel den Geburtssaturn im zehnten Haus oder in Steinbock, werden Sie größere Vorteile haben, als wenn er schlecht platziert oder im Exil oder Fall ist. Zum Beispiel ist der Geburtssaturn im vierten Haus oder in Krebs nicht günstig, denn Saturn ist hier schwach gestellt.

7. Berührt ein Transit eine Progression, so ist das von besonderer Wichtigkeit. Er kann eine Progression früher aktivieren oder eine schon verstrichen geglaubte Progression reaktivieren.

8. Berührt ein Transit eine Eklipse, so ist das ebenfalls von besonderer Bedeutung. Trifft ein Transitplanet auf den Punkt der Eklipse, entweder vor oder nach Erscheinen der Eklipse, so wird er sie aktivieren.

9. Transite von Neptun und Pluto manifestieren sich aufgrund der langen Dauer des Transits in einer der Progression ähnlichen Gestalt. Da sie eine solch lange Zeit andauern, gelten für ihre Transite nahezu die gleichen Regeln wie für Progressionen. Transite von Pluto, Neptun und Uranus haben eine schicksalhafte Qualität. Sie wirken auf einer unterbewussten Ebene sowie auch in ereignisorientierter Weise.

10. Unter bestimmten Umständen könnten Transite persönlicher Planeten sehr wichtig sein.

Regeln für Transite persönlicher Planeten

1. Wenn Transite persönlicher Planeten eine Progression auslösen, können sie von sehr großer Bedeutung sein. Ist der transitierende Planet in der Progression, können sie sehr signifikant sein. Wenn zum Beispiel die progressive Sonne eine Konjunktion zur Geburtsvenus bildet, kann entweder die transitierende Sonne oder die transitierende Venus von großer Tragweite sein.

2. Wenn Transite persönlicher Planeten einen Haupttransit auslösen, können sie ebenfalls von großer Bedeutung

sein. Haupttransite beteiligen Jupiter, Saturn, Uranus, Neptun oder Pluto.

3. Wenn Transite persönlicher Planeten eine Eklipse auslösen, kann ihre Bedeutung ebenfalls sehr groß sein. Jeder Transitplanet kann den Punkt der Eklipse auslösen. Besonders Mars kann, wenn er über diesen Grad geht, Ihnen einen Hinweis geben, was die Eklipse in Ihr Horoskop hineinbringt.

4. Transite persönlicher Planeten kündigen kleinere Ereignisse an. Gute Transite können eine Zeit signalisieren, in der Sie ein kleines Geschenk erhalten könnten, einen wichtigen Telefonanruf, eine große Party geben könnten, ein nettes Kompliment erhalten oder einfach einen guten Tag haben könnten.

5. Der Transit eines persönlichen Planeten kann von großer Bedeutung sein, wenn er bei Beziehungspartnern das Band einer gemeinsamen Erfahrung auslöst. Das Band einer gemeinsamen Erfahrung besteht dann, wenn jede Person einen Planeten auf demselben Grad hat. Eine Person kann zum Beispiel die Geburtsvenus exakt auf der Geburtssonne der anderen Person platziert haben. Dies ist eine sehr schöne Liebesverbindung, und wenn sie durch einen Transit eines persönlichen Planeten ausgelöst wird, werden die betreffenden Personen an dem entsprechenden Tag füreinander sehr viel Zuneigung spüren.

Regeln für den Orbis von Transitplaneten

Orben sind ein sehr wichtiges Thema, zwischen den schneller und langsamer laufenden Transitplaneten ist ihre Variation sehr groß.

1. Der Orbis des transitierenden Mondes ist gerade einmal wenige Stunden lang. Nur die wenigen Stunden des applikativen Aspekts sind von Bedeutung.

2. Sonne, Merkur und Venus wirken in der Regel am Tag, bevor der Transit den Planeten erreicht, und an dem Tag, an dem der Aspekt exakt ist, selten jedoch wenn der Transit den Planeten verlässt.
3. Mars wird als Zeitmesser angesehen, ich habe sehr häufig beobachtet, dass er bereits ein Grad früher wirkt.
4. Jupitertransite beginnen mit ihrer Wirkung einige Grade früher. Bereits 5° oder 6° vor dem Erreichen des Aspekts fühlen Sie den Optimismus und Schwung von Jupiter, doch sie verringern sich, wenn Jupiter den Planeten um 2° überschritten hat.
5. Der Einfluss von Saturn ist 3° oder 4° vor dem Ziel spürbar. 2° davor ist er sehr intensiv, ist er exakt, scheint es häufig so, als hätten Sie eine Gnadenfrist (bei harten Saturnaspekten). Dann jedoch, ein oder zwei Grad später, trifft die Wirkung Sie wie mit einem Peitschenhieb.
6. Der elektrische Magnetismus von Uranus, die Aufregung, die Ruhelosigkeit und das Verlangen nach Veränderungen wird 5° oder 6° zuvor spürbar. Wird der Aspekt exakt, kommt es gewöhnlich zu einem Ereignis – etwas manifestiert sich direkt an dem exakten Tag. Das Wesentliche des Transits dauert noch mindestens 2° an.
7. Magie, Inspiration und Charisma des Neptun, seine faszinierende und hintergründige Qualität einschließlich der Offenheit für Täuschungen, Desillusionierungen und Desorientiertheit werden mehrere Grade zuvor wirksam und bleiben es bis 2° danach. Bei positivem Einfluss ist die Kreativität erhöht und Spiritualität und Idealismus sind während des Zeitraums des Transits verstärkt.
8. Die Macht des Pluto ist 4° oder 5° vor und mehrere Grade nach dem Aspekt zu einem Planeten spürbar. Wie bei den anderen sehr langsam laufenden Planeten, Uranus und Neptun, können Sie damit rechnen, die Wirkung dieser Einflüsse mehrere Jahre lang zu spüren. Ich erwarte jedoch, dass Ereignisse am Tag des genauen Kontakts geschehen, insbesondere wenn der Planet

> rück- oder direktläufig stationär ist. Positive Plutotransite sind sehr subtil. Häufig merken Sie erst dann, wenn der Aspekt vollkommen vorbei ist, dass Sie während dieser Periode in irgendeiner Weise mächtiger geworden sind.

Transite persönlicher Planeten

Transite des Mondes

Geht der Mond durch das erste Haus, durch Ihr Sonnenzeichen oder ein Stellium, so werden Sie das spüren. Haben Sie den Mond im Geburtshoroskop im Trigon zur Venus, so kann ein leichter Aspekt des transitierenden Mondes zur Venus eine gute Zeit für einen Friseurbesuch, ein Essen mit einer Freundin oder einen kleineren öffentlichen Auftritt bedeuten. Haben Sie im Geburtshoroskop den Mond in einem harten Aspekt zu Saturn, können Sie bei einem Aspekt des transitierenden Mondes zu Saturn für einige Stunden niedergeschlagen oder verstimmt sein.

In Ereignishoroskopen ist der Transit des Mondes sehr wichtig. Wenn ich ein Ereignishoroskop bearbeite, versuche ich, ein Horoskop zu erstellen, in dem der Mond keine ungünstigen Aspekte macht. Andere Planeten können durchaus etwas Spannung haben, um dem Ereignis Würze und Energie zuzuführen, aber der Mond sollte perfekt sein. Keine Quadrate und vorzugsweise keine Oppositionen, obwohl diese toleriert werden können.

Transite der Sonne

Die Sonne herrscht über unser Ego und unseren Willen. Transite der Sonne sind häufig Auslöser für starke Transite und Progressionen. An Tagen, an denen die transitierende Sonne unsere Venus oder unseren Jupiter aspektiert, können wir uns positiv, optimistisch und attraktiv fühlen. Aspektiert die transitierende Sonne Mars, spüren wir mehr Energie. Läuft die Sonne über Saturn, können wir uns ernsthafter und maßgeblicher fühlen. Ein Aspekt zu Uranus ist von magnetischer, zu Neptun von kreativer und zu Pluto von machtvoller Qualität.

Merkurtransite
Merkur ist der Planet der Kommunikation. Für einen Schriftsteller oder Sprecher können Transite des Merkur hilfreich sein. Sie können die Tage, an denen Sie als Schriftsteller sehr produktiv sind oder an denen Sie wichtige Nachrichten oder Briefe erhalten, genau bestimmen. Unter jedem Merkur/Saturn-Transit können Sie sich gut konzentrieren. Merkur/Jupiter neigt zu Übertreibungen und Merkur/Uranus bekommt blitzartige Einsichten. Merkur/Neptun kann zu inspiriertem Schreiben führen, und Merkur/Pluto oder Merkur/Mars kann Gefühlsausbrüche bringen.

Venustransite
Venus ist der Planet von Liebe und Schönheit. Unter guten Venustransiten fühlen wir uns geliebt, emotional sicher und attraktiv. Das sind die Tage, an denen unsere Haare gut sitzen, unser Make-up gelingt, wir beim Einkaufen schöne Dinge finden und die Begegnung mit anderen erfreulich ist.

Venus im Transit zu Mars ist gut für sexuelle Übereinstimmung, Venus im Transit zu Jupiter kann extravagant sein. Mit Venus im Transit zu Saturn kann man sich in der Liebe festlegen, Venus im Transit zu Uranus kann eine plötzliche Liebesaffäre oder ungewöhnliche Ereignisse bringen. Wenn Sie mit Venus/Uranus oder Uranus/Venus eine Liebesbeziehung anfangen, kann sie genauso schnell zu Ende sein, wie sie begonnen hat. Venus/Neptun kann bedingungslos lieben und außerordentlich kreativ sein. Hat Venus Kontakt zu Pluto, haben Sie ein tiefes Bedürfnis danach, geliebt zu werden, und können im Umgang mit der Liebe oder einem geliebten Menschen zwanghaft und besessen sein.

Marstransite
Mars regiert unsere Energie. Er wird oft als der Zeitmesser des Tierkreises bezeichnet. Wir können Mars dazu verwenden, in

einem Horoskop die Geburtszeit zu berichtigen. Geht Mars über den Aszendenten, spüren wir seine Energie, und normalerweise kommt es dann auch zu einem Ereignis. Ich weiß noch, wie ich bei meinem Mann das Gefühl hatte, dass seine Geburtszeit nicht genau stimmte, und daher änderte ich den Grad seines Aszendenten. Ich sagte zu ihm, dass er, wenn ich richtig lag, heute Kopfschmerzen haben könnte, wenn Mars über seinen Aszendenten läuft. Er antwortete, dass er nie Kopfschmerzen habe. Gut, antwortete ich, falls ich mich nicht geirrt hätte, würde irgendetwas geschehen. Später an diesem Tag brach er sich beim Popcornessen ein Stück eines Zahns ab, und somit wusste ich, dass ich nun den richtigen Aszendenten hatte. Über meine eigene exakte Geburtszeit war ich mir ebenfalls nie sicher. Mein Babybuch und meine Geburtsurkunde stimmten nicht überein. So beobachtete ich Mars in Steinbock sehr genau. Eines Tages sprang ich von meinem Sitz sehr schnell auf und stieß mir am Tisch das Knie. Ich bekam einen ungeheuer großen Bluterguss. Ich war sehr aufgeregt, denn nun wusste ich, dass die Gradzahl von Mars an diesem Tag die korrekte Gradzahl meines Aszendenten war – denn Steinbock herrscht über die Knie und Mars kann eine kleinere Verletzung bedeuten.

Jupitertransite
Der Planet Jupiter ist als der »große Förderer« bekannt, auf seinen Transit warten wir alle. Er steht für Erweiterung, Erfolg, Möglichkeiten und Glück. Der Planet Jupiter ist expansiv, stimulierend, schwungvoll und optimistisch. Dennoch ist mir aufgefallen, dass er eher oft nur ein Strohfeuer als etwas von bleibendem Wert bringt. Ich denke, dass ich von einem guten Saturntrigon mehr habe, als ich jemals von einem Jupitertrigon hatte. Bei mir werden Fall und Exil von Planeten wichtig, und meine Einstellung spiegelt die Erfahrung mit meinem Horoskop. Ich habe Jupiter in der Jungfrau, in diesem Zeichen ist er nicht gut platziert. Jemand mit Jupiter im Schützen wird bei einem Jupitertransit wesentlich mehr gewinnen, als ich es tue. Außerdem habe ich Saturn im Wassermann. Er ist

hier gut platziert, und daher werde ich eher von Saturntransiten einen positiven Nutzen ziehen.

Wenn meine Studenten Jupitertransite im Horoskop betrachten, weise ich sie darauf hin, dass bei einer positiven Stellung im Geburtshoroskop und positiven Progressionen und anderen Transiten Jupiter die Dinge noch besser machen kann. Ist Ihr Horoskop jedoch schwierig und haben Sie negative, starke Transite und negative Progressionen, kann Jupiter die Dinge verschlimmern. Sie dürfen nicht vergessen, dass Jupiter die Dinge verstärken und erweitern will, was immer auch gerade geschieht. Ich habe schon gesehen, wie bei Leuten mit großartigen Jupitertransiten die Dinge aufgrund der restlichen wirkenden Einflüsse schlechter wurden. Während ein Jupitertransit über einen Planeten sehr kurz sein kann, ist ein Übergang des Jupiter über ein Stellium von Planeten viel nützlicher. Zudem erscheint mir der Transit des Jupiter durch jedes Haus während seines Aufenthaltes dort gewinnbringend.

Durchläuft Jupiter das erste Haus, betritt das Zeichen Widder oder bildet einen Aspekt zu Mars, sind Einstellung und Herangehensweise an das Leben fröhlich und optimistisch. Die dynamische Energie wird verstärkt, und tatsächlich ist es mitunter nahezu etwas zu viel des Guten. Da Jupiter der Planet der Expansion ist, sollte man darauf achten, dass nur die Persönlichkeit und die Einstellung zum Leben expandieren und nicht auch der Körper. Manche Menschen können zu dieser Zeit schnell Gewicht zulegen. Möglichkeiten scheinen wie von selbst zu entstehen. Die Zuversicht steigt, und die persönliche Anziehungskraft erweitert sich.

Durchläuft Jupiter das zweite Haus, betritt das Zeichen Stier oder bildet einen Aspekt zur Venus, scheinen sich die Möglichkeiten zum Geldverdienen zu vermehren, ebenso aber auch die Neigung, in Bezug auf Geld zu optimistisch zu sein und zu viel auszugeben. Jupiter ist der Planet der Extravaganz wie auch der Fülle. Persönliche Werte können spiritueller werden, und unsere Stimmung ist großzügiger. Wann immer Jupiter und Venus zusammenkommen, ist es eine Zeit vermehrten Glücks. Es ist eine gute Zeit, um ein Lotterielos zu kaufen.

Durchläuft Jupiter das dritte Haus, betritt das Zeichen Zwillinge oder bildet einen Aspekt zu Merkur, werden mentale Prozesse stimuliert. Wir ziehen Lernsituationen an. Studenten erreichen mehr in ihrem Studium, es bietet sich die Gelegenheit zu kurzen Reisen und die mentale Verfassung bessert sich. Wir werden selbstbewusster und optimistischer. Ihre Geschwister können in dieser Zeit Gewinne machen, insbesondere Ihr ältestes Geschwister. Ihre Beziehungen zu ihnen werden sich ebenfalls verbessern. Lernbestrebungen werden mit Optimismus und Eifer angegangen. Es ist eine gute Zeit, um zu schreiben, eine neue Sprache zu lernen oder mit Menschen aus verschiedenen Kulturen und Ländern in Kontakt zu kommen.

Durchläuft Jupiter das vierte Haus, betritt das Zeichen Krebs oder bildet einen Aspekt zum Mond, kann es zu einem positiven Nutzen für Ihren Vater oder Ihre Mutter kommen. Es kann eine Zeit sein, in der Ihre häusliche Umgebung für Sie wichtiger wird, und Sie selbst werden auch häuslicher. Sie könnten zu dieser Zeit Ihr Zuhause oder Büro umgestalten, und häusliche Veranstaltungen können Ihnen sehr viel Freude machen. Ihr öffentliches Ansehen kann sich verbessern. Frauen in Ihrem Leben können Ihnen Gewinn bringen. Unternehmungen in Zusammenhang mit Immobilien können sehr günstig für Sie sein.

Durchläuft Jupiter das fünfte Haus, betritt das Zeichen Löwe oder bildet einen Aspekt zur Sonne, erleben Sie eine gute Zeit für Ihre Kinder und Ihre Beziehung zu ihnen. Es ist eine großartige Zeit für Geselligkeit, Erholung, Sport und kreative Tätigkeiten. Es ist auch eine gute Zeit, um ein Kind zu empfangen, jedoch – da Jupiter es übertreiben kann – haben manche Klientinnen zu dieser Zeit auch Mehrfachgeburten gehabt. Es ist eine bevorzugte Zeit für Glücksspiele, Spekulationen und natürlich für Romanzen. Jupiter ist ein großzügiger Planet, und in Löwe ist er betont.

Durchläuft Jupiter das sechste Haus, betritt das Zeichen Jungfrau oder bildet einen Aspekt zu Merkur, kann es zu einer sehr guten Zeit für Ihre Arbeit, Ihre Arbeitsumgebung und Ihre Zusammenarbeit mit Kollegen kommen. Sie können sehr gute

Angestellte einstellen, und Ihre Produktivität kann zu bisher unerreichten Höhen aufsteigen. Wenn Sie nicht zu üppig genießen, kann es Ihrer Gesundheit gut gehen. Wenn Sie nicht gesundheitsbewusst sind, müssen Sie Diät halten und trainieren, sonst könnten Sie an Gewicht zunehmen. Zu dieser Zeit kann man sich auch ein Haustier zulegen. Alle geistigen Prozesse sind lohnend. Die Kommunikation fließt, und Sie fühlen sich verstanden.

Durchläuft Jupiter das siebte Haus, betritt das Zeichen Waage oder bildet einen Aspekt zur Venus, wird selbst der überzeugteste Junggeselle an Heirat denken. Jupiter oder der progressive Mond im siebten Haus kann Sie dazu bringen, sehr ernsthaft über Verbindungen nachzudenken. Eine bestehende Ehe kann besser werden, oder es kommt zu einem Gewinn für den Ehepartner. Auch geschäftliche Partnerschaften laufen gut. Ich hatte einige Klienten, die von ihren Partnern getrennt waren und mit dem Transit des Jupiter durch das siebte Haus sich wieder versöhnt haben. Sie waren zuversichtlich, die Ehe wieder funktionsfähig machen zu können. Dennoch – manche trennten sich wieder, als Jupiter das siebte Haus verließ. Jupiter ist in Waage sehr romantisch, und wann immer Venus und Jupiter zusammentreffen, erweitert sich das Glück. Selbst ein Quadrat von Jupiter zu Venus ist eher glückbringend, auch wenn es übermäßig großzügig oder extravagant machen kann.

Durchläuft Jupiter das achte Haus, betritt das Zeichen Skorpion oder bildet einen Aspekt zu Pluto, ist die Zeit für Investitionen und Rücklagen sehr günstig. Sie können aber auch die Neigung haben, Ersparnisse anzugehen, Geld auszugeben und mit Vermögen zu freizügig umzugehen. Sie können zu dieser Zeit eine Erbschaft machen, das Einkommen Ihres Ehepartners kann sich verbessern und Ihr Sexualleben stärker betont werden. Wenn Jupiter und Pluto in Harmonie aufeinander treffen, habe ich schon Millionäre entstehen sehen.

Durchläuft Jupiter das neunte Haus, betritt das Zeichen Schütze oder bildet einen Aspekt zum Geburtsjupiter, ist dies normalerweise eine sehr gute Zeit, da Jupiter der natürliche Herrscher des neunten Hauses und des Zeichens Schütze ist. Fast jeder geht auf Reisen, geht wieder zur Schule oder belegt irgendwelche Kurse oder Workshops oder wird spiritueller. Gibt es eine gerichtliche Angelegenheit, wird sie positiv enden. Generell ist der Transit des Jupiter durch das neunte Haus ausgesprochen gut, es sei denn, er bildet sehr schwierige Aspekte. Jupiter im Transit über den Geburtsjupiter zeigt oft eine Reise an. Jupiter im Schützen scheint nahezu jeden zu begünstigen, denn in diesem Zeichen ist er sehr gut platziert.

Durchläuft Jupiter das zehnte Haus, betritt das Zeichen Steinbock oder bildet einen Aspekt zu Saturn, habe ich bei manchen Klienten beobachtet, dass sie unverdiente Anerkennung erhalten. Ihr Ansehen steigert sich, und die Leute sprechen gut von Ihnen. Oft kommt es zu Möglichkeiten des beruflichen Aufstiegs. Wenn Sie ein Geschäft haben, sollten Sie vorsichtig sein, unter diesem Jupitertransit nicht allzu viel zu expandieren, denn Jupiter im zehnten Haus oder im Aspekt zu Saturn kann übermäßig optimistisch und enthusiastisch machen. Bildet Jupiter einen positiven Aspekt zu Saturn, präsentiert sich fast immer irgendeine Karrierechance von selbst. Selbst harte Jupitertransite werden nie zu schwierig sein.

Durchläuft Jupiter das elfte Haus, betritt das Zeichen Wassermann oder bildet einen Aspekt zu Uranus, werden Geselligkeit, Freundschaften und die Beteilung an Gruppen und Organisationen stimuliert. Freundschaften werden gewinnbringend sein, und Sie können einflussreiche Menschen anziehen. Dies ist eine sehr gute Zeit, um Absichten, Ziele und Wünsche zu manifestieren. Ich warne die Menschen stets, mit ihren Wünschen vorsichtig zu sein, da sie wahrscheinlich wahr werden. Mit einem guten Aspekt von Jupiter zu Uranus kann es zu einem plötzlichen Glücksfall kommen, einer wunderbaren Überraschung, oder Sie können etwas wiederfinden, das Sie verloren hatten.

Durchläuft Jupiter das zwölfte Haus, betritt das Zeichen Fische oder bildet einen Aspekt zu Neptun, scheint es zu einer Periode zu kommen, in der Sie alte seelische Themen einfach und leicht anschauen und lösen können. Eine Therapie fällt Ihnen leicht, und die Dinge werden Ihnen nun vollkommen klar. Jupiter im Transit durch das zwölfte Haus beschützt Sie. Viele Menschen werden zu dieser Zeit zu ehrenamtlichen Tätigkeiten hingezogen. Kreativität und Phantasie sind erhöht. Manch ein altes Geheimnis kann gelüftet werden. Jupiter im Aspekt zu Neptun kann einen Traum wahr werden lassen.

Saturntransite
Saturn ist als Lehrer und Lehrmeister bekannt. Unter schwierigen Transiten kann er hemmen, begrenzen, verzögern, Angst und Misstrauen auslösen und einsam machen. Positive Aspekte können Ihre Konzentration steigern, Ihre Gefühle festigen und als selbstdisziplinierender Faktor dort eine stabile Grundlage legen, wo er im Transit steht. Wenn ich mit meinen Klienten oder Studenten über Saturn spreche, beschreibe ich ihn als das »harte Eingreifen« der Realität. Wo immer Saturn im Transit steht, definiert und schafft er Realismus. Marc Robertson hat ein großartiges Buch über die Zyklen des Saturn mit dem Titel *Transits of Saturn* geschrieben. Es sollte meiner Ansicht nach bei jedem Astrologen in der Bibliothek stehen.

Durchläuft Saturn das erste Haus, betritt das Zeichen Widder oder bildet einen Aspekt zu Mars, können Sie sich als ein Individuum profilieren – als ernsthaft und wissend. Dieser Transit kann neue Ziele definieren, eine klarere Herangehensweise an das Leben und die Fähigkeit zu Selbstdisziplin bringen. Schließlich werden eine gesündere Ernährung sowie körperliche Übungen zur Gewohnheit. Häufig werden Eigenschaften, die Sie bei einem Saturntransit durch das erste Haus angenommen haben, zu Gewohnheiten für den Rest des Lebens. Wenn Saturn vom zwölften in das erste Haus übergeht, lässt man normalerweise ein Stück Vergangenheit hinter sich und begegnet dem Leben nun auf eine andere Weise. Wir können eine Ehe loslassen, einen Job oder eine Verantwortung. Mit dem Transit des Saturn im ersten Haus kann der Selbstausdruck schwieriger sein und wir können ernsthafter und nachdenklicher erscheinen. Saturn im Widder kann die ungestüme Art des Widders zähmen. Viele Widder erzählten mir zu der Zeit, als Saturn im Transit durch den Widder ging, dass sie sich fühlten, als würde ihnen an allem der Spaß verdorben. Wann immer Saturn und Mars zusammentreffen, kommt es zu einer Art »Stop-and-Go-Energie«. Mars will vorwärts stürmen, und Saturn mahnt Vorsicht an. Gewöhnlich wird in kürzester Zeit mit großem Energieaufwand eine ungeheure Leistung erbracht, gefolgt von Stillstand und Beinahe-Kollaps, wenn das Projekt vollendet ist. Im Geburtshoroskop kann ein Saturn/Mars-Transit Frustration über das Leben andeuten, und wenn der Transit des Saturn im harten Aspekt zu Mars steht, fühlen Sie sich auch genauso. Mit Saturn funktioniert nur eine konstante und stabile Nutzung der Marsenergie gut.

Durchläuft Saturn das zweite Haus, betritt das Zeichen Stier oder bildet einen Aspekt zu Venus, können Sie zu dieser Zeit finanzielle Ziele festlegen. Selbst eine Person, die bisher sehr extravagant war und sorglos mit Geld umging, wird nun in Bezug auf finanzielle Angelegenheiten praktischer und realistischer werden. Bildet Saturn gute Aspekte, kann er durch Fleiß und harte Arbeit das Einkommen beträchtlich erhöhen. Saturn im Stier ist praktisch und konservativ. Bildet Saturn einen Aspekt zur Venus, legt man sich in der Liebe fest. Es ist keine gute Zeit, um eine neue Stelle anzunehmen, denn sie könnte sich als Enttäuschung herausstellen. Eine Beziehung wird enger oder zerbricht. Sowohl in der Liebe wie auch bei den Finanzen ist Selbstdisziplin erforderlich.

Durchläuft Saturn das dritte Haus, betritt das Zeichen Zwillinge oder bildet einen Aspekt zu Merkur, kann sich dies auf Geschwister oder Verwandte beziehen. Unter harten Aspekten kann man zu Depressionen oder negativem Denken neigen. Unter guten Aspekten jedoch kann es zu ernsthaften Lernbestrebungen kommen. Eine gute Verwendung der Energie ist die disziplinierte und ausschließliche Verfolgung eines intellektuellen Ziels. Gewöhnlich behält man das, was unter einem Saturntransit gelernt wird, für den Rest des Lebens.

Durchläuft Saturn das vierte Haus, betritt das Zeichen Krebs oder bildet einen Aspekt zum Mond, kann Verantwortung für ein Elternteil auftreten, ein teureres Zuhause kann erworben werden (einhergehend mit mehr Verantwortung) oder das bestehende Zuhause kann renoviert werden. Man möchte sich niederlassen, Grundbesitz erwerben und sein Eigentum vergrößern. Als eines der wichtigsten Ereignisse ist mir beim Studium des Saturn aufgefallen, dass es bei seinem Übergang über die vierte Häuserspitze zu grundlegenden Veränderungen im Beruf kommt. Es ist eine zyklische Veränderung, die den Menschen häufig auf einen völlig neuen beruflichen Weg stellt. Saturn im Aspekt zum Mond kann recht depressiv sein, oder die Gefühle werden klar erkennbar. Frauen aus der Vergangenheit können im Leben wieder auftauchen. Auch kann sich eine Beziehung zu einer älteren Frau als sehr förderlich erweisen. Wenn Sie eine extreme Empfindlichkeit für Kränkungen – eingebildete oder reale – vermeiden können und unvoreingenommen bleiben, ist dieser Aspekt leichter zu handhaben. Fast immer gibt es jedoch ein Gefühl der Isolation.

Durchläuft Saturn das fünfte Haus, betritt das Zeichen Löwe oder bildet einen Aspekt zur Sonne, können Sie für Kinder mehr Verantwortung fühlen oder vielleicht die Verantwortung für ein weiteres Kind übernehmen. Es können sich künstlerische Ziele herauskristallisieren, oder es kommt bei schwierigen Aspekten vielleicht zu einer vorübergehenden kreativen Blockade. Sind Sie in einer Liebesbeziehung, können Sie diese festlegen wollen. Sie wird dann verbindlich werden oder enden. Mit Saturn im fünften Haus oder im Transit zur Sonne bleiben Liebesbeziehungen selten unverändert. Mir ist auch aufgefallen, dass berufliche Möglichkeiten und Ziele sich unter Saturntransiten stabilisieren. Auch kann durch die Erweiterung Ihres Geschäfts oder durch eine Beförderung mehr Verantwortung übernommen werden. Bei einem Saturntransit zur Sonne kann ein Mann aus der Vergangenheit wieder in Ihr Leben treten. Auch wenn Sie sich überarbeitet und unterschätzt fühlen, ist es eine gute Zeit, um etwas zu erreichen. Selbst unter harten Aspekten können wir viel bewerkstelligen und außerdem auch Gewicht verlieren.

Durchläuft Saturn das sechste Haus, betritt das Zeichen Jungfrau oder bildet einen Aspekt zu Merkur, klären sich Arbeitsbedingungen, Fragen der Produktivität und das berufliche Umfeld. Bestehen Missverständnisse mit Mitarbeitern, ist dies eine gute Zeit, um die Atmosphäre zu reinigen. Wenn sie in einer Anstellung oder Arbeit stecken, die Ihnen nicht behagt, werden Sie sie zu dieser Zeit verlassen. Der Eintritt des Saturn in das sechste Haus hat schon manche Astrologen in Schrecken versetzt, weil sie sich fürchteten, krank zu werden. Normalerweise wird jedoch nur das in Ordnung gebracht, was in Ordnung gebracht werden muss. Haben Sie es bisher versäumt, zum Zahnarzt zu gehen, dann gehen Sie nun. Haben Sie Rückenprobleme, werden Sie nun einen Chiropraktiker oder jemand anderen finden, der Ihnen hilft, das Problem zu lösen. Haben Sie Hautprobleme, finden Sie einen Dermatologen und eine Behandlung wird folgen. Es fällt Ihnen nun leichter, sich in der Ernährung, Vitaminzufuhr und körperlichem Training zu disziplinieren. Wenn Saturn das sechste Haus verlässt, sind die meisten Menschen sehr viel gesünder als vorher. Da Saturn sich in der Jungfrau wohl fühlt, kann er eine starke Erweiterung der Produktivität bewirken. Man kann neue Stufen der Effizienz erreichen. Saturn im Transit zum Planeten Merkur kann Depressionen hervorbringen oder zumindest eine ernsthafte Denkweise. Mit der Verfolgung eines neuen intellektuellen Studiengebiets können Sie die Energie gut nutzen. Ihre Konzentration und Ihr innerer Schwerpunkt werden sich verbessern.

Durchläuft Saturn das siebte Haus, betritt das Zeichen Waage oder bildet einen Aspekt zu Venus, benötigt eine Beziehung Ihr Verständnis. Partnerschaften festigen sich unter diesem Transit oder sie enden. Sie werden daran arbeiten zu lernen, was Ihr Partner braucht und von Ihnen erwartet. Neue, dauerhafte Partnerschaften können nur dann gebildet werden, wenn Aspekte und Progressionen ausgesprochen positiv sind. Manchmal taucht eine Person aus Ihrer Vergangenheit auf und will wieder mit Ihnen in Beziehung treten. Falls Sie sich mit Saturn im siebten Haus mit jemandem verabreden, können Sie sich fühlen, als würden Sie die ganze Zeit geprüft und analysiert. Eheleute können erleben, wie ihr Partner zusätzliche Verantwortung übernimmt. Selten habe ich sehen können, dass jemand mit Saturn im siebten Haus heiratet. Falls es zu einer Hochzeit kommt, ist der Partner normalerweise älter, ein Steinbock oder sehr ernsthaft. In einer stabilen Ehe ist die Ehe nach dem Durchgang des Saturn durch das siebte Haus fester als je zuvor.

Durchläuft Saturn das achte Haus, betritt das Zeichen Skorpion oder bildet einen Aspekt zu Pluto, begrenzt er Investitionen, Versicherungen, Wünsche und alle gemeinsamen Finanzen. Vermögen und der Bau eines Hauses kann für Sie wichtig werden. Falls Aspekte des Saturn nicht extrem positiv ausfallen, kann sein Durchgang durch das achte Haus eine sehr schlechte Zeit für eine Scheidung sein. Sie werden dann finanziell nicht fair behandelt. In Ihrer Umgebung kann jemand sterben, und Sex ist zu dieser Zeit nicht besonders aufregend. Wenn Saturn den Transit zu Pluto abgeschlossen hat, können Sie Ihre persönliche Macht klar erkennen und definieren.

Durchläuft Saturn das neunte Haus, betritt das Zeichen Schütze oder bildet einen Aspekt zu Jupiter, werden Sie Ihr Glaubenssystem definieren. Mit einem Transit des Saturn durch das neunte Haus können Sie häufig in religiöser Hinsicht sehr konservativ werden. Studenten werden sehr diszipliniert und strukturiert lernen und ihre Ausbildung sehr ernst nehmen oder sich in manchen Fällen auch entscheiden, dass ein Studium nichts für sie ist und es abbrechen. Oft reist man nicht zum Vergnügen, sondern aus geschäftlichen Gründen. Ein Schütze-Klient erzählte mir, dass er sich während des Saturntransits über seinen Jupiter hoffnungslos fühlte. Ich persönlich habe dieses Gefühl während dieses Transits nicht erlebt, aber ich habe Klienten gefragt, wie sie sich fühlten, und sie meinten, dass »hoffnungslos« insgesamt eine gute Bezeichnung dafür wäre.

Durchläuft Saturn das zehnte Haus, betritt das Zeichen Steinbock oder bildet einen Aspekt zum Geburtssaturn, werden Sie sich auf signifikante Weise persönlich definieren. Die Zeit, in der Saturn im Alter von 28 oder 29 Jahren im Transit über seine Geburtsstellung läuft, ist sehr schwierig, denn man spürt den Reifungsprozess. Ziele müssen definiert werden, und das Leben wird für einige Zeit wesentlich ernsthafter. Während der zweiten Saturnwiederkehr im Alter von Ende fünfzig müssen Ziele erneut überdacht werden, vielleicht jene, welche die Rente oder die finanzielle Sicherheit betreffen. Da Saturn der natürliche Herrscher des zehnten Hauses ist, kann sein Transit durch das zehnte Haus sehr positiv sein. Häufig kommt es für in der Vergangenheit geleistete harte Arbeit zu einer Belohnung. Wenn Sie in Bezug auf Ihren Beruf die richtigen Schritte gemacht haben, als Saturn Ihr Horoskop vom vierten Haus an durchlief, kann er Sie nun im zehnten Haus in eine Position von echtem Rang und mit Verantwortung und Anerkennung bringen. Insbesondere trifft dies bei guten Saturn-Aspekten zu. Bildet Saturn keine guten Aspekte, können Sie für einen Elternteil Verantwortung übernehmen müssen, oder Ihr Ansehen beziehungsweise Ihre Karriere können in Gefahr geraten. Unter einem guten Aspekt kann die Karriere sehr stabil und sicher verlaufen. Die zukünftige Richtung wird geklärt, und neue Ziele werden gesetzt.

Durchläuft Saturn das elfte Haus, betritt das Zeichen Wassermann oder bildet einen Aspekt zu Uranus, definieren Sie Ihre persönlichen Ziele sowie auch Ihre Freundschaften. Freunde, die Ihnen nicht positiv und konstruktiv erscheinen, können Sie aus Ihrem Leben entfernen. Sie können mehr mit Gruppen und Organisationen zu tun bekommen und sogar eine Führungsrolle übernehmen. Wenn die Organisation jedoch nicht förderlich für Sie ist, werden Sie sie verlassen. Eine ältere Person kann in Ihr Leben treten und ein sehr wertvoller und geschätzter Freund werden. Im Aspekt zu Uranus neigt Saturn dazu, die unkonventionelle Seite des Uranus zu mäßigen, und Sie werden sehr kritisch damit umgehen, mit wem Sie Ihre Zeit verbringen wollen.

Durchläuft Saturn das zwölfte Haus, betritt das Zeichen Fische oder bildet einen Aspekt zu Neptun, kann es zu einer neuen Zeit der psychologischen Eingrenzung kommen. Soweit Ihr

Selbstwert und Ihre Identität betroffen sind, können Sie wachsen, jedoch nicht ohne Ihren Beitrag dazu zu leisten. Mit Saturn im zwölften Haus oder in den Fischen können die Leichen aus dem Keller hervorkommen, und selbst die positivste Person kann selbstzerstörerisch werden. Ohne ein hohes Maß an Disziplin und die Bewahrung einer positiven Geisteshaltung kann dies eine sehr widrige Phase sein. Der Durchlauf des Saturn durch das zwölfte Haus vervollständigt die Dinge und klärt Altlasten, so dass wir beim Übergang des Saturn in das erste Haus bereit für einen neuen Anfang sind. Saturn im Aspekt zu Neptun gibt uns Klarheit über unsere spirituellen und philosophischen Anschauungen. Es ist eine gute Zeit, um unsere kreativen Visionen und Träume in eine greifbare Form zu bringen.

Transite der äußeren Planeten

Uranus, Neptun und Pluto bilden langsam laufende Transite mit weit reichenden Wirkungen. Transite dieser Planeten sind in ihren Auswirkungen den Progressionen ähnlich. Sie beeinflussen uns ebenfalls auf einer unterbewussten Ebene wie auch in ereignisorientierter Weise. Häufig empfinden wir diese Aspekte als sehr schicksalhaft.

Pluto reißt ab, um letztlich zu transformieren und neu aufzubauen. Ihre emotionale Einstellung zu den Angelegenheiten des Hauses, durch das er läuft, wird sich vollkommen ändern. Läuft Pluto zum Beispiel im Transit durch Ihr siebtes Haus, werden Ehe und Partnerschaft nicht mehr in der gleichen Weise betrachtet.

Uranus verstärkt in uns die Tendenz zum Ausbruch und zur Freiheitssuche, wir wollen die Dinge nach unseren eigenen Vorgaben leben. Durchläuft Uranus zum Beispiel das erste Haus, werden Sie sehr autonom, unabhängig und freiheitsorientiert werden. Im zweiten Haus können Sie dramatische Veränderungen in Ihrem Einkommen erfahren oder unter sehr guten Aspekten einen plötzlichen Glücksfall.

Transite des Neptun neigen eher zu Auflösung, Täuschung, Konfusion oder Idealisierung. Eine Klientin war während des gesamten Neptuntransits durch ihr siebtes Haus mit einem Alkoholiker verheiratet. Als Neptun das achte Haus betrat, frage sie sich: »Warum bin ich mit ihm zusammen? Es ist eine schreckliche Ehe, und ich will jetzt da raus!« Während vieler Jahre hatte sie stets viele Entschuldigungen gefunden, aber nachdem Neptun das siebte Haus verließ, schlug die Realität zu. Dies ist ein extremes Beispiel. Unter einem Neptuneinfluss gibt es jedoch gewöhnlich einigen Nebel und Selbsttäuschungen.

Wenn die überpersönlichen Planeten Uranus, Neptun und Pluto die Achsen eines Horoskops kreuzen, den Aszendenten (erstes Haus), den Nadir (viertes Haus), den Deszendenten (siebtes Haus) oder die Himmelsmitte (zehntes Haus), können wir in dramatische neue Entwicklungszyklen und -ebenen eintreten.

Uranustransite

Läuft Uranus über den Aszendenten und durchläuft das erste Haus, betritt das Zeichen Widder oder bildet einen Aspekt zu Mars, können sich Ihr physischer Körper, Ihre Erscheinung, Ihr Lebensstil und die Art und Weise, wie Sie das Leben betrachten, dramatisch verändern. Ich habe schon den Tod eine Partners, Scheidungen sowie auch Hochzeiten beobachtet. All das kam plötzlich und unerwartet. Ich war während dieses Transits nahezu andauernd auf Reisen, so dass meine Umgebung sich ständig veränderte. Eine meiner Freundinnen hatte ernsthafte Herzprobleme, was schließlich ihren Umgang mit ihrer Gesundheit zum Besseren veränderte. Einer meiner Lehrer sagte: »Was immer du glaubst, dass es Uranus sei, er wird es nicht sein. Das Einzige, was du mit Sicherheit über Uranus weißt, ist, dass er eine Überraschung sein wird.« Im Aspekt zu Mars kann Uranus eine unbeständige Energie sowie die Neigung zu Unfällen und plötzlichen, unerwarteten Operationen hervorbringen. Es kommt zu intensiver Ruhelosigkeit und dem starken Verlangen nach Veränderungen. Häufig werden Veränderungen vorgenommen, ohne sorgfältig nachzudenken, und diese Hast kann zu späteren Problemen führen.

Durchläuft Uranus das zweite Haus, betritt das Zeichen Stier oder bildet einen Aspekt zu Venus, wird sich irgendwie die Art des Einkommens ändern. Manche Menschen wechseln ihre Stelle oder ihren Beruf, und wer auf Basis eines festen Gehalts arbeitet, kann einen Bonus erhalten oder zu einer provisionsabhängigen Bezahlung übergehen. Geld wird in jedem Fall eine inkonsistente Sache werden. Die fixen Zeichen haben die meisten Schwierigkeiten mit diesem Transit, denn Flexibilität ist nun ein Muss. Man muss mit plötzlichen Verlusten oder plötzlichen Glücksfällen rechnen. Persönliche Werte könnten sich ändern. Die Liebe kann plötzlich und auf ungewöhnliche und unerwartete Weise in Ihr Leben treten. Diese Person wird nicht in das alte Muster der Menschen passen, die Sie vorher angezogen haben. Diese Person kann Sie auch ebenso schnell wieder verlassen, wie sie gekommen ist. Jedoch bleibt eine Veränderung im Bewusstsein der Liebe, und was Sie aus der Beziehung gelernt haben, wird Ihnen immer hilfreich sein. Positiv verwendet kann dieser Transit einer bestehenden Partnerschaft eine neue, aufregende Dimension hinzufügen.

Durchläuft Uranus das dritte Haus, betritt das Zeichen Zwillinge oder bildet einen Aspekt zu Merkur, kann sich Ihre Denkweise irgendwie ändern. Ein neues mentales Ziel, eine innovativere Kommunikationsweise, eine Veränderung für eines Ihrer Geschwister – all diese Dinge können sich manifestieren. Diesen Transit habe ich zu der Zeit beobachtet, wenn Klienten oder Studenten beginnen, sich für die Astrologie zu interessieren. Die geistige Einstellung wird unabhängiger und das Denken erfindungsreicher. Geniale Geistesblitze und brillante Einsichten können auftauchen. Leute, die niemals einen Computer kaufen wollten, finden sich nun dabei wieder, Stunden damit zu verbringen, seine Verwendung zu erlernen.

Durchläuft Uranus das vierte Haus, betritt das Zeichen Krebs oder bildet einen Aspekt zum Mond, kann es zu einer plötzlichen Veränderung des Aufenthaltsortes kommen. Dieser Transit kann sich auch als eine Veränderung des Büros oder der

Arbeitsumgebung manifestieren. Kommt es nicht zu einem Umzug, kann jedoch ein starkes Verlangen nach Renovierung oder Umbau bestehen. Das Leben eines Elternteils kann ebenfalls einer Veränderung unterliegen, wie z.B. plötzlich die Rente anzutreten oder den Wohnsitz zu wechseln. Gefühle können unbeständig und Stimmungen wechselhaft sein. Zu dieser Zeit kann sich auch Ihr persönliches und öffentliches Bild ändern. Auf einer persönlichen Ebene kann die Energie in positiver Weise dazu genutzt werden, alte Gewohnheiten und Abläufe zu verändern. Verändern Sie Ihre Reaktionsweise gegenüber Herausforderungen. Versuchen Sie, sich selbst von alten, eingrenzenden emotionalen Reaktionen zu befreien.

Durchläuft Uranus das fünfte Haus, betritt das Zeichen Löwe oder bildet einen Aspekt zur Sonne, kann es zu einer plötzlichen Liebesverbindung oder unerwarteten Schwangerschaft kommen sowie zu blitzartigen schöpferischen Einsichten. Neue und ungewöhnliche Interessen können verfolgt werden. Zu dieser Zeit können Veränderungen im Leben eines Kindes, besonders des ältesten Kindes, passieren, und dieser Mensch kann sich auf eine sehr andersartige Weise ins Leben einbringen. Sie ziehen Menschen und Situationen an, die irgendwie anders und speziell sind, aber die Verbindung kann fließend sein und ebenso schnell enden, wie sie begonnen hat. Wenn Sie normalerweise eher konservativ sind, könnten Sie sich nun auf eine eher ungewöhnliche Weise präsentieren und sich nicht mehr länger allem anpassen wollen. Es besteht eine intensive Rastlosigkeit sowie ein rebellischer Zug, und Sie können in einer Sache, für die Sie sich vor nur ein paar Monaten sehr stark gemacht haben, nun eine vollkommen andere Position einnehmen. Gewöhnlich rate ich Klienten zur Vorsicht, mit grundlegenden Veränderungen sollte man lieber einige Monate warten. Unternehmen Sie lieber eine Reise, bevor Sie einen guten Job hinschmeißen. Stellen Sie die Möbel um oder tapezieren Sie, bevor Sie ein Haus verkaufen, das Sie vor einigen Monaten noch liebten. Ich weise meine Klienten häufig darauf hin, dass jetzt eine gute Zeit für einen Stresstest ist, denn das Herz wird von der Sonne regiert, und Uranus kann seine Funktion durcheinander bringen. Ein Klient befolgte meinen Hinweis, ging zum Arzt und landete in der gleichen Woche mit einer Operation am offenen Herzen im Krankenhaus.

Durchläuft Uranus das sechste Haus, betritt das Zeichen Jungfrau oder bildet einen Aspekt zu Merkur, kann es zu plötzlichen Veränderungen am Arbeitsplatz, mit Angestellten oder Mitarbeitern kommen. Eine ständige Getriebenheit zu Jobwechseln kann ebenfalls vorkommen. Unerwartet kann ein Haustier die Szene betreten oder auch davon laufen. Eigenartige gesundheitliche Probleme können auftreten und plötzlich wieder verschwinden. Entscheidungen werden ohne die sonst übliche Planung vorgenommen, und man sagt Dinge, ohne vorher darüber nachzudenken. In den Arbeitsbereich können wunderbare und innovative Dinge eingebracht werden, und die praktische Kreativität ist gesteigert.

Durchläuft Uranus das siebte Haus, betritt das Zeichen Waage oder bildet einen Aspekt zur Venus, kann sich der Zustand einer Ehe oder Partnerschaft dramatisch verändern. Bei einer Ehe kann der Ehepartner während dieses Transits durch viele Veränderungen gehen. Eine geschäftliche Verbindung kann plötzlich abbrechen. Treten Menschen unter diesem Transit in Ihr Leben, so geschieht dies plötzlich und oftmals gehen sie so schnell, wie sie gekommen sind. Dieser Aspekt wird oft für die Liebe auf den ersten Blick benannt, und die Liebe widerfährt einem tatsächlich schnell und unerwartet. Ohne verstärkende Progressionen und ein entsprechendes Geburtsversprechen wird eine Person, die unter diesem Aspekt in Ihr Leben tritt, vermutlich nicht bleiben. Es ist eine aufregende Zeit, einhergehend mit großer Anziehungskraft. Ich erinnere mich gut an die Zeit, als Uranus in den sechziger Jahren durch das Zeichen Waage lief. Ehe und Partnerschaft sind seitdem nicht mehr dasselbe.

Durchläuft Uranus das achte Haus, betritt das Zeichen Skorpion oder bildet einen Aspekt zu Pluto, können sich die gemeinsamen Finanzen verändern. In der Umgebung kann es zu einem plötzlichen Todesfall kommen. Ein unerwarteter finanzieller Gewinn oder Verlust kann geschehen. Mir sind überraschende Erbschaften genauso begegnet wie plötzliche kostspielige Steuerprüfungen. Investitionen verlaufen im besten Fall widersprüchlich. Die finanzielle Planung ist schwierig und scheint außer Kontrolle zu sein. Da dies ein Generationstransit ist und da nicht jeder in Ihrem Alter denselben Aspekt hat, wird er nicht so signifikant sein, falls Pluto nicht im Geburtshoroskop in einem Eckhaus steht, prominent gestellt ist oder als persönlicher oder Horoskopherrscher fungiert.

Durchläuft Uranus das neunte Haus, betritt das Zeichen Schütze oder bildet einen Aspekt zu Jupiter, kann eine plötzliche Veränderung in Ihren spirituellen Überzeugungen auftreten. Manche Klienten haben ihre Religion gewechselt, eine vollkommen andere Weltanschauung angenommen oder sind Atheisten geworden. Es können sich unerwartete Gelegenheiten zu Reisen manifestieren, ebenso können unerwartete Besucher aus der Ferne kommen. Ein Fremder kann Sie beeinflussen. Der plötzliche Impuls, wieder die Schule zu besuchen oder sie zu verlassen, ist unter diesem Aspekt möglich. Uranus im Aspekt zu Jupiter bringt sehr oft einen überraschenden Nutzen. Manchmal taucht ein Freund wieder auf, oder Sie finden etwas Verlorenes wieder.

Durchläuft Uranus das zehnte Haus, betritt das Zeichen Steinbock oder bildet einen Aspekt zu Saturn, kann es zu einer Zeit sehr dramatischer Veränderungen kommen, die den geschäftlichen Bereich oder Ihre Position im Leben betreffen. Da das zehnte Haus ein Eckhaus ist, können diese Veränderungen sehr wichtig und von öffentlichem Interesse sein. Ihre Karriere kann sich ebenso wie Ihre Bestimmung verändern. Im Leben eines Elternteils kann es zu einer Veränderung kommen. Die Art und Weise, wie Sie das Leben sehen und wahrnehmen, wird nun anders ein. Uranus im Aspekt zu Saturn kann eine unerwartete Beförderung oder geschäftliche Möglichkeit bringen, oder eine ältere Person kann plötzlich ihr Leben verlassen. Ihre persönliche Lebensweise und Ihre Gewohnheiten können sich verändern.

Durchläuft Uranus das elfte Haus, betritt das Zeichen Wassermann oder bildet einen Aspekt zum Geburtsuranus, verändert sich das Leben Ihrer Freunde, und Ihre Freunde selbst können auch wechseln. Mit Sicherheit werden neue und neuartige Menschen in Ihr Leben kommen. Sie können Gruppen und Organisationen beitreten oder das Bedürfnis verspüren, sich von ihnen zu trennen. Ihr soziales Leben wird Veränderungen unterliegen. Sie werden von Menschen angezogen, die irgendwie besonders oder einzigartig sind. Ebenso werden Ihre Ziele und Vorhaben nun anders sein als vor diesem Transit. Es können große technische Fortschritte, Erfindungen und Entdeckungen gemacht werden. Uranus im Aspekt zum Geburtsuranus stimuliert Ihr Bedürfnis danach, unbehindert und frei zu sein. Ihre Einzigartigkeit, Ihre Individualität und die Fähigkeit, eine innovative Seite Ihrer selbst auszudrücken, werden offensichtlich.

Durchläuft Uranus das zwölfte Haus, betritt das Zeichen Fische oder bildet einen Aspekt zu Neptun, steigen die Leichen im Keller an die Oberfläche. Lang bewahrte Geheimnisse aus der Vergangenheit könnten bloß gelegt werden. Es kann der Wunsch bestehen, etwas für die Menschheit zu tun, wie beispielsweise in einem helfenden Beruf zu arbeiten oder ehrenamtliche Arbeit zu leisten. Einer meiner Klienten begann unter diesem Aspekt mit einer ehrenamtlichen Arbeit im Hospiz. Es kann sich die Möglichkeit zu einer geheimen Verbindung präsentieren. Das kann zum Beispiel eine aufregende Romanze sein, die ebenso schnell endet, wie sie begonnen hat, falls sie nicht durch Progressionen oder andere Faktoren verstärkt wird. Ihre Kreativität wird wesentlich innovativer, und Ihre spirituellen Überzeugungen werden fortschrittlicher.

Neptuntransite

Läuft Neptun über den Aszendenten und durchläuft das erste Haus, betritt das Zeichen Widder oder bildet einen Aspekt zu Mars, verfügen Sie über ein ungewöhnliches Charisma. Während Sie unter diesem Transit etwas von einem Visionär bekommen können, scheint Ihre persönliche Identität unscharf zu werden und verwirrt Sie. Andere könnten Sie als leicht abgehoben empfinden. Ihre Herangehensweise an das Leben ist nicht mehr so klar definiert wie zuvor. Ihre Einbildungskraft, Kreativität und Phantasie können stärker werden. Ihre persönliche Spiritualität verstärkt sich ebenfalls und erhält in dieser Phase Ihres Lebens eine wichtige Bedeutung. Altruistische Verhaltensweisen können auftreten. Mit Neptun im Kontakt zu Mars scheint Ihnen jedoch die Energie durch die Finger zu rinnen und physische Aktivitäten und Übungen sind weniger anziehend. Die sexuelle Energie und sexuelle Erfahrungen werden eine mehr transzendente als physische Qualität annehmen.

Durchläuft Neptun das zweite Haus, betritt das Zeichen Stier oder bildet einen Aspekt zu Venus, können kreative und spirituelle Bemühungen Verdienste bringen. Da das zweite Haus mit Ihrem Wertesystem zusammenhängt, können Sie zu dieser Zeit viel spiritueller und idealistischer werden. Es ist keine gute Zeit, um sich Geld zu leihen oder um schnell reich zu werden, Sie würden mit Sicherheit verlieren. Dennoch ist Neptun ein expansiver Planet, und unter guten Neptuntransiten kann das Einkommen wachsen, jedoch nicht auf traditionelle Weise. Jeder Transitaspekt von Neptun zu Venus erweitert Ihre Liebesfähigkeit. Eine Liebesbeziehung kann sehr bezwingend und magisch werden. Die Beziehung wird sehr idealistische und spirituelle Untertöne haben, was häufig mehr auf der Phantasie als auf der Realität fußt. Manchmal wird die Liebe, die wir geben, nicht wirklich geschätzt, oder wir erhalten etwas, das wir verliehen haben, nicht zurück. Unter einem Venus/Neptun-Transit besteht immer die Gefahr, hintergangen und enttäuscht zu werden. Als Neptun im Quadrat zu meiner Venus stand, ließ ich ein sehr kompliziertes Sicherheitssystem in unserem Haus einbauen, da ich das Gefühl hatte, es könnte eingebrochen werden. In meinem Zuhause wurde ich nicht beraubt, aber in meinem Büro. Obwohl eine Beziehung mit guten unterstützenden Geburts- und Progressionsaspekten funktionieren kann, wird sie nach dem Transit ein wenig realistischer werden. Eine übliche Frage von Klienten nach einer neptunischen Romanze ist: »Was habe ich in ihr/ihm bloß gesehen?« Dennoch sage ich meinen Studenten, dass jedes gute Liebesabenteuer ein bisschen Neptun braucht.

Durchläuft Neptun das dritte Haus, betritt das Zeichen Zwillinge oder bildet einen Aspekt zu Merkur, können mentale Prozesse ein wenig nebulös und verschwommen werden. Während Sie Ihre wildesten Träume und Phantasien erleben können, laufen die praktischen, alltäglichen Entscheidungsprozesse wie unter einer Wolkendecke ab. Dies ist eine weitere Zeitspanne, in der es notwendig ist, Listen zu machen und Prioritäten zu setzen, sonst könnten Sie Ihre Zeit einfach verträumen. Es ist eine hervorragende Zeit, um Yoga zu studieren, zu meditieren oder einen spirituellen Weg zu beschreiten. Ich lege meinen Klienten sehr nahe, diese Energie in einer kreativen oder spirituellen Weise zu nutzen, so dass sie die Energie unter Kontrolle haben und nicht umgekehrt.

Durchläuft Neptun das vierte Haus, betritt das Zeichen Krebs oder bildet einen Aspekt zum Mond, können Sie Ihr Haus und Ihren Garten verschönern wollen. Insbesondere im häuslichen Bereich ist die Kreativität erhöht. Manche Menschen bauen unter diesem Transit ihr Traumhaus oder erwerben schlicht ein Haus auf dem Wasser, da Neptun das Wasser regiert. Bei schlechten Transiten sind mir schon überflutete Keller oder verstopfte Abflussrohre begegnet. Bei einer Freundin kreuzte kürzlich Neptun die vierte Häuserspitze, und sie hatte einen Flutschaden von mehreren tausend Dollar. Bei einem Freund konnte ich beobachten, dass ein Elternteil an Alzheimer erkrankte, als Neptun das vierte Haus meines Freundes betrat und sehr schwierige Aspekte bildete. Neptun/Mond-Transite können Verwirrung und Täuschung in Verbindung mit einer Frau schaffen oder sogar öffentliche Skandale. Ein Klient von mir, ein guter Koch, wurde Chefkoch eines Feinschmeckerrestaurants und kann aus seinem Wissen nun endlich ein erfolgreiches Geschäft machen. Unter diesem Transit nehmen Sie den Weg, auf dem Sie tatsächlich sind, oft gar nicht wahr. Sie können falsch eingeschätzt werden oder selbst etwas falsch bewerten.

Durchläuft Neptun das fünfte Haus, betritt das Zeichen Löwe oder bildet einen Aspekt zur Sonne, kann sich Ihre Liebesfähigkeit stark erweitern. Sie können das Gefühl haben, dass das Objekt Ihrer Zuneigung ganz außerordenlich ist. Neptun lässt uns die göttliche Qualität im anderen sehen, und so kann es zu starken Idealisierungen kommen. Die Person, die wir anziehen, kann ein Musiker sein, ein Künstler oder ein spiritueller Mensch. Die Kreativität ist ständig erhöht, und Sie können wahrhaftig inspiriert sein. Sollte zu dieser Zeit ein Kind geboren werden, wird es das Zeichen Fische im Geburtshoroskop prominent gestellt haben. Auch Ihre eigenen Kinder werden während dieses Transits angebetet. Eine Klientin sagte mir nach dem fünfzehnjährigen Neptuntransit durch ihr fünftes Haus, dass sie in den ganzen vergangenen Jahren ihre vier Kinder für perfekt gehalten hat und nun schlagartig all ihre Fehler sieht.

Durchläuft Neptun das sechste Haus, betritt das Zeichen Jungfrau oder bildet einen Aspekt zu Merkur, kann eine Krankheit oder eine Reihe von Gebrechen auftreten, die schwer zu diagnostizieren sind. Ihnen kann das falsche Medikament verabreicht werden. An Ihrem Arbeitsplatz kann Diebstahl oder Hinterlist vorkommen. Unter sehr guten Aspekten können Sie in Ihrer Arbeit inspirierter werden oder die Arbeit finden, die Sie wirklich lieben. Sie können sehr motiviert sein zu kreativer Arbeit und Poesie. Die psychischen Fähigkeiten sind erhöht, und mache Menschen berichten von Déjà-vu-Erlebnissen.

Durchläuft Neptun das siebte Haus, betritt das Zeichen Waage oder bildet einen Aspekt zu Venus, beschreibt dies, wenn Sie Single sind, Ihre Verehrer oder, wenn Sie verheiratet sind, die Ehe beziehungsweise den Ehepartner. Unter sehr widrigen Aspekten können Sie einen Alkoholiker, Drogenabhängigen oder eine kranke Person in Ihr Leben ziehen. In Ehe, Geschäftsbeziehungen oder Partnerschaften kann es zu Täuschungen kommen. Man könnte eine Ehe oder geschäftliche Verbindung eingehen, ohne den Partner oder seine Motivation vollständig zu kennen und zu verstehen. Unter guten Aspekten kann der Partner ein Künstler oder spiritueller Mensch sein oder jemand, den Sie absolut verehren. Eine neue und starke Wertschätzung von Musik und ätherischer Schönheit können Sie zu dieser Zeit ebenfalls erleben.

Durchläuft Neptun das achte Haus, betritt das Zeichen Skorpion oder bildet einen Aspekt zu Pluto, können die gemeinsamen Finanzen Verwirrung stiften. Es ist nicht besonders weise, zu dieser Zeit wichtige Entscheidungen über Ihr Vermögen zu fällen. Falls Sie sich scheiden lassen, könnte Ihr Partner Vermögenswerte verbergen oder in Bezug auf seinen Verdienst lügen. Sie könnten auch bei einer Erbschaft oder einem Vermächtnis übers Ohr gehauen werden. Ihr sexueller Antrieb kann sich in dieser Zeitphase verändern. Manche Klienten befreien sich unter einem Neptuntransit von alten sexuellen Einschränkungen, oder der sexuelle Antrieb löst sich auf und sie werden impotent. Psychologisch gesehen können Sie auf ein wesentlich höheres spirituelles Niveau gehoben werden.

Durchläuft Neptun das neunte Haus, betritt das Zeichen Schütze oder bildet einen Aspekt zu Jupiter, können Religion und Spiritualität zu einer großen Leidenschaft werden. Sie könnten sich einem Guru oder spirituellen Meister anschließen. Unter diesem Aspekt entdeckten manche Menschen das Christentum für sich neu und wurden leidenschaftliche wiedergeborene Christen. Da Neptun das Wasser beherrscht, kann das Verlangen nach einer Seereise aufkommen. Falls Sie wieder zur Schule gehen, könnten Sie Philosophie studieren wollen. Eine Religion oder ein spiritueller Führer könnte Sie enttäuschen. In gutem Aspekt zu Jupiter kann Neptun zweifellos Ihr Glück erweitern. Es ist schon vorgekommen, dass sich zu dieser Zeit extrem gute Zufälle und Gelegenheiten von selbst präsentieren.

Durchläuft Neptun das zehnte Haus, betritt das Zeichen Steinbock oder bildet einen Aspekt zu Saturn, können sich Ihre beruflichen Ziele auflösen, oder Sie fühlen in Ihrer Arbeit, Ihrem Geschäft oder Ihrer Karriere eine große Erschöpfung. Sie können sich mehr dazu hingezogen fühlen, in einem altruistischen, spirituellen oder kreativen Bereich zu arbeiten. Ein sehr erfolgreicher Anwalt gab seine Praxis auf, um Künstler zu werden, ein Arzt verließ die traditionelle Medizin und wandte sich alternativen Heilungsmethoden zu. Mit ungünstigen Aspekten von Neptun im zehnten Haus sind auch Skandale möglich. Ich habe Täuschung, Statusverlust oder den Verlust des Ansehens durch das eigene Verhalten oder durch falsche Beschuldigungen beobachten können. Unter sehr guten Neptuntransiten werden manche Menschen auf einen Sockel gehoben und verehrt. Neptun kann auch erweitern, und so haben manche meiner Klienten mit einem positiven Aspekt des Neptun zu Saturn eine neue Stufe der Leistung erreichen können.

Durchläuft Neptun das elfte Haus, betritt das Zeichen Wassermann oder bildet einen Aspekt zu Uranus, ziehen Sie spirituelle, künstlerische und kreative Menschen als Freunde oder Verbündete an. Manche andere Verbindungen können sich auflösen. Ihre Ziele könnten unklar sein. Sie können spirituellen Gruppen oder Organisationen beitreten wollen oder von Gruppen, denen Sie bereits angehören, enttäuscht werden. Etwas, das Sie lieben, oder ein Freund kann auf unrealistische Weise betrachtet werden.

Durchläuft Neptun das zwölfte Haus, betritt das Zeichen Fische oder bildet einen Aspekt zum Geburtsneptun, können bei guten Aspekten wunderbare Dinge geschehen, denn Neptun ist der Herrscher des zwölften Hauses und des Fischezeichens. Sind Sie Künstler, können Sie wahrhaft inspirierte Arbeit leisten. Psychische Fähigkeiten können auftauchen und prophetische Träume und Déjà-vu-Erlebnisse können sich manifestieren. Sie können sich zu helfenden Berufen oder humanitärer Arbeit hingezogen fühlen. Unter ungünstigen Aspekten kann es zu Albträumen, bösen psychischen Erfahrungen und Panikattacken kommen. Furcht, Selbstzweifel und Paranoia können das Lebensgefühl färben.

Plutotransite

Pluto ist der Planet der Wiedergeburt und Regeneration. Pluto transformiert. Er will abreißen und neu aufbauen, und er zwingt Sie dazu, in Bezug auf die Themen desjenigen Hauses, das er durchläuft, eine neue Perspektive zu gewinnen. Pluto ist sehr intensiv und extrem. Eines sage ich meinen Klienten und Studenten immer wieder: »Wenn Pluto seinen Transit beendet hat, werden Sie, auch wenn es eine sehr schwierige Zeit war, niemals zu dem zurückkehren wollen, was vorher war.«

Läuft Pluto über den Aszendenten und durchläuft das erste Haus, betritt das Zeichen Widder oder bildet einen Aspekt zu Mars, signalisiert dies eine wesentliche Veränderung im Lebensstil. Das kann eine Hochzeit sein, eine Scheidung, ein weiteres Kind, der Tod eines Partners, das Erreichen der Rente oder ein anderer, lebensverändernder Wandel. Viele Menschen sind zu dieser Zeit davon besessen, physische Veränderungen vorzunehmen. Ein Klient verlor 50 kg Gewicht, andere Klienten unterzogen sich massiven kosmetischen Operationen. Da Pluto im ersten Haus ist, kann die Veränderung physischer Natur sein, doch es kann auch zu psychischen Veränderungen oder einem starken Wandel Ihrer Persönlichkeit kommen. In jedem Fall unterliegt Ihre Herangehensweise an das Leben einer Metamorphose und wandelt sich. Die sexuelle Energie erweitert sich zweifelsohne enorm. Pluto im Aspekt zu Mars bedeutet fast zu viel Energie, also muss mit Sorgfalt darauf geachtet werden, wie die Energie benutzt wird. Tanz, Sport und Übungsprogramme sind sehr empfehlenswert, um die Energie in positive Kanäle zu lenken.

Durchläuft Pluto das zweite Haus, betritt das Zeichen Stier oder bildet einen Aspekt zu Venus, verändert sich die Einkommensstruktur. Dieser Aspekt kann uns über das Wie mehr Auskunft geben. Sie könnten extrem vermögend werden oder Bankrott gehen. Von unterstützenden Progressionen oder anderen Transiten, die zu dieser Zeit aktiv sind, wird eine Menge abhängen. Auch kann eine starke und besessene Liebe zu dieser Zeit vorkommen. Ich bezeichne Pluto im Transit zur Venus als den Aspekt der »verhängnisvollen Affäre«. Ist der Aspekt positiv und sind die Progressions- und Geburtsaspekte für die Liebe günstig, kann es eine wunderbare Zeit sein, doch

231

Pluto geht immer ins Extrem. Viele Klienten saßen mir aufgrund einer Liebesaffäre unter diesem Transit schon gegenüber und hatten zittrige Hände, blanke Nerven und das Gefühl, dass alles außer Kontrolle geraten ist.

Durchläuft Pluto das dritte Haus, betritt das Zeichen Zwillinge oder bildet einen Aspekt zu Merkur, verändert sich Ihre Geisteshaltung. Manche Klienten wandten sich leidenschaftlich dem Lernen zu. Sie könnten intellektuelle Obsessionen entwickeln. Bei einem Geschwister kann es zu einer großen Veränderung kommen. Diesen Plutotransit habe ich im Horoskop eines Kindes beobachten können. Seine Eltern zogen häufig um, und das Kind wurde ständig in neue Schulen und neue Umgebungen gestoßen. Für detektivische Arbeit, das Lösen von Puzzles und für anstrengende Forschungen ist dies jedoch eine wunderbare Zeit.

Durchläuft Pluto das vierte Haus, betritt das Zeichen Krebs oder bildet einen Aspekt zum Mond, werden im Zuhause und in der Familie wesentliche Veränderungen geschehen. Manche Klienten verloren einen Elternteil, als Pluto die vierte Häuserspitze erreichte. Pluto im vierten Haus bedeutet meistens eine große Veränderung in Ihren Lebensbedingungen. Pluto im Aspekt zum Mond ist ein starker, intensiver und tief greifender Transit. Alte, vergangene Themen tauchen wieder auf und wollen gelöst werden. Die Gefühle sind tief gehend und hochgradig empfindlich. Manchmal fordern diese tiefen Gefühle ein körperliches Opfer. Manche Klienten bekamen während dieses Transit Magengeschwüre oder andere seelische Erkrankungen.

Durchläuft Pluto das fünfte Haus, betritt das Zeichen Löwe oder bildet einen Aspekt zur Sonne, könnte eine zwanghafte Liebesaffäre die Kontrolle über Ihr Leben übernehmen. Im Zusammenhang mit Kindern, insbesondere dem erstgeborenen Kind, kann es zu radikalen Veränderungen kommen, oder Ihr Leben wird durch die Geburt eines Kindes dramatisch transformiert. Sie könnten von einem kreativen Projekt wie z.B. einem Buch oder einem künstlerischen Konzept vollkommen besessen sein. Ihr Selbstbild und Ihre Selbstwahrnehmung verändern sich. Sie könnten in Machtkämpfe hineingezogen werden oder im Zusammenhang mit einem Mann Kontrolle erleben. Nach dem Transit können Sie Ihre persönliche Macht neu und besser definieren und haben ein besseres Gefühl für Ihre Identität gewonnen.

Durchläuft Pluto das sechste Haus, betritt das Zeichen Jungfrau oder bildet einen Aspekt zu Merkur, kann es am Arbeitsplatz zu dramatischen Veränderungen kommen. Ihre Beziehung zu Kollegen und anderen Arbeitnehmern kann beeinflusst werden. In gesundheitlicher Hinsicht kann sich Ihr Leben enorm wandeln. Unter extrem ungünstigen Aspekten kann eine Krankheit Ihr Leben verändern, oder Sie können einem Gesundheitskonzept wie gesunder Ernährung, körperlichen Übungen oder Vitaminzufuhr fanatisch anhängen. Pluto im Aspekt zu Merkur verändert die Einstellung und Denkweise. Sie können sich leidenschaftlich an der Verfolgung neuer intellektueller Ziele erfreuen.

Durchläuft Pluto das siebte Haus, betritt das Zeichen Waage oder bildet einen Aspekt zu Venus, kommt es in der Ehe, in der Qualität der Liebe und in bestehenden engen Beziehungen und Geschäftsverbindungen nur selten zu keinen Veränderungen. Häufig kommt es zu Scheidung oder dem Verlust eines Partners durch den Tod. Es kommt immer zu irgendeiner Form von Veränderung. Die Ehe selbst kann während des Transits transformiert werden, und Ihre Einstellung dazu kann sich verändern. Pluto im Aspekt zu Venus zeigt eine mächtige und leidenschaftliche Neigung, zu lieben und geliebt zu werden. Die Liebe und Liebesaffären können Sie auf nahezu schädliche Weise in Beschlag nehmen, da diese Form von Besessenheit zum Zentrum Ihres Lebens werden kann und andere Bereiche Ihres Lebens darunter leiden und vernachlässigt werden.

Durchläuft Pluto das achte Haus, betritt das Zeichen Skorpion oder bildet einen Aspekt zum Geburtspluto, können die gemeinsamen Finanzen transformiert werden, einschließlich des Einkommens Ihres Partners und gemeinsamer Investitionen. Verschiedene Klienten, bei denen Pluto im Transit eine Konjunktion zur Geburtsvenus im achten Haus bildete, wurden über Nacht zum Millionär. Unter guten Aspekten erreichen die Finanzen fast immer ein vollkommen anderes Niveau. Ungünstige Aspekte können aber leider auch zu finanziellen Verlusten führen. Eine Erbschaft kann Ihr Leben verändern, oder bei harten Aspekten kann es zu einem Machtkampf um Geld kommen.

Durchläuft Pluto das neunte Haus, betritt das Zeichen Schütze oder bildet einen Aspekt zu Jupiter, können sich religiöse Überzeugungen umfassend verändern. Manche Klienten wurden religiöse Fanatiker, traten einer Sekte bei oder verleugneten ihre Religion vollkommen. Es besteht das Verlangen, an ferne Orte zu reisen. Manche Menschen begannen ein Studium und wurden davon besessen, akademische Grade zu erwerben. Manchmal wechselten sie das Hauptfach oder brachen in extremen Fällen das Studium ab. Da Pluto zur Zeit im Schützen steht, habe ich mehr denn je Klienten mit Pluto im neunten Haus, die von ihren Überzeugungen geradezu besessen sind.

Durchläuft Pluto das zehnte Haus, betritt das Zeichen Steinbock oder bildet einen Aspekt zu Saturn, wechseln die Menschen nicht nur ihre Anstellung, sondern häufig auch ihren Beruf und wenden sich einem vollkommen anderen Gebiet zu. Entsprechend der Aspekte, die Pluto bildet, können sich Stellung und Ansehen in der Gemeinschaft verändern. Es kann zu unglaublichem Machtzuwachs kommen, oder der Ruf kann zerstört werden und das Ansehen verloren gehen.

Durchläuft Pluto das elfte Haus, betritt das Zeichen Wassermann oder bildet einen Aspekt zu Uranus, ändern sich Ihre Beziehungen zu Freunden, Gruppen und Organisationen. Sie können von einer Gruppe oder Organisation Vollmachten erhalten oder sehr einflussreiche und mächtige Freunde und Klienten anziehen. Neue Trends oder die modernen Technologien können Ihr Leben auf eine signifikante Weise verändern.

Durchläuft Pluto das zwölfte Haus, betritt das Zeichen Fische oder bildet einen Aspekt zu Neptun, können Sie auf die Suche gehen, um die Tiefen Ihres Unterbewusstseins zu erforschen und Antworten auf die Frage nach Ihrer inneren Motivation zu erhalten. Manche Klienten entwickelten ein tiefes Bedürfnis, etwas für die Menschheit zu tun, und folgten zwanghaft einer Leidenschaft oder einem Anliegen, von dem sie spürten, dass es anderen und ihnen selbst zugute kommt. Unter ungünstigen Aspekten wurden manche Personen selbstzerstörerisch und entwickelten einschränkende Phobien und Selbstmordgedanken.

KAPITEL SIEBEN

Stationäre und rückläufige Planeten

Alle Planeten ausschließlich Sonne und Mond (die Himmelslichter) werden für bestimmte Zeitperioden rückläufig. Rückläufigkeit ist die scheinbare Rückwärtsbewegung eines Planeten. Wenn ein Planet rückläufig wird, geht er auf seiner Bahn nicht tatsächlich zurück, aus unserer irdischen Perspektive aber scheint es so, als wenn er rückwärts läuft. Der Planet scheint seine Geschwindigkeit vor dem Richtungswechsel zu verlangsamen und seinen Lauf wirklich anzuhalten oder zu unterbrechen. Diese Verzögerung bzw. Pause wird Station genannt, oder der Planet wird als stationär bezeichnet. Zu dieser Zeit kommt es zu einer Verstärkung des Ausdrucks dieses Planeten und seine Energie ist stark intensiviert. Er ist nun sehr mächtig und kann, wenn er sich in Ihr Horoskop einklinkt oder eine Verbindung bildet, sehr wirksam sein.

Regeln für stationäre und rückläufige Planeten

Die Intensivierung der Energie beginnt, wenn der Planet vor dem Richtungswechsel langsamer wird, und zwar sowohl um rückläufig als auch um wieder direktläufig zu werden. Das wird 3° oder 4° vor und nach dem stationären Grad spürbar. Die größte Verstärkung der Energie ist auf dem Grad der Station spürbar. Beispielsweise bewegte sich Neptun kürzlich erst 1° über den Punkt hinweg, an dem er angehalten hatte und rückläufig wurde, und ich spürte Verwirrung, war desorientiert, idealistisch usw. Ich rechne mit mehr Klarheit und Realismus, wenn er den stationären Grad um 2° oder 3° überschritten hat. Die intensivierte Energie des Planeten beginnt spürbar zu werden, wenn er seinen Lauf vor dem Richtungswechsel verlangsamt. Sie fühlen die Wirkung während der 3° bis 4°, die er auf die Station zuläuft, und Sie fühlen es sehr intensiv während der gesamten Zeit, die er in der Rückläufigkeit auf dem Grad der Station verbringt. Bewegt er sich 1° weiter, lässt die Intensität nach. 2° bis 3° vom stationären Punkt entfernt verringern sich die Erfahrungen und Gefühle deutlich.

Wie alle Transite bringt auch ein rückläufiger Planet den Einfluss des Zeichens und Hauses, das er durchläuft, mit sich sowie den Einfluss des Hauses, das er in Ihrem Geburtshoroskop und das er natürlicherweise beherrscht. Alle Angelegenheiten dieser Bereiche treten sehr stark hervor und erreichen manchmal das Ausmaß einer Krise. Bedenken Sie, dass es nicht unbedingt eine gute oder schlechte Energie ist. Sie ist einfach anders.

Wiederum sollten Sie sich dem Geburtsversprechen zuwenden. Es ist ein Unterschied, ob ein Planet in Ihrem Horoskop rückläufig oder direktläufig ist. Ich arbeitete mit einer Freundin, deren Merkur im Geburtshoroskop rückläufig ist, in verschiedenen Ausschüssen zusammen. Wenn Merkur im Transit rückläufig wurde, war sie die einzige, die sich mit dieser Energie wohl fühlte und bei der Erfüllung ihrer Aufgaben sehr effektiv war, während die anderen von uns mit einem direktläufigen Merkur im Geburtshoroskop alles dreimal machen mussten.

Haben Sie Merkur im Geburtshoroskop direktläufig und wird er in der Progression rückläufig, wird der Transit des rückläufigen Merkur in Ihrem Horoskop eine andere Wirkung haben. Mir ist das aufgefallen, als der progressive Merkur in meinem Horoskop stationär und rückläufig wurde. Beim letzten rückläufigen Merkurtransit fiel mir das Schreiben viel leichter und die Dinge waren fließender. Ich war gesammelt und konnte mich viel effektiver konzentrieren.

Als mein progressiver Merkur in seinem 1° der Rückläufigkeit war, wollte ich nicht länger Beratungen machen, Vorträge halten, Astrologie unterrichten oder wie sonst im Radio oder Fernsehen auftreten (der nach außen gerichtete Ausdruck eines direktläufigen Merkur). Ich begann jedoch zu schreiben, zu forschen und mich mehr mit introvertierten Dingen zu befassen (der nach innen gerichtete Ausdruck eines rückläufigen Merkur). Ich fand mich bei einsamen Aktivitäten wieder, beim Gärtnern und kreativen Schaffen wie der Herstellung von Miniatur-Puppenstuben für meine Enkel und natürlich beim Schreiben.

Einer meiner Klienten ist ein klassisches Beispiel dafür. Er ist Professor an einer Universität. Als Merkur in der Progression rückläufig wurde, gab er seine Anstellung als Professor auf und begann, für eine Zeitschrift zu schreiben.

Löst ein stationärer Planet einen starken Transit, den Punkt einer Eklipse oder eine Progression aus, so ist das von ungeheuer großer Bedeutung. Es bringt die Dinge zur Entscheidung. Es beginnt eine Serie von Ereignissen, die eine Angelegenheit im guten oder schlechten Sinne auf die Spitze treiben. Ist es eine positive Progression und bildet der stationäre Planet harmonische Aspekte, kann Ihnen ein Glücksfall widerfahren. Löst ein stationärer Planet jedoch eine schwierige Progression aus, können Sie in Schwierigkeiten geraten oder eine Krise erleben – »Krise« bedeutet, dass ein Bereich Ihres Lebens viel Aufmerksamkeit benötigt, und das muss nicht unbedingt gut oder schlecht sein. Es ist einfach eine Zeit, in der Sie sich um den entsprechenden Bereich kümmern müssen.

Ist ein kritischer Grad (kardinal 0°, 13° oder 26°, fix 8° – 9° oder 21° – 22°, veränderlich 4° oder 17° sowie 0° und 29° jeder Modalität) mit betroffen, ist die Wirkung intensiver. Macht ein Planet auf einem kritischen Grad Station, schafft dies eine Krisensituation. Auch hier meint »Krise« einen Bereich Ihres Lebens, um den Sie sich kümmern müssen. Es kann sowohl einfach als auch schwierig sein. Ein interessantes Beispiel für die Beteiligung eines kritischen Grads war 1993 das Bombenattentat auf das World Trade Center. Pluto war zu dieser Zeit an der Himmelsmitte und stationär rückläufig auf einem kritischen Grad.

Zu dem Zeitpunkt, an dem ich dieses Buch schreibe, ist Merkur stationär auf 17° Fische. Dies ist ein kritischer Grad, und die Menschen haben viele seelische Qualen erfahren. Ich wurde überschwemmt mit Klienten, die sich traurig oder als Opfer fühlen, die hoffnungslos sind und manchmal das intensive Bedürfnis danach haben, ihren Kummer zu verarbeiten. Eine extreme Reaktion liegt bei einer Bekannten von mir vor. Sie hatte während der Station des Merkur eine kleinere Operation, reagierte schlecht auf die Narkose und fiel ins Koma (Fische).

Neben den kritischen Graden habe ich weit reichende Untersuchungen über die Bedeutung und Signifikanz von anderen Graden vorgenommen. Mir ist aufgefallen, dass bestimmte Grade, manchmal in spezifischen Zeichen, auf bestimmte Themen aufmerksam machen oder sie anzeigen können. Beispielsweise kann in Ihrem Horoskop ein persönlicher Planet auf 15° Löwe die Möglichkeit von Herzproblemen anzeigen. Während ich dieses Buch schreibe, ist der transitierende Uranus stationär auf 16° Wassermann, und mir ist aufgefallen, dass eine Reihe von Leuten Probleme mit Herzerkrankungen hat. Ich sprach mit jemandem, der im Bereich der Kardiologie tätig ist, und ihm ist ebenfalls ein Anstieg von Patienten mit Herzproblemen aufgefallen. Bei diesem kritischen Grad ist mir die Manifestation von Herzproblemen auch in dem Sinne aufgefallen, dass Liebe nicht wertgeschätzt oder erwidert wird.

Menschen, bei denen 7° Fische oder Jungfrau prominent gestellt ist, können nach meiner Beobachtung promiskuitiv sein. Wenn ein Planet auf diesem Grad in einem der beiden Zeichen Station macht, beginnen die Menschen häufig unerlaubte Affären. Neben vielen anderen Graden ist 24° Krebs ein Astrologen-Grad. Ich weiß noch, dass ich eine andere Ebene der Astrologie erreichte, als Merkur auf diesem Grad über meinem Geburtspluto stationär wurde. Zu dieser Zeit erlangte ich als Astrologin wesentlich mehr Kompetenz.

Wenn Merkur rückläufig wird und einen wichtigen Geburtsaspekt (wie z.B. den Antreiber des Horoskops) auslöst oder eine Progression, einen aktiven starken Transit, den Punkt einer Eklipse, der im Aspekt zu einem Punkt oder Planeten des

Geburtshoroskops steht, so weise ich meine Klienten stets auf diesen Zeitraum (die stationäre Phase) hin und erläutere ihnen, mit welchen Ereignissen sie rechnen können.

Der rückläufige Merkur
Merkur wird ungefähr drei Mal pro Jahr rückläufig. Über den rückläufigen Merkur ist viel geschrieben worden, am meisten sind davon jedoch jene Menschen beeinflusst, die eine prominente Stellung der Zeichen Zwillinge oder Jungfrau in ihren Geburtshoroskop haben. Bei allen sind diejenigen Lebensbereiche am meisten betroffen, in denen Zwillinge und Jungfrau im Horoskop platziert sind. Ich habe z.B. Klienten, bei denen Zwillinge oder Jungfrau nicht prominent gestellt sind, die jedoch eines dieser Zeichen an der Himmelsmitte haben. Wenn Merkur rückläufig wird, kommt es immer zu vielen Wechseln, Neuanfängen und Nachüberlegungen im Hinblick auf die berufliche Karriere. Auch Menschen, bei denen Zwillinge oder Jungfrau nicht prominent sind, erleben einige merkuriale Dinge. Mein Mann wurde beispielsweise ein echter Anhänger der Astrologie, als Merkur rückläufig wurde und sein Autoradio den Dienst versagte. Als Merkur drei Wochen später wieder direktläufig wurde, nahm es schlagartig auf wundersame Weise seinen Dienst wieder auf.

Ich habe den rückläufigen Merkur wieder und wieder getestet, und in den meisten Fällen habe ich die Dinge, die ich zu dieser Zeit gekauft habe, nicht wirklich gemocht, die dann gefällten Entscheidungen geändert, Menschen, die dann in mein Leben traten, sind nicht geblieben, und die Projekte, die ich dann begonnen hatte, haben sich nicht materialisiert. Ungefähr 95% der Zeit ist dies der Fall gewesen. Ich bin eine Jungfrau, und somit ist Merkur natürlich in meinem Horoskop stärker betont. Mich rufen jedoch auch Menschen an, die von Astrologie keine Ahnung haben, und fragen: »Ist das der rückläufige Merkur?« Sie können die Energie spüren, und sie wissen, dass sich etwas verschoben hat und dass ihr mentaler Prozess anders ist.

Die Rückläufigkeit des Merkur ist nach meiner Beobachtung keine gute Zeit, um neue Projekte oder eine neue Beziehung zu beginnen. In allen Ereignishoroskopen, die ich anfertige, vermeide ich das. Zu mir kam ein Paar, das sich den Hochzeitstermin schon ausgesucht hatte, und ich erklärte ihm: »An dem Datum, das Sie sich für Ihre Hochzeit ausgesucht haben, ist Merkur rückläufig. Ich denke, dass dies für eine gute, positive und konstruktive Kommunikation miteinander eher ungünstig ist.« Sie antworteten mir, dass sie auf wunderbare Weise miteinander kommunizieren und dass das kein Problem werden könne. Fünf Jahre später, als in der Progression dieses Ereignishoroskops der stationäre Merkur direktläufig wurde, ließen sie sich scheiden mit der Begründung, dass keine gute Kommunikation bestehen würde. Sie waren skeptisch und beachteten meinen Hinweis nicht, und leider endete ihre Ehe in der Scheidung. Beide sind weiterhin meine Klienten und haben wieder geheiratet. Für ihre zweiten Ehen suchte ich den Hochzeitstermin aus, und sie beide folgten nun meinem Rat.

Wenn mich Klienten aufsuchen, um einen günstigen Termin für ihre Hochzeit zu finden, sie sich aber auf ein bestimmtes Datum festgelegt haben, das sich nun als ungünstig erweist, empfehle ich folgende Lösung: Ich rate ihnen, an einem guten Datum vor der öffentlichen Zeremonie in aller Stille zu heiraten und das Fest dann an dem von ihnen geplanten Datum zu feiern. Bei einer guten Freundin von mir, die ebenfalls Astrologin ist, funktionierte das sehr gut. Im Sommer konnte sie einfach kein gutes Datum finden, also heiratete sie im privaten Rahmen im April und veranstaltete die »öffentliche« Hochzeit im Juni.

Eine andere interessante Geschichte über den rückläufigen Merkur im Zusammenhang mit der Ehe ist die Geschichte einer Klientin, die sich mit ihrem Mann zusammen entschloss, sich aus finanziellen Gründen scheiden zu lassen. Ihr Mann drohte das gesamte Vermögen zu verlieren, und so entschied er, alles auf ihren Namen zu überschreiben und sich »vorübergehend« scheiden zu lassen, damit ihr Vermögen ge-

243

schütze sei. Dieser Entschluss und auch die Scheidung fanden beide bei rückläufigem Merkur statt. Er hatte nicht wirklich die Absicht, dass sie geschieden blieben. Nachdem sie jedoch sechs Monate allein gelebt hatte, wollte sie lieber Single bleiben und ihn nicht wieder heiraten. Jedoch hatten sie im Ausland eine »Schnellscheidung« unternommen, und diese war in den Vereinigten Staaten nicht anerkannt. Also mussten sie sich in den USA einer neuerlichen Scheidung unterziehen. Dies ist ein perfektes Beispiel für einen rückläufigen Merkur: fehlerhafte Kommunikation, sich ändernde Meinungen und die Notwendigkeit, Verträge noch einmal zu schließen.

Der rückläufige Merkur bietet eine gute Zeit dafür, Projekte noch einmal anzufangen, für Revisionen, Überarbeitungen und Neuverfassungen und dafür, Entscheidungen noch einmal zu überdenken. Manchmal bleibt eine Sache unter der einen Rückläufigkeit des Merkur in der Schwebe und wird bis zur nächsten Rück- und Direktläufigkeit des Merkur nicht gelöst. Empfehlenswert ist es, während dieser Rückläufigkeit kein neues Auto zu kaufen, keine mechanischen Dinge und auch nichts, was mit Kommunikation zu tun hat wie z.B. Telefone, Computer oder Fernseher. Bei der ordnungsgemäßen Funktion all dieser Dinge können zu viele Schwierigkeiten auftreten.

Eine Klientin forderte mich auf, ihr Horoskop zu betrachten und ihr zu erklären, warum sie beim Autokauf immer an ein »Montagsauto« geriet. Nach dem Rückblick über einige Jahre stellte ich fest, dass immer, wenn sie ein Auto gekauft hatte, Merkur rückläufig war und sie ein so genanntes Montagsauto bekam. Nach einigen Jahren dann, als es nicht mehr tragbar war und Merkur wieder rückläufig wurde, verkaufte sie es und kaufte sich ein anderes. Natürlich wieder ein Montagsauto. Ich musste sie aus diesem Kreislauf herausholen und sie dazu bringen, ein Auto unter einem guten Aspekt mit direktläufigen Planeten zu kaufen. Sie hatte nie wieder Probleme damit.

Einige der Dinge, die Merkur beherrscht, sind Reisen, Autos, Busse, alle Formen der Kommunikation, Telefone, Geschicklichkeit, Sprachen, Journalisten, mentale Ziele, Nachrichten, Zeitungen, schreiben und veröffentlichen.

Wird Merkur rückläufig, halten viele Dinge, die begonnen wurden, inne. Es ist schwierig, Dinge zusammenzubekommen und auch zusammenzuhalten. Wird Merkur dann direktläufig, laufen die Dinge nicht sofort ohne Umschweife rund. Bevor die Energie wieder völlig frei fließen kann, muss der Planet sich bis zu dem Grad bewegt haben, auf dem er rückläufig wurde. Dieses Phänomen nennt man die »Schattenperiode« eines Planeten. Sie betrifft den Zeitraum zwischen der Wiederaufnahme der Direktläufigkeit und dem Erreichen des Grades bzw. der Minute, auf der er rückläufig wurde. Hier erlebt man immer noch einige Wirkungen der Rückläufigkeit. Läuft der Planet dann über Grad und Minute des Beginns der Rückläufigkeit hinweg, fließt die Energie wieder unbehindert.

Wiederum sollten wir nicht vergessen, dass es niemals nur ein einziger planetarer Einfluss oder Aspekt ist, der in unserem Leben Wirkungen oder Ereignisse schafft. Ein stationärer Planet allein hat nicht notwendigerweise diese Wirkung, aber eine Gruppe von Aspekten, Transiten und Progressionen sehr wohl. Es folgen nun einige Beispiele, wie die Station des Merkur, insbesondere direktläufig, sich durch die zwölf Zeichen des Tierkreises und die verschiedenen Häuser zum Ausdruck bringen kann. Da dies mehrere Male im Jahr vorkommt, ist es von großer Bedeutung.

Macht Merkur Station in Widder oder im ersten Haus, ist der verbale Ausdruck selbstsicher und zeitweise kämpferisch, da die mentale Energie in Widder schnell und aggressiv ist. Entscheidungen werden ohne gründliche Prüfung vorgenommen und zu einem späteren Termin bedauert. Während neue Konzepte schnell aufgegriffen werden, können sie auch ebenso leicht wieder aufgegeben werden.

Macht Merkur Station in Stier oder im zweiten Haus, wird der mentale Prozess langsamer und schwerfällig. In Entscheidungsprozessen quält man sich und ist zögerlich. Wenn jedoch ein Standpunkt eingenommen oder eine Entscheidung gefallen ist, kann der stationäre Merkur im Stier extrem fixiert, rigide und unempfänglich für Veränderungen sein.

Macht Merkur Station in Zwillinge oder im dritten Haus, ist der Verstand wendig und schnell, aber auch unbeständig und unentschlossen. Vor Schwankungen sollte man sich in Acht nehmen. Zu dieser Zeit könnten viele Projekte begonnen, aber keines davon beendet werden. Der Kopf ist voller Ideen, aber es ist schwierig, sie umsetzen, da der Verstand so flatterhaft ist.

Macht Merkur Station in Krebs oder im vierten Haus, wird die mentale Energie eher durch die Gefühle als durch den Verstand wahrgenommen. Die Intuition ist erhöht. Die kreative Kraft ist ständig auf dem Höhepunkt, jedoch sollte man auf Überempfindsamkeiten achten. Die Familie und häusliche Projekte verschaffen einem große Befriedigung. Emotionale Ausbrüche und Weinen ohne ersichtlichen Grund sind nicht ungewöhnlich.

Macht Merkur Station in Löwe oder im fünften Haus, wird die mentale Energie in starker und eindeutiger Weise ausgedrückt. Es werden bestimmte Positionen eingenommen und sind nahezu unmöglich zu verändern. Geltungsbedürfnis und zu viel Zuversicht bei den eigenen Entscheidungen können vorkommen. Jedes angefangene Projekt wird bis zum Schluss durchdacht, auch wenn die Idee eigentlich keinen Wert hat.

Macht Merkur Station in Jungfrau oder im sechsten Haus, drückt sich die mentale Energie in analytischer Weise aus. Der Verstand ist organisiert. Erst nach viel Betroffenheit und Nachdenken kann man zu einer Meinung gelangen. Das Bedürfnis nach Perfektion kann den Entscheidungsprozess jedoch noch verzögern. Während dieser stationären Periode sind die Menschen besonders wählerisch und kritisch. Sie können zwar auch anderen gegenüber kritisch sein, sind es jedoch normalerweise am härtesten sich selbst gegenüber.

Macht Merkur Station in Waage oder im siebten Haus, ist die Unentschlossenheit von Merkur in Waage zur dieser Zeit besonders übertrieben. Von Minute zu Minute ändern sich die Standpunkte, und es ist nahezu unmöglich, eine Entscheidung zu fällen. Künstlerische Fähigkeiten, die Wertschätzung der Kunst und Gedanken an Liebe und Romanzen sind zu dieser Zeit erhöht.

Macht Merkur Station in Skorpion oder im achten Haus, fallen einem Nachforschungen und Untersuchungen um einiges leichter, da Merkur im Skorpion per Definition der geistige Detektiv und Forscher ist. Der Geist ist konzentriert und die Ideen sind mächtig und fixiert. Geistige Nachforschungen nehmen eine nahezu besessene Qualität an.

Macht Merkur Station in Schütze oder im neunten Haus, kann sich der Geist spirituellen Themen zuwenden. Inbrunst, Idealismus und Optimismus können sich manifestieren. Sie können von Gedanken an Reisen zu fernen Orten verzehrt werden. Mit dem stationären Merkur in Schütze können Sie ein starkes Bedürfnis haben, Ihre Ideen zu kommunizieren, es kann auch die Neigung bestehen, Ihre Ideen aufzubauschen und ihnen zu folgen.

Macht Merkur Station in Steinbock oder im zehnten Haus, wird der mentale Prozess langsamer und bedächtiger, und durch Vorsicht und gründliche Gewissenserforschung können Sie zu guten Entscheidungen gelangen. Zu dieser Zeit kann die Tendenz zu Negativität und Depression bestehen. Planung und Organisation können sehr effektiv erfolgen. Gedanken über Ihre Karriere und Arbeitsmöglichkeiten können Sie verzehren.

Macht Merkur Station in Wassermann oder im elften Haus, können brillante Geistesblitze geschehen. Gescheite, innovative Ideen können ersonnen werden. Die Artikulation kann besonders geistreich sein. Da Merkur in Wassermann erhöht ist, wird die Energie in sehr positiver Weise zum Ausdruck gebracht. Es ist eine großartige Zeit, um etwas zu erfinden, zu lehren oder zu schreiben.

Macht Merkur Station in Fische oder im zwölften Haus, können die negativen Qualitäten von Merkur in Fische an die Oberfläche kommen, denn in diesem Zeichen fühlt Merkur sich nicht besonders wohl. Es kann zu Wiederholungen von zurückliegenden schlechten Zeiten und Erlebnissen kommen. Sie könnten paranoide und depressive Anfälle bekommen. Es ist schwierig, der Freude und Schönheit des Lebens gewahr zu bleiben. Stattdessen neigen Sie mehr zum Blick auf die dunkle Seite. Künstlerische Fähigkeiten, Mitgefühl und psychische Begabungen können leicht ausgedrückt werden.

Die rückläufige Venus
Ungefähr alle achtzehn Monate wird Venus rückläufig. Die Zeit, in der Venus im Transit rückläufig und wieder direktläufig wird, ist für Astrologen die arbeitsreichste Zeit, besonders wenn Sie sich wie ich auf Beziehungen spezialisiert haben. In der Zeit, in der Venus vor der Rückläufigkeit oder Direktläufigkeit stationär ist, wird die Energie der Liebe wahrhaft intensiviert. Tatsächlich kam Venus beide Male, als ich meine zukünftigen Ehemänner traf, aus einer rückläufigen Bewegung und wurde wieder direktläufig. Mir ist aufgefallen, dass eine Beziehung sehr wichtig und bedeutsam sein kann, wenn sie bei einer stationär direktläufigen Venus jemanden treffen und eine Beziehung beginnen. Die Liebesenergie ist von innerer und tief greifender Qualität, und oftmals können sie bei einem Treffen während dieser Zeit die Liebe auf den ersten Blick erleben. Es ist eine Zeit, in der Sie intensive, magische Liebe erleben können. Wenn sie hingegen jemanden treffen, während Venus ihren Lauf verlangsamt (aber immer noch direkt läuft), können Sie zwar eine heiße und heftige Romanze erleben, später jedoch, wenn Venus rückläufig wird, ein Problem haben. Dann kommt es in der Beziehung zu einer großen Verschiebung des Bewusstseins der Liebe.

Wenn Sie während der rückläufigen Periode der Venus eine Beziehung beginnen, können die Liebesgefühle niemals einfach und leicht ausgedrückt werden. Insbesondere trifft dies auf Stiere und Waagen zu, eigentlich habe ich diese Wirkung jedoch in den meisten Horoskopen gesehen. Während der rückläufigen Phase der Venus können bestehende Liebesbeziehungen geprüft werden. Um die Gefahr noch einmal zu betonen, mit einer rückläufigen Venus zu heiraten, erinnere ich an eine Klientin, die acht Jahre lang mit einem Mann zusammen war. Sie heirateten, als sowohl Venus als auch Merkur rückläufig waren, und waren vier Monate später geschieden.

Im Hinblick auf die Kreativität ist die rückläufige Venus mir als positiv aufgefallen. Tänzerinnen haben während dieser Zeit ihren bezauberndsten Tanz getanzt, Künstler ihr wunderbarstes Meisterstück vollendet und Schriftsteller ihre besten Bücher geschrieben.

Ich rate meinen Klienten während der rückläufigen Venus von jedem Verschönerungsprozess ab, insbesondere von kosmetischen Operationen. Sogar Dauerwellen und das Färben, Stylen und Schneiden von Haaren können erfolglos sein. An dem Tag, als Venus rückläufig wurde, gingen meine Tochter und ich zum Friseur, um uns die Haare schneiden zu lassen. Den ganzen Weg nach Hause waren wir in Tränen aufgelöst, weil wir solch schlechte Haarschnitte hatten. Wir wollten beide nur einen Nachschnitt und gingen mit einem Kurzhaarschnitt nach Hause.

Wird Venus auf einem Geburtsaspekt wie z.B. Venus Trigon Mars stationär oder auf einer wichtigen Progression, besonders einer Liebesprogression wie die Sonne im guten Aspekt zu Venus, oder auf einem wichtigen Transit wie zum Beispiel dem transitierenden Uranus im Trigon zu Venus oder auf dem Punkt einer Eklipse, die vielleicht Liebesbeziehungen stimuliert, so schildere ich meinen Klienten diese Zeit als einen wichtigen Zeitrahmen, in dem sie bedeutende Menschen anziehen und in ihr Leben aufnehmen können.

Der rückläufige Mars

Mars wird ungefähr einmal im Jahr rückläufig. Ist Mars im Geburtshoroskop rückläufig, kommt die Energie nicht auf gleichmäßige, bequeme Art zum Ausdruck. Tatsächlich werden Ihnen manche Menschen mit einem rückläufigen Mars im Geburtshoroskop von dem Gefühl berichten, weniger Energie als Menschen mit einem direktläufigen Mars zu haben. Sie sagen auch, dass sie am meisten schaffen, wenn sie in einer Krise stecken. Zu dieser Zeit scheint das Adrenalin zu zirkulieren, und sie fühlen sich dann am effektivsten.

Ist Mars am Himmel rückläufig, beklagen sich die Menschen über niedrige und ineffektive Energie. Auch kann in mehr subtiler Form manipuliert werden, anstatt sich durch einen offenen Konflikt durchzuarbeiten. Ist Mars rück- oder direktläufig stationär, kann man die kampfbereite Energie auf einer persönlichen Ebene erleben.

Ich bin zu einer vollkommen neuen Einschätzung des rückläufigen Mars gelangt. Als Mars stationär wurde und rückläufig in ein kardinales Zeichen lief, während er zu mehreren meiner Planeten Quadrate bildete, hatte ich auf der persönlichen Ebene nichts außer physischen Problemen. Mars bildete ein Quadrat zu meinem Geburtsuranus (Uranus ist der Herrscher des im ersten Haus eingeschlossenen Wassermann), und ich hatte ein geplatztes Blutgefäß im Auge, Zahnschmerzen und einen Hautausschlag. Manche Klienten berichten bei rückläufigem Mars auch von Problemen mit den Nebenhöhlen und von Spannungskopfschmerz, was ein Ergebnis der intensiven Marsenergie ist. Dies demonstriert wirklich Astrologie in Aktion und zeigt die Notwendigkeit, während dieser Zeitspanne einen Gang zurückzuschalten und langsamer zu werden.

Wenn der stationäre Mars einen Geburtsaspekt auslöst wie zum Beispiel Mars Quadrat Saturn, eine ungünstige Marsprogression, einen starken Transit oder den Punkt einer Eklipse, dann warne ich meine Klienten stets. Ich empfehle ihnen, darauf zu achten, wie sie ihre Energie verwenden. Man muss sich vor Voreiligkeit, Impulsivität, Achtlosigkeit, Wutausbrüchen usw. in Acht nehmen. Ich erläutere ihnen diese stationäre Periode als eine kritische Zeit, gebe ihnen spezifische Daten und erkläre alle Formen, in denen die Energie in ihrem Horoskop zum Ausdruck kommen kann.

Der rückläufige Jupiter

Ungefähr einmal pro Jahr wird Jupiter rückläufig. Während dieser Zeit werden die Themen des Zeichens, in dem Jupiter steht, intensiviert, und die Angelegenheiten des Hauses, in dem der stationäre Jupiter sein wird, erhalten eine stärkere Betonung. Bei stationärem Jupiter in Verbindung mit einem persönlichen Planeten habe ich oft beobachtet, dass er den

Effekt dieses Planeten und seinen Stellenwert potenziert, vermehrt oder erweitert. Wenn Sie beispielsweise im Geburtshoroskop den Mond in Konjunktion zu Saturn haben und der transitierende Jupiter wird über diesen Planeten stationär und rückläufig, kann er diese Energie wahrlich potenzieren und Sie können sehr depressiv werden. Auf der anderen Seite haben Klienten schon in Las Vegas große Gewinne gemacht, wenn der stationäre Jupiter ein Venus/Jupiter-Trigon im Geburtshoroskop auslöste. Sehr wichtig ist es, sich bei stationärem Jupiter immer daran zu erinnern, dass er das intensivieren wird, was bereits im Geburtshoroskop oder durch Progressionen angelegt ist. Wird Jupiter auf einem wichtigen Geburtsaspekt wie z.B. einem Venus/Jupiter-Trigon – einem extrem positiven Aspekt –, einem positiven starken Transit oder einer günstigen Eklipse stationär, weise ich meine Klienten auf diese Station als eine sehr günstig Phase hin. Sind diese Faktoren negativ, warne ich vor Extravaganz, Exzessen, zu viel Optimismus oder übermäßigem Genuss. Dennoch, ich erwähne diese Tage als einen sehr begünstigten Zeitrahmen und erläutere meinen Klienten alle möglichen Wege, auf denen sich diese Energie zum Ausdruck bringen kann.

Der rückläufige Saturn

Saturn wird ungefähr einmal pro Jahr rückläufig und bleibt es mehrere Monate. Während der Zeitspanne der rück- und direktläufigen Station wird das Zeichen, in dem Saturn ist, verstärkt. Ist Saturn beispielsweise in Stier stationär, dem Zeichen für Geld, Finanzen und persönliches Vermögen, entwickeln die Menschen für diese Bereiche ihres Lebens einen hohen Realitätssinn. Sie schnallen den Gürtel enger, definieren ihre finanziellen Ziele und werden in Bezug auf ihr Sicherheitsbedürfnis sehr realistisch. In Widder ist es mehr eine Definition der Persönlichkeit, in Zwillinge wirkt es eher auf einer mentalen Ebene.

Wenn Saturn in einem bestimmten Haus des Geburtshoroskops stationär wird, wollen die Angelegenheiten dieses Hauses definiert werden. Wird Saturn beispielsweise im siebten Haus stationär, wird sich eine Ehe oder Partnerschaft definieren. Gab es in diesem Bereich einige Verwirrung, werden die Dinge nun klarer und Sie werden den Zustand Ihrer Ehe oder Partnerschaft sehr realistisch betrachten.

Steht Saturn stationär im ersten Haus, werden Sie sich selbst definieren wollen. Dies ist eine der besten Zeiten, um abzunehmen, körperlich fit zu werden oder einen neue Lebensweise zu schaffen. Saturn ist der natürliche Herrscher des zehnten Hauses, welches mit Karriere, Ansehen und Ihrer Stellung in der Gemeinschaft zu tun hat. Wird Saturn nun stationär (in jedem Haus), versuchen die meisten von uns, ihre beruflichen Ziele zu definieren. Wir bewerten unser Geschäft oder unsere Arbeit neu, setzen neue Prioritäten und schaffen eine neue Vorstellung von unserer Karriere. Am häufigsten fällt mir bei einem stationären Saturn – rück- oder direktläufig – auf, dass die Menschen in ihren Unternehmungen wesentlich disziplinierter sind.

Ich möchte ein sehr wichtiges Ereignis aus meinem Leben erzählen, dass mit der direktläufigen Station des Saturn in Zusammenhang stand. Saturn wurde auf meiner Geburtsvenus stationär, die wiederum ein natales Trigon zu Saturn bildet. Eine der möglichen Entsprechungen dieses Geburtsaspekts lautet, dass man seine große Liebe erst später im Leben finden wird. Zur gleichen Zeit bildete die progressive Venus ein Sextil zum Geburtssaturn, was anzeigte, dass es Zeit für die Manifestation des Geburtsaspektes war. Aufgrund des positiven Geburtsaspektes und der guten Progression war die stationäre Phase eine extrem günstige Zeit in meinem Leben. Konkret machte mir mein späterer Mann zu dieser Zeit einen Heiratsantrag. Vielleicht haben Sie irgendwo gelesen, dass Saturn im Transit zu Venus ungünstig ist, und manchmal ist er das auch, jedoch illustriert mein Erlebnis, wie wichtig bei einer Bewertung die Synthese der Faktoren ist. Bei einem rückläufigen Saturn gebe ich meinen Klienten ein weiteres Mal wichtige Termine an, insbesondere wenn sie sich mit gewichtigen Entscheidungen über ihre berufliche Karriere befassen.

Der rückläufige Uranus

Uranus wird jedes Jahr für mehrere Monate rückläufig. Uranus ist die höhere Oktave des Merkur und berührt höhere Ebenen der Kommunikation. Er bringt immer Innovationen, Erfindungen, neue Konzepte und Ideen mit sich. Jedes Mal, wenn Uranus in Wassermann stationär wird, intensiviert sich die Energie und wir können in der Wissenschaft unglaubliche Durchbrüche beobachten. Mit Uranus in Wassermann kam es zu enormen Entdeckungen in der Technologie, insbesondere die Entwicklung des Internet, und in der Medizin. Als Uranus 1999 stationär war, konnten wir mindestens drei wichtige medizinische Fortschritte beobachten: fortgeschrittene Techniken zur AIDS-Kontrolle, zur Heilung von Krebs und die Erfindung von Viagra. Da Uranus weiterhin durch Wassermann reist, werden in unglaublichem Maß weiterhin erstaunliche Dinge geschehen. Uranus ist in Wassermann gut platziert und bringt viele positive Dinge mit sich. Mit Uranus in Steinbock war es sehr schwierig. Während dieser Zeit wurden die Menschen Autoritäten gegenüber sehr misstrauisch, einschließlich der Medizin, der Rechtsprechung, der Politik und der Regierung. Auch die Wirtschaft bekam die Enttäuschung der Öffentlichkeit zu spüren. Jeder, der eine Autoritätsposition innehatte, wurde hinterfragt und als suspekt angesehen.

Wenn Uranus in Ihrem eigenen Horoskop stationär wird und Aspekte zu persönlichen Planeten bildet, können Ihnen ungewöhnliche und bemerkenswerte Dinge geschehen, im Guten wie im Schlechten. Ein Wort zur Vorsicht bei Uranus: Manchmal kann der Drang nach sofortigen Veränderungen und dem Bruch mit der Vergangenheit bestehen, ohne die Konsequenzen auch wirklich vollständig überdacht zu haben. Ich habe viele Klienten, die unter einem Uranusaspekt impulsive Entscheidungen fällten, die sie später bereuten.

Kürzlich hatten zwei Klienten, ein Skorpion und ein Stier, beide den stationären Uranus im Quadrat zu ihrer Sonne. Beide unternahmen voreilig wesentliche berufliche Veränderungen um der Veränderung willen. Auf einer bestimmten Ebene wussten beide, dass es ein Fehler war, aber sie waren ohne Rücksicht auf Verluste zu der Veränderung getrieben. Mein Rat an meine Klienten ist, das Kind nicht mit dem Bade auszuschütten. Anstatt unwiderrufliche Veränderungen in Ihrem Leben vorzunehmen wie beispielsweise eine Scheidung durchzuziehen oder einen Job hinzuschmeißen, sollten Sie lieber eine Reise machen oder mal etwas ganz anderes tun, um Ihre Energie auszudrücken. Bringen Sie sich nicht selbst in Schwierigkeiten. Wenn Uranus wieder direktläufig ist und sich von Ihren Geburtsplaneten entfernt hat, dann können Sie die Veränderung vornehmen, falls Sie dann immer noch der Meinung sind, dass es das Richtige für Sie ist. Wird Uranus auf wichtigen Geburtsaspekten stationär oder auf Progressionen, Eklipsen oder sogar auf einer Häuserspitze, insbesondere bei einem Eckhaus, weise ich meine Klienten auf die wichtigen Tage hin. Wenn eine Veränderung ansteht, könnte der intensive Druck von Uranus genau das sein, was jemand als Motivation braucht, um eine lange überfällige Veränderung vorzunehmen. Besonders Personen mit Betonung der fixen Zeichen brauchen diese Art Anstoß, die ein stationärer Haupttransit mit sich bringen kann.

Der rückläufige Neptun

Einmal im Jahr ist Neptun mehrere Monate rückläufig. Neptun ist der Planet der Illusionen, der Verwirrung und Täuschung. Er ist der Planet der kreativen Visualisierung und der Inspiration. Rückläufig kann Neptun eine Zeit erhöhter künstlerischer Fähigkeiten bedeuten und Dichter, Schriftsteller, Maler und Bildhauer zur Erschaffung ihrer besten Werke motivieren. Die psychischen Fähigkeiten können verstärkt sein, Selbstzweifel und Paranoia aber leider auch. Manche Klienten haben mir von Déjà-vu-Erlebnissen und prophetischen Träumen berichtet. Es kann eine Zeit des spirituellen Wachstums sein, eine Zeit, in der Ihr Idealismus und Ihr Gespür für Ihren Lebenssinn erhöht sind.

Da Neptun in den nächsten vierzehn Jahren ab und an in Wassermann rückläufig wird, wird diese Energie intensiviert. Während ich dieses Buch schreibe, ist Neptun stationär in Wassermann, und tatsächlich höre ich mehr und mehr über die

Akzeptanz geistigen Heilens und alternativer Behandlungen seitens der Ärzteschaft. Mein eigener Arzt ist momentan dabei, ein auf diesen Prinzipien basierendes Institut aufzubauen. Bei Neptuntransiten, insbesondere wenn die Energie durch stationäre, rückläufige und direktläufige Perioden intensiviert wird, rate ich meinen Klienten, Prioritäten zu setzen, sich Listen zu machen, Ziele zu formulieren, realistisch und konzentriert zu bleiben. Benutzen Sie die Energie in kreativer, positiver Weise, das ist besser, als wenn die Energie Sie benutzt.

Löst Neptun einen Geburtsaspekt oder eine Progression aus oder trifft auf den Punkt einer Eklipse, weise ich meine Klienten auf die Signifikanz dieser Tage hin. Kürzlich geriet eine Klientin, deren natale Opposition zwischen Sonne und Merkur einerseits und Pluto und Saturn andererseits durch Neptun aktiviert wurde, in einen Machtkampf, den sie vermutlich nicht wird gewinnen können. Dieser Aspekt ist der Zielpunkt ihres Lebens, er führt dazu, dass eine Beziehung nach der anderen für sie unglücklich endet, und es scheint so, dass sie es brauchte, diesen Weg ein weiteres Mal zu beschreiten. Manchmal muss ein Klient ungeachtet dessen, was ein Astrologe sagt, die Lektion einfach lernen. Als Astrologe kann man dazu nichts sagen, besonders nicht: »Ich habe es Ihnen doch gesagt«. Manche Menschen machen unter der Station der überpersönlichen Planeten ihre größten Fehler. Ich weise die Klienten darauf hin und warne sie vor solchen Situationen. Ich erkläre ihnen deutlich die Gefahr und das Potenzial dieses wichtigen Zeitraums, und ich versuche auch, ihnen alternative Wege zur Nutzung der Energie aufzuzeigen.

Der rückläufige Pluto

Pluto wird ungefähr einmal im Jahr einige Monate rückläufig. Pluto repräsentiert Macht. Während Pluto in Schütze ist, werden sich Macht und Machtkämpfe in den Bereichen Religion, Erziehung, Philosophie, spirituelle Überzeugungen, rechtliche Angelegenheiten, Reisen und der Reiseindustrie manifestieren. Mit Pluto in Schütze werden religiöse Themen mit Sicherheit ein Hauptthema von Kampagnen. Wir werden

Konflikte sehen, die aus fundamentalistischen religiösen Gruppen kommen, und ihr Ausdruck kann so extrem sein und in einer Aktion wie dem Bombenattentat auf das World Trade Center 1993 münden, das sich ereignete, als Pluto in Schütze stationär wurde. Mit Blick auf die Reiseindustrie kann es interessant sein, dass mehr und mehr Menschen das Internet benutzen, um ihre Flüge selbst zu buchen. Wenn Pluto einst Schütze verlässt, wird von der Reiseindustrie, wie wir sie heute kennen, nicht mehr viel übrig sein. Alles wird dann über das Internet laufen. Mit der direktläufigen Station des Pluto in Schütze Mitte August 2000 wurde die Concorde, das Überschallflugzeug, aus dem Verkehr gezogen.

Höhere Bildung und juristische Berufe werden attraktiver werden. Wir werden ein stark verändertes Steuersystem haben, vielleicht wird eine Steuerpauschale eingerichtet. Eine naheliegende Zeit für die Manifestation solch großer Veränderungen kann die Konjunktion des Pluto mit dem nächsten kritischen Grad auf 17° Schütze sein.

Wenn Pluto rück- oder direktläufig auf einem persönlichen Planeten des Geburtshoroskops stationär wird, können Sie einer gewaltigen persönlichen Veränderung und Metamorphose unterliegen. Ihre Macht kann sich erweitern oder Ihnen vollkommen verloren gehen. Besessenes Verhalten oder Situationen, die Manipulationen und Machtkämpfe mit sich bringen, können folgen. Eine Therapie kann sehr erfolgreich verlaufen, und die Klienten können tiefen Transformationen unterliegen und Lösungen für lang währende, einschränkende Angelegenheiten finden. Was immer auch geschieht, die Wirkung wird vollständig und unausweichlich sein. Als Ergebnis eines intensiven Plutoeinflusses tritt eine vollkommen andere Person hervor.

Wird Pluto auf einem wichtigen Geburtsaspekt oder einer Progression stationär oder stimuliert den Punkt einer Eklipse, erläutere ich den Klienten diese wichtigen Daten und die möglichen daraus folgenden Ereignisse. Eine Progression, die gerade erst ein wenig aus dem Orbis ist, kann zu dieser Zeit reaktiviert werden.

Kapitel acht

Lunationen und Eklipsen

Lunationen ereignen sich jeden Monat. Der Begriff *Lunation* wird traditionell für den Neumond und den Vollmond verwendet. Der Neumond ist der Beginn des Mondmonats, welcher dann anfängt, wenn Sonne und Mond im selben Zeichen minutengenau miteinander in Konjunktion stehen. Das Wachstum des Mondes ist am Himmel zu beobachten, er wird immer voller, bis er in Opposition zur Sonne steht. Zu dieser Zeit haben wir dann Vollmond. Diese zwei Phasen des Mondes sind in der Astrologie von Bedeutung, denn die beiden Häuser in Ihrem Horoskop, in welche diese Phasen fallen, stehen für diejenigen Lebensbereiche, welche in diesem Monat energetisiert und betont werden.

Meinen Studenten erkläre ich Lunationen und Eklipsen folgendermaßen: Der Neumond und die Sonnenfinsternis (Solareklipse) sind beides Zeiten des Anfangs, der Initiation, der erneuerten Energie und Vitalität, Zeiten der Erregung und Stimulation. Der Vollmond und die Mondfinsternis (Lunareklipse) sind beides Zeiten der Erfüllung, Zeiten, in denen Themen, Probleme oder Projekte beendet oder gelöst werden, und sie liefern häufig das, was der Neumond versprochen hat. Sowohl Lunationen als auch Eklipsen bieten die Möglichkeit, Prioritäten und Schwerpunkte zu setzen und die Energie in jenen Lebensbereichen einzusetzen, die durch die Lunation oder Eklipse betont sind. Sie werden befähigt, genau erkennen und einschätzen zu können, was wichtig ist und was Sie in Ihrem Leben tun oder ändern müssen.

Zudem erläutere ich meinen Studenten, dass man Klienten allein mit der Betrachtung der Lunationen und Eklipsen eine Menge über das kommende Jahr sagen kann. Lunationen und Eklipsen gehören zu den bedeutsamsten Instrumenten in der prognostischen Astrologie. Um eine Handhabe für das zu bekommen, was in jemandes Leben geschieht, schauen Sie, wohin die Eklipsen für das betreffende Jahr fallen und bestimmen dann die Ereignisse mittels der Neu- und Vollmonde. Dahinter steht ein bestimmtes Muster.

Ich empfehle meinen Studenten, sich die jährlichen Rosenkreuzer-Ephemeriden zu kaufen. Schreiben Sie am Beginn der Seite, neben Neu- und Vollmond, wohin jede Lunation und Eklipse im Horoskop fällt und welche Aspekte sie macht, und dann achten Sie auf das, was geschieht. Mit dieser Methode haben sie ein Protokoll an der Hand, um zu beobachten, was im Verlauf des Jahres geschieht, und Ihnen wird ein echtes Verständnis über die Wirkung der Eklipsen und Lunationen in Ihrem Leben zuwachsen. Es ist ein ausgezeichnetes Instrument zum Lernen.

Sie beginnen die Prognose mit den Eklipsen und betrachten dann jede folgende Lunation. Achten Sie auf die Sequenz der Aspekte, welche die Lunationen im Horoskop jeweils zueinander machen. Die Aspektsequenz beginnt mit einem Halbsextil, gefolgt von dem Sextil. Als Nächstes kommt das Quadrat, dann das Trigon, dann das Quincunx und schließlich die Opposition. Es besteht eine Korrelation zwischen diesen Aspekten und den Ereignissen, die im Leben einer Person im Verlauf des Jahres geschehen.

Wenn Sie beispielsweise eine Beziehung mit dem Neumond oder einer Solareklipse in Löwe beginnen, wird der Neumond im nächsten Monat in Jungfrau sein und ein Halbsextil zu der Anfangslunation bilden. Zu dieser Zeit könnten Sie anfangen, sich zu verabreden und einander besser kennen lernen. Im zweiten Monat wird der Neumond in Waage im Sextilaspekt zur Anfangslunation stehen. Die Beziehung mag nun danach aussehen, dass sie Chancen hat und vielversprechend ist. Sie haben nun miteinander ein gutes Gefühl. Als Nächstes wird der Neumond in Skorpion zu der ersten Lunation in Löwe ein Quadrat bilden, und dies wird eine Herausforderung sein. Jede Beziehung, die mir bisher vor Augen kam, hatte im dritten Monat irgendwelche Themen, die angesprochen werden mussten. Wenn Sie durch diese Themen hindurch kommen, geht die Beziehung im vierten Monat, wenn der Neumond in Schütze ein Trigon zum ursprünglichen Neumond in Löwe bildet, auf eine neue Ebene. Im fünften Monat kommt es mit dem Neumond in Steinbock zum Quincunx. Dann kann es zu einer weiteren wichtigen Angleichung oder vielleicht auch zu einer Zwickmühle kommen. Bei der Opposition im sechsten Monat (Neumond in Wassermann), wird eine Entscheidung darüber fallen, ob die Beziehung weitergeführt wird oder nicht. Wenn Sie Beziehungen beobachten, werden Sie feststellen, dass es oft genau auf diese Weise funktioniert. Viele Beziehungen kommen nicht über das Halbsextil hinaus, weil man einander keine Zugeständnisse machen kann oder die grundlegende Verbindung nicht genug Kraft hat. Vielleicht kommen Sie durch das Halbsextil und dann das Sextil, doch dann treffen Sie auf das Quadrat und das beendet die Beziehung. Viele Beziehungen brechen nach drei Monaten ab. Sie können dieses Modell für jede Angelegenheit verwenden, mit der Sie sich befassen, gleich was es ist. Es funktioniert bei Geschäftsbeziehungen, Freundschaften und der Einstellung von Angestellten.

Finsternisse (Eklipsen) sind ebenfalls Lunationen, sie bringen eine zusätzliche Betonung und einen wesentlich intensiveren Schwerpunkt. Die Neumondeklipse wird Sonnenfinsternis oder Solareklipse genannt. Der Mond schiebt sich zwischen Erde und Sonne, so dass das Sonnenlicht teilweise oder vollständig verdeckt wird. Die Vollmondeklipse nennt man Mondfinsternis oder Lunareklipse. In diesem Fall ist die Erde zwischen Sonne und Mond und verdeckt das Mondlicht. Es wird immer viel Hysterie wegen der bösen Folgen von Finsternissen verbreitet. Neue Studenten befassen sich häufig viel zu sehr damit. Wenn sie sehen, dass eine Eklipse auf einen Planeten ihres Horoskops fällt, fürchten sie, dass etwas Schreckliches geschehen wird. Das ist nicht unbedingt richtig. Eklipsen und Lunationen arbeiten mit Transiten und Progressionen in Harmonie zusammen. Aufgrund der Schönheit und wunderbaren Ordnung des Universums stimulieren Eklipsen und Lunation so ziemlich dasselbe, was durch Transite, Progressionen und das Geburtspotenzial schon angekündigt ist.

Es ist wichtig, in Erinnerung zu behalten, dass eine Eklipse eine wesentlich intensivere Energie abstrahlt als eine reguläre Lunation. Ich beschreibe meinen Studenten eine Finsternis gern so: Es ist so, als wenn Sie nachts in einem beleuchteten Raum sind, und dann schaltet jemand das Licht aus. Wenn es wieder angeschaltet wird, empfinden Sie alles im Raum als klarer, heller und größer. Es ist ein erhellter Bereich. Eine Eklipse bringt diese Art von Energetisierung in das entsprechende Haus. Das Haus der Eklipse ist der Bereich Ihres Lebens, an dem Sie für das kommende Jahr arbeiten und der für diese Zeit Ihre Aufmerksamkeit einfordert. Eine Eklipse signalisiert den Anfang oder das Ende eines Entwicklungszyklus in Ihrem Leben, was sowohl positive als auch negative Auswirkungen haben kann. Eine Klientin hatte eine schwierige Lunareklipse auf ihrer zehnten Häuserspitze, und ich wies sie darauf hin, dass es in ihrem beruflichen Bereich zu einigen aufreibenden Ereignissen kommen könnte. Sie geriet in Panik und vermutete, dass sie ihren Job verlieren würde, doch letztlich geschah, dass ihr Chef starb. Sie ist immer noch in demselben Job, doch dieses Jahr bescherte dem Unternehmen traumatische Veränderungen. Ungeachtet der genauen Ausdrucksweise wird eine Eklipse im entsprechenden Lebensbereich eine große Wirkung ausüben.

Neu- und Vollmond und die Eklipsen wirken als Paare. Sie ergänzen einander. In Kapitel fünf habe ich bereits über die Verbindung zwischen den einander gegenüberliegenden Häusern besprochen: das erste und siebte Haus bilden die Achse der Beziehungen, das zweite und achte Haus die Achse des Verlangens usw. Lunationen und Eklipsen stimulieren diese Achsen. Fallen die Eklipsen in Ihr erstes und siebtes Haus, arbeiten Sie an sich selbst, an Ihrer Ehe oder an einer Beziehung. Fallen Lunationen und Eklipsen in Ihr zweites und achtes Haus, werden Ihr Verdienst und die gemeinsamen Finanzen beeinflusst. Finden die Lunationen und Eklipsen in Ihrem dritten und neunten Haus statt, kann es ein Jahr der

Reisen, schulischer Ziele oder der Angelegenheiten mit Verwandten sein. Im vierten und zehnten Haus liegt der Schwerpunkt auf Haus und Karriere. Lunationen und Eklipsen im fünften und elften Haus lenken das Licht der Aufmerksamkeit auf den kreativen Selbstausdruck, auf Kinder, Vergnügen, Hoffnungen und Wünsche sowie auf Gruppen und Organisationen. Mit Lunationen und Eklipsen im sechsten und zwölften Haus können schließlich Gesundheit, Arbeit, Dienst und auch Opfer Priorität haben.

Ich dränge meine Klienten stets, Lunationen, Eklipsen und jeglichen Einfluss der Planeten auf die positivste und lebensbejahendste Weise, die möglich ist, zu nutzen. Es gibt für mich nichts Frustrierenderes, als wenn jemand kommt und hat als einzige Sorge den Streit mit seiner Schwägerin. Für manche Menschen ist dies aber der Umfang, in dem sich ihr Leben abspielt. Für manche Klienten kann der Kauf eines neuen Autos das große Ereignis des Jahres sein. Es macht sicherlich Spaß, ein neues Auto zu haben, aber aus dem gewaltigen Reich der Möglichkeiten ist es lediglich eine. Ich ziehe es vor, den Klienten dabei zu helfen, sich auf die bestmögliche Nutzung der Energie zu konzentrieren, was immer der spezifische Ausdruck auch sein mag. Es besteht ein freier Wille, und die Menschen nutzen die Energie auf vielen verschiedenen Ebenen. Für die eine Person können Eklipsen im dritten und neunten Haus eine Weltreise bedeuten, während eine andere Person damit ein paar Romane liest. Manche fangen damit an, Kreuzworträtsel zu lösen, andere entscheiden sich, wieder die Schule zu besuchen. Beides sind mentale Ziele.

Nicht nur die Synthese der verschiedenen Faktoren ist wichtig, sondern Sie müssen auch wissen, auf welcher Ebene Ihre Klienten die Energie ihres Horoskops verwenden. Was Sie Ihren Klienten sagen, muss für diese und ihr Leben einen Sinn ergeben. Als Astrologe verwenden Sie Ihr Wissen und Ihre Erfahrungen mit der Astrologie, aber Sie setzen auch andere Fähigkeiten ein. Hier kommen Ihre Intuition und psychischen Fähigkeiten ins Spiel. Wenn Sie Klienten persönlich begegnen, können Sie einen besseren Eindruck davon gewinnen, wie sie ihre Energie benutzen. Aus der Art und Weise, wie jemand geht und spricht, können Sie viele nonverbale Signale auffangen, die Ihnen eine Menge mitteilen können.

Zuweilen habe ich mich auch fast täuschen lassen. Ich hatte eine Klientin, die nicht besonders gut gekleidet war und nicht gerade aussah wie eine vermögende Frau. Dennoch, als ich ihr Horoskop betrachtete, dachte ich: »Diese Frau ist ein richtiger Tatmensch, eine echte Unternehmerin«. Ich entschied mich, an ihre Horoskopdeutung so heranzugehen, als sei sie eine Geschäftsfrau. Als Grund ihres Besuchs bei mir stellte sich dann heraus, dass sie ein Angebot für ihr Unternehmen von 15 Millionen Dollar ins Auge gefasst hatte und nicht wusste, ob sie es annehmen sollte. Hätte ich nur auf das Sichtbare geachtet, hätte ich falsch gelegen. Ich musste dem Horoskop vertrauen.

Menschen mit sehr ähnlichen Geburtshoroskopen können die Energie unterschiedlich zum Ausdruck bringen. Zwei Klientinnen von mir sind am selben Tag geboren und haben beinahe identische Horoskope. Ich bezeichne sie als astrale Zwillinge. Beide sind Jungfrau, eine hat einen Zwillingsaszendenten, die andere einen Steinbockaszendenten. Diejenige mit dem Steinbockaszendenten ist antriebsstärker und unternehmerischer, sie hat ihr eigenes Geschäft. Außerdem hat sie vier Planeten im achten Haus, ist also zum Erfolg getrieben. Sie ist extrem konkurrenzbetont. Diejenige mit dem Zwillingsaszendenten ist entspannter und geselliger und weniger angetrieben und intensiv. Ihre Disposition ist leichter, sie hat viel mehr Spaß als ihr astraler Zwilling. Obwohl sie hart arbeitet, ist sie nicht so ehrgeizig wie ihr astraler Zwilling mit dem Steinbockaszendenten. Durch ihre Investitionen und eine Erbschaft kann sie komfortabel leben. Beide interessieren sich für Metaphysik und haben geschäftlich damit zu tun gehabt. Jede hat ausgedehnten Immobilienbesitz und reist viel. Man kann hier sehen, dass sie, obwohl die meisten Planeten minutengenau an derselben Stelle stehen, aufgrund der unterschiedlichen Aszendenten und Häuserverteilung sehr verschiedene Leben geschaffen haben. Dennoch ist es interessant, dass viele der großen Ereignisse und Veränderungen in ihrem Leben ungefähr zur gleichen Zeit aufgetaucht sind. Sie wechselten ihre Berufe zur gleichen Zeit. Eine ließ sich zwar vor der anderen scheiden, doch diejenige, die ein wenig länger verheiratet blieb, wusste zu dem Zeitpunkt, an dem die andere sich scheiden ließ, dass ihre Ehe zu Ende war. Beide hatten zur selben Zeit Krebs. Sie entdeckten, dass sie zur gleichen Zeit große Reisen unternommen hatten. In vielen Belangen sind ihre Leben parallel verlaufen.

Die Größe des Hauses nimmt Einfluss darauf, wie lange und wie intensiv die Erfahrung einer Lunation oder Eklipse sein wird. Außer im äqualen Häusersystem haben die verschiedenen Häuserpaare verschiedene Größen. Fallen die Lunationen in kleinere Häuser, können weniger Themen auf den Tisch kommen oder kürzere Zeit andauern. Bei größeren Häusern oder Häusern mit eingeschlossenen Zeichen können Sie sich wie bombardiert fühlen. In solche Häuser werden höchstwahrscheinlich zwei Lunationen in zwei Monaten fallen. Zwei Lunationen hintereinander in einem Häuserpaar können Sie veranlassen, sich zwei Monate mit diesen Bereichen zu befassen. Fällt ein Eklipsenpaar in solche Häuser, können Sie mehrere Jahre mit den entsprechenden Angelegenheiten beschäftigt sein.

Wenn das Paar der Lunationen in Widder und Waage stattfindet, können viele Klienten mit Beziehungsthemen zu Ihnen kommen. Die Häuser, in welche die Lunationen fallen, bestimmen, auf welcher Art von Beziehung der Schwerpunkt liegt. Lunationen im ersten und siebten Haus werden Zweierbeziehungen betonen. Im zweiten und achten Haus wird der Fokus auf finanziellen, sexuellen und therapeutischen Beziehungen liegen. Im dritten und neunten Haus liegt der Schwerpunkt auf Beziehungen mit Geschwistern, Verwandten, Lehrern, Ausländern usw. Lunationen im vierten und zehnten Haus werden Beziehungen zwischen Familienmitgliedern und beruflichen Partnern betonen. Im fünften und elften Haus wird der Fokus auf Beziehungen mit Kindern, Freunden und Bekannten liegen. Im sechsten und zwölften Haus werden Sie sich auf Beziehungen in Ihrem Arbeitsumfeld oder auf Dienstleistungsbeziehungen konzentrieren.

So wie Lunationen oder Eklipsen in Widder und Waage von Ihnen und den anderen handeln, behandelt die Paarung Stier/Skorpion das, was Ihnen und anderen gehört, also Werte, Finanzen usw. In Zwillinge und Schütze werden Lunationen und Eklipsen den Fokus darauf legen, was Sie denken und sagen und wie Sie meinen, in diese Welt zu passen. Heim, Familie, Eltern, Karriere und Ihr Platz in der Welt werden bei Lunationen in Krebs und Steinbock im Mittelpunkt stehen. In Löwe und Wassermann liegt der Schwerpunkt auf Selbstachtung und Selbstausdruck, auf Ihrer Fähigkeit, sich am Leben zu erfreuen, Liebe geben und empfangen zu können, auf Kreativität, Kindern, Freunden, Zielen, Ambitionen und wie Sie in Gruppensituationen passen. Schließlich werden Lunationen und Eklipsen in Jungfrau und Fische Ihre Art zu arbeiten, Ihre Produktivität, Ihre Fähigkeit, allein zu sein, Ihre Gesundheit und Ihre Vitalität in den Mittelpunkt stellen.

Richtlinien zur Bewertung von Lunationen und Eklipsen

1. *Erlangen Sie Kenntnis über das Geburtsversprechen.* Löst eine Eklipse oder Lunation ein natales Trigon aus, können Sie ein Geschenk erwarten. Haben Sie z.B. ein Mond/Venus-Trigon in Luftzeichen und eine Lunation oder Eklipse, löst dieses Trigon aus oder macht es zu einem großen Trigon, können Sie damit rechnen, dass etwas Wunderbares passiert. Im Zusammenhang mit Kommunikation können Sie eine vorteilhafte Erfahrung machen, ein erfolgreiches Engagement als Sprecher oder einen Auftritt vor Publikum erleben (Mond herrscht über das Publikum) oder eine Erweiterung Ihres sozialen Lebens wie zum Beispiel eine neue Freundschaft erfahren. Das spezifische Ergebnis hängt jedoch selbstverständlich von den Interessen und Aktivitäten Ihres Lebens ab. Es kann für jemanden auch einfach eine sehr

schöne Unterhaltung mit einem Freund sein. Haben Sie jedoch den Mond im Quadrat zu Saturn, und die Lunation oder Eklipse löst diesen Aspekt aus, kann bei Ihnen die Tendenz zu Depressionen oder negativem Denken aufkommen. Sind Sie in der Lage, die Energie positiv zu nutzen, können sich Ihr Antrieb und Ihre Disziplin steigern und Sie können eine Menge erreichen.

2. *Beachten Sie die Progressionen, die zur Zeit der Lunation oder Eklipse aktiv sind.* Haben Sie beispielsweise eine günstige Venusprogression wie etwa die progressive Sonne im Kontakt zur Geburtsvenus, und eine Eklipse oder Lunation löst diese aus, bedeutet das für dieses Jahr mit Sicherheit eine wichtige Liebe oder einen finanziellen Gewinn. Eine Lunation oder Eklipse auf einem der beiden an der Progression beteiligten Planeten kann den genauen Monat bestimmen, in dem Sie einer neuen Liebe begegnen könnten. Ich hatte 1981 eine Eklipse, die mir die Begegnung mit einer neuen Liebe vorhersagte. Am 4. Februar 1981 bildete eine Solareklipse in meinem ersten Haus auf 16° Wassermann ein Trigon zu meiner Geburtsvenus auf 14° Waage. Sie löste mein natales Venus/Saturn-Trigon aus, das eine große Liebe im späteren Leben verspricht. Im Juli 1981 war eine weitere Solareklipse auf 8° Löwe, sie bildete ein Trigon zu den progressiven Planeten Venus und Mars auf 7° Schütze und ein Sextil zu den progressiven Planeten Jupiter und Saturn. Diese gesamte Progression wurde durch diese Solareklipse ausgelöst. Interessant ist, dass die permanente Progression von Jupiter im Trigon zu Saturn zweifellos meinen Ehemann beschreibt. Er ist Steinbock mit einem Schützeaszendenten. So einfach kann Astrologie sein. Am 25. Januar 1982 löste dann die Solareklipse auf 5° Wassermann die Progression wieder aus. Venus wurde am 1. Januar 1982 in Wassermann rückläufig und löste die Venus/Mars/Jupiter/Saturn-Progression ebenfalls aus und lief am 9. Februar 1982 wieder direkt. Am 13. Februar 1982 startete ich die Reise, auf der ich meinen Ehemann Jay kennen lernte.

3. *Beachten Sie die Transite.* Achten Sie besonders auf die starken Transite, die zu jener Zeit wirksam sind. Eine Eklipse oder Lunation wird einen starken Transit deutlich aktivieren, sie wird die durch den Transit angelegten Ereignisse genau anzeigen und den Zeitrahmen festlegen. Uranus kann im Transit z.B. über einem Planeten immer wieder vor- und zurücklaufen, vor und zurück, doch wenn eine Lunation ihn aktiviert ... peng! Erwarten Sie das Unerwartete. Bei den langsam laufenden Planeten dauert ein Transit mehrere Monate, aber die Lunation oder Eklipse wird das angelegte Ereignis genau festlegen und den Zeitrahmen vorgeben. Uranus im Transit zur Venus verändert z.B. Ihr Verständnis von der Liebe. Während der Transit wirkt, könnten Sie spüren, dass sich Ihre Anziehungskraft erhöht. Sie sind irgendwie anders und interessant. Sie werden für andere Menschen schillernder und aufregender. Sie ziehen vermehrt bewundernde Blicke auf sich. Die Menschen fühlen sich von Ihnen angezogen, und Sie können mehr gesellschaftliche Möglichkeiten haben. Zu dem Zeitpunkt, an dem eine Lunation diesen Transit aktiviert, kann eine aufregende Beziehung auftauchen oder eine interessante finanzielle Möglichkeit von selbst erscheinen.
4. *Das Haus, in das die Lunation oder Eklipse fällt, wird aktiviert.* Eine Eklipse oder Lunation kann auch ein leeres Haus aktivieren. Dieses Haus wird während der entsprechenden Zeit vermehrt Bedeutung haben.
5. *Jeder Planet, den eine Lunation oder Eklipse berührt, wird aktiviert.* Der Planet und die von ihm gebildeten Aspekte werden von allen Hauptaspekten einer Lunation oder Eklipse stimuliert: Konjunktion, Quadrat, Opposition, Sextil und Trigon.
6. *Die Energie der Lunation oder Eklipse kommt durch das Haus und das Zeichen, in dem sie stattfindet, zum Ausdruck.* Ein Beispiel: Mit einer Eklipse auf der Sonne in Steinbock im zweiten Haus wird sich das Ego durch geldbringende Unternehmen ausdrücken.

7. *Eklipsen können bis zu drei Jahren wirken.* Sie können vor oder nach dem genauen Daum der Eklipse aktiviert werden und auf Jahre recht sensitiv sein.
8. *Lunationen und Eklipsen müssen wie ein Transit betrachtet werden.* Genau wie Transite können sie Aspekte bilden. Schauen Sie danach, ob sie irgendwelche Aspekte bilden und ob deren Qualität einfach oder schwierig ist.
9. *Lunationen und Eklipsen initiieren und beenden die Energie eines Transits.* Sie zeigen sogar 3° bis 4° früher, wann ein Transit beginnt, wirksam zu werden. Sie zeigen ebenfalls, wann Sie mit dem Ende des Transits ca. 3° bis 4° später rechnen können. Transite haben einen Anfang und ein Ende, und die Lunationen und Eklipsen legen dies fest und schaffen den Zeitrahmen dafür.
10. *Lunationen und Eklipsen initiieren und beenden die Energie einer Progression.* Bis sie ausgelöst wird, ist eine Progression latent. Kommen ein Neu- oder Vollmond oder eine Solar- oder Lunareklipse hinzu, erregen sie diese Energie und starten die Progression. Eine andere Lunation oder Eklipse wird sie beenden. Ein Beispiel einer Klientin: Sie hatte die progressive Venus in Jungfrau im Sextil zum Geburtsneptun in Skorpion. Im Geburtshoroskop stehen die beiden Planeten in Löwe und Skorpion zueinander im Quadrat. Sie hatte eine Beziehung mit einem Fisch und trennte sich von ihm, kam wieder mit ihm zusammen, trennte sich wieder usw. Es war keine gute Beziehung. Sie hatte die Beziehung bei dem ersten Sextil der progressiven Venus zu Neptun begonnen. Es war eine sehr neptunische Beziehung, und sie war diesbezüglich nicht sehr realistisch. Sie erkannte sein destruktives Verhalten nicht. Erinnern Sie sich, Neptun behindert die Wahrnehmung. Sie brachen die Beziehung ab, als ein Neumond auf den Grad der Venus/Neptun-Progression fiel. Zu diesem Zeitpunkt realisierte sie, dass die Beziehung nicht gut gewesen war. Das Interessanteste daran war, dass sie durch diese Erfahrung die Möglichkeit erhalten hatte, etwas zu lernen, da ein progressives Sextil ein natales Quadrat auslöste. Sie

sagte, dass sie nie wieder in einer solch destruktiven Beziehung wie dieser bleiben wolle. Durch das Sextil verstand sie letztlich, was sie aufgrund ihres natalen Quadrats zwischen Venus und Merkur mit Männern durchmachen musste. Durch die Progression konnte sie dieses Thema lösen. Das ist ein wichtiger Teil von Progressionen. Sie sind nicht nur einfach prognostische Instrumente. Sie sind Gelegenheiten, Dinge psychologisch zu lösen, wenn man sich der Situation gewachsen zeigt, so wie sie es tat. Zur gleichen Zeit näherte sich die progressive Venus bis zu 2° ihrer Geburtssonne. Vier Monate später fiel eine Lunation auf diese Progression und sie begann eine neue Beziehung. Sie stellte sich als eine gute Beziehung heraus, und sie heiratete diesen Mann. Die eine Beziehung musste enden, damit die andere beginnen konnte, und die Lunationen steuerten den zeitlichen Ablauf. Da die Progressionen so dicht beieinander waren, dachte ich, dass sie die alte Beziehung vielleicht neu beleben wollen könnte, ich spürte aber, dass diese Progression jemand Neues und Besseres bringen würde. Ich wusste, dass sie die Möglichkeit hatte, zu ihrem ersten Freund zurückzukehren, und sagte ihr stets, dass er zurückkommen würde und sie zurückhaben wollte. So war es auch, aber zu der Zeit, als er zurückkam, hatte sie den neuen Mann bereits getroffen und wollte ihn nicht mehr. Im Rückblick ist es vollkommen klar, dass durch die zwei Progressionen zwei verschiedene Männer beschrieben wurden. Der Fische-Mann (progressive Venus im Trigon zu Neptun) und der neue Mann mit einem Waageaszendenten (progressive Venus in Konjunktion zur Sonne). Die Beziehung mit dem Waageaszendenten begann und die Fischebeziehung endete.

11. *Eklipsen können positive Ereignisse hervorbringen.* Die alten astrologischen Texte erzählen zwar von Pest und Hungersnot, Flut und Krieg, Finsternisse können aber auch gute Ereignisse zum Vorschein bringen. Dennoch – wenn Ihnen eine Eklipse etwas Gutes bringt, ist immer ein Preis zu bezahlen. Der eine Mensch kann verlieren, der andere ge-

winnen. Sie können sich zum Beispiel in jemanden verlieben, der bereits gebunden ist. Dann verlässt er oder sie den anderen für Sie, und diese Person zahlt dann den Preis. Ein anderes Beispiel: Sie erhalten auf Ihrer Arbeit eine Beförderung, weil Ihr Vorgänger entlassen wurde. Sie gewinnen, er verliert.
12. *Die Würde oder Schwäche des Planeten, auf den die Eklipse fällt, muss beachtet werden.* Eklipsen, die auf einen Planeten im Exil oder Fall treffen, scheinen eine etwas ungünstigere Wirkung zu haben. Eklipsen, die auf einen Planeten in seinem Domizil oder in der Erhöhung treffen, scheinen günstiger zu wirken.
13. *Ist Merkur zur Zeit der Eklipse rückläufig, verzögern sich manchmal die Ergebnisse.*
14. *Die Qualität des Hauses, in welches die Lunation oder Eklipse fällt, muss beachtet werden.* In einem Eckhaus wird die Lunation oder Eklipse in sehr öffentlicher Weise wirken. In fixen Häusern bringt die Eklipse oder Lunation häufig eine Gelegenheit oder ein Angebot, Sie müssen sich aber der Lage gewachsen zeigen. In veränderlichen Häusern wird die Eklipse oder Lunation Anpassungen oder Veränderungen fordern, die eher psychischer Natur sind und hinter den Kulissen stattfinden.

Wirkungsdauer einer Eklipse

Über die Wirkungsdauer einer Eklipse gibt es viele verschiedene Theorien. Eine besagt, dass die Eklipse bis zur nächsten Eklipse desselben Typs andauern und der Effekt während dieser Zeit abnehmen wird. Bei einer Solareklipse im Januar wird dann beispielsweise die Wirkung bis zur nächsten Solareklipse im Juni oder Juli andauern.

Eine andere Theorie lautet, dass Dauer und Stärke der Eklipse von der Dauer der Finsternis am Himmel abhängt. Eine lang andauernde Eklipse wird dann vermutlich bis zu drei Jahren Wirkung zeigen. Noch eine weitere Theorie besagt, dass die totale Sonnenfinsternis (Solareklipse) am stärksten wirkt. Die partielle Sonnenfinsternis ist dann die nächststärkere, die Lunareklipse (gleich welcher Typ) die schwächste. So lauten die Theorien. Ich stimme allen und keiner zu. Jede beinhaltet etwas Wahres.

Nach einer anderen Theorie sind Personen, bei denen der Mond oder die Sonne prominent gestellt ist, am meisten von Eklipsen beeinflusst. Demnach wird jemand mit einer Krebsbetonung im Geburtshoroskop mehr von der Lunareklipse beeinflusst, jemand mit prominentem Löwezeichen mehr durch die Solareklipse. Auch sollen Frauen mehr auf Lunareklipsen und Männer mehr auf Solareklipsen reagieren. Ich bin mir nicht sicher, ob das stimmt. Ich spüre sie alle.

Die Verwendung des abgeleiteten Häusersystems zur Auswertung von Lunationen und Eklipsen

Bei der Einschätzung der Wirkungen von Lunationen und Eklipsen auf enge Familienmitglieder habe ich das abgeleitete Häusersystem als recht bedeutsam erfahren. Fällt eine Eklipse in mein Horoskop, so untersuche ich jede Möglichkeit, wie sie im Leben meiner Kinder wirken kann.

Das abgeleitete Häusersystem wurde mir von einem meiner Mentoren vermittelt. Da es früher sehr schwierig war, die Geburtszeit herauszufinden, konnte man als Astrologe aus einem korrekt berechneten Horoskop jeden anderen herauslesen. Ich will Ihnen das erklären. Im abgeleiteten Häusersystem sind Ihre Kinder und besonders Ihr erstes Kind im fünften Haus zu finden. Seine Art und Weise, Geld zu verdienen, steht in Ihrem sechsten Haus – seinem zweiten. Seine Einstellung zu Lernen und Bildung steht in Ihrem siebten Haus, seinem dritten. Sein Zuhause und Familienleben wird in Ihrem achten Haus beschrieben, seinem vierten. Ihre Enkel werden in Ihrem neunten Haus beschrieben, seinem fünften. Seine Arbeit, Arbeitsbedingungen und Interaktion mit Kollegen wird in Ihrem zehnten Haus dargestellt, seinem sechsten.

Seine Ehe steht in Ihrem elften Haus, seinem siebten, und so weiter. Bei Ihren Geschwistern beginnen Sie mit Ihrem dritten Haus. Bei Ihrem Ehemann fangen Sie mit Ihrem siebten Haus an (ist es Ihre zweite Ehe, müssen Sie mit dem elften Haus beginnen). Bei ihrer Tante müssen Sie mit dem dritten Haus anfangen.

Mein Mann und mein zweites Kind werden beide durch mein siebtes Haus repräsentiert. Mein Sohn, mein zweites Kind, arbeitet geschäftlich mit seinem Vater zusammen. Sie sind beide finanziell erfolgreich, angezeigt durch Venus und Jupiter in meinem achten Haus, ihrem zweiten Haus des Geldes. Sie sind beide viel auf Reisen. Venus herrscht über mein neuntes, ihr drittes Haus. Das Leben meines Sohnes verläuft zu dem seines Vaters sehr parallel. Das zweite Kind ähnelt meistens mehr dem Vater. Mein fünftes Kind, repräsentiert durch mein erstes Haus, ist mir in Aussehen und Verhalten am ähnlichsten. Sie ist Schütze und ich Jungfrau, wir haben jedoch beide einen Steinbock-Aszendenten. Wir haben eine ähnliche Einstellung zum Leben und kommen gut miteinander aus.

Regeln für die Orben von Lunationen und Eklipsen

1. Der größte Einfluss wird spürbar, wenn die Lunation oder Eklipse direkt auf eine Häuserspitze oder einen Planeten fällt.
2. Innerhalb eines Orbis von 5° zu einer Häuserspitze oder einem Planeten habe ich bedeutende Ereignisse beobachtet, einerlei, ob der Aspekt applikativ oder separativ ist.
3. Auch bei einem Orbis von 10° zu einer Häuserspitze oder einem Planeten habe ich eine Wirkung beobachtet, zwar eine wesentlich geringere, aber nichtsdestoweniger eine Wirkung.
4. Wenn die Eklipse oder Lunation im gleichen Zeichen wie ein Planet ist, sollten Sie kleinere Effekte nicht außer Acht

lassen, selbst wenn ihre Positionen sehr weit auseinanderfallen.
5. Das Ereignis geschieht nicht unbedingt am genauen Tag der Lunation oder Eklipse. Das Ereignis oder die Auswirkung wird zwar für den Tag der Lunation oder Eklipse vorhergesagt bzw. angekündigt, die Wirkung kann jedoch früher, später oder am gleichen Tag eintreten. Bei der Beratung sage ich das meinen Klienten. Ereignisse geschehen oft fünf Tage vorher oder nachher, gleichfalls auf dem genauen Datum der Lunation oder Eklipse, oder sogar mehrere Wochen früher oder später. Andere Planeten können den Punkt der Lunation oder Eklipse früher (vorher) oder später (danach) auslösen. Die Ereignisse in der Zeit einer Eklipse sind häufig schicksalhaft miteinander verwoben. Eine Klientin hatte ihren Job verloren, weil sie immer spät zur Arbeit kam und sich viel frei nahm, um mit ihrem neuen Freund zusammen zu sein. Sie verlor ihre Arbeit, drei Wochen bevor eine Eklipse in ihr siebtes Haus fiel und ein Quadrat zum Herrscher ihres sechsten Hauses (der Arbeit) bildete. Das Ereignis war, dass eine enge Beziehung (siebtes Haus) auf ihre Arbeit (sechstes Haus) Auswirkungen hatte.

Neumond oder Solareklipse in den Häusern

Neumond oder Solareklipse im ersten Haus
Mit dem Neumond oder einer Solareklipse im ersten Haus kommt es zu einer Zeit, in der die Persönlichkeit betont wird. Sie verfügen über neue Energie und Begeisterung. In dieser Zeit neigen Sie dazu, sich selbst in den Mittelpunkt zu stellen. Es ist eine gute Zeit, um mit Programmen zu beginnen, die gut für Ihr Aussehen und Ihren Körper sind. Haben Sie bereits ans Abnehmen gedacht, ist mit dem Neumond auf Ihrem Aszendenten ein guter Zeitpunkt gekommen, um mit einer Diät zu beginnen. Ist der transitierende Mond in einem fixen Zeichen, halten Sie Ihr Diätprogramm eher durch. Ist der Mond nicht

in einem fixen Zeichen, sollten Sie mit dem Beginn der Diät besser warten, bis der Mond in das nächste fixe Zeichen gewandert ist. Haben Sie z.B. einen Zwillingeaszendenten und ist der Neumond ebenfalls in Zwillinge, warten Sie lieber, bis der Mond in Löwe geht, und beginnen dann mit Ihrer Diät.

Das erste Haus regiert die Persönlichkeit und die persönliche Erscheinung. Es ist die Projektion Ihrer selbst nach außen. Isabel Hickey sagte immer, das erste Haus sei das Fenster, durch das Sie die Welt betrachten. Somit kann sich Ihre Einstellung zum Leben mit einer Lunation im ersten Haus ändern. Es ist auch eine Zeit der Anfänge. In der Hauptsache geht es immer um Sie selbst. Sie müssen daher darauf achten, sich nicht zu sehr nur um sich selbst zu drehen.

Ein Neumond oder eine Eklipse auf dem Aszendenten kann eine positive Veränderung Ihrer Persönlichkeit oder persönlichen Erscheinung bewirken. Fallen sie direkt auf den Aszendenten, wird seine Kraft intensiver, jedoch wird eine Lunation im gesamten ersten Haus grundsätzlich die Angelegenheiten dieses Hauses energetisieren. Das kann alles sein, angefangen bei einer neuen Frisur über eine Einkaufstour, um sich komplett neu einzukleiden, bis hin zu großen kosmetischen Operationen. Die am weitesten gehenden Veränderungen finden bei einer Eklipse statt, gestützt durch Transite und Progressionen; der leichtere, moderatere Ausdruck entsteht bei einer Lunation. Häuserspitzen scheinen zu dieser Zeit sehr bedeutsam zu sein. Ist die Lunation oder Eklipse direkt auf einer Häuserspitze, kommt es zu einer zusätzlichen Betonung der Angelegenheiten dieses Hauses. Häuserspitzen sind Einheiten für sich selbst, und mir ist aufgefallen, dass Aspekte von Transitplaneten zu den Häuserspitzen wichtig sind. Meine Finanzen beispielsweise stabilisierten sich, als Saturn stationär wurde und ein exaktes Trigon zu meiner zweiten und achten Häuserspitze bildete.

Neumond oder Solareklipse im zweiten Haus
Der Neumond oder eine Solareklipse im zweiten Haus kann eine Betonung der Werte, Finanzen und Besitztümer schaffen. Während dieser Zeitperiode kann sich die Art Ihres Einkom-

mens verändern. Es ist eine gute Zeit, um Entscheidungen über Ihre finanzielle Struktur zu fällen. Sie könnten das Bedürfnis verspüren, Vermögen zu erwerben. Ein Klient kaufte sich bei einer Lunation im zweiten Haus ein großes Gemälde. Das zweite und achte Haus bilden die Achse des Verlangens, und somit könnten Sie sich im Gegensatz zu den lebensnotwendigen Dingen eher zu Luxusartikeln hingezogen fühlen. Sie könnten sich entscheiden, eine Fähigkeit zu verfeinern, die Ihren Wert am Markt steigert. Eine Lunation oder Eklipse im zweiten Haus kann abhängig von den Aspekten des Mondes Ihren Sinn für Sicherheit oder Unsicherheit verstärken.

Neumond oder Solareklipse im dritten Haus
Mit dem Neumond oder einer Solareklipse im dritten Haus werden intellektuelle Aktivitäten und das Lernen stimuliert. Zum Beispiel hatte eine Klientin Jupiter im Transit durch ihr drittes Haus (er erweiterte ihr Wissen), gepaart mit einem Sextil des progressiven Merkur (dem natürlichen Herrscher des dritten Hauses) zu ihrer Venus. Als der Neumond in ihr drittes Haus fiel, begann sie mit einem intensiven Studienkurs. Aufgrund ihrer Progressionen und Transite kaufte sie sich in diesem Monat auch ein neues Auto und unternahm einer kurze Reise. Ein anderer Klient mit einer schlecht aspektierten Lunation im dritten Haus hatte dagegen eine teure Autoreparatur zu verkraften. Ein weiterer Klient begann mit der Organisation eines Familientreffens. Eine Klientin wiederum hatte mehrere Wochen ihre Schwester aus einem anderen Teil des Landes zu Besuch. Der Besuch war vorher geplant, doch ihre Schwester kam zur Zeit der Lunation an. Als meine Tochter eine Lunation im dritten Haus hatte, organisierte sie eine Nachbarschaftsparty. Ich habe seit Jahren unverändert bei einer Lunation in meinem dritten Haus viele Engagements für Vorträge und Radio- und Fernsehauftritte, und normalerweise zeichnete sich eine wichtige Reise ab. Diese Aktivitäten und Ereignisse waren jedoch auch das Ergebnis entsprechender Progressionen.

Vergessen Sie nicht, dass die Wirkung einer Lunation in ein und demselben Haus bei verschiedenen Klienten aufgrund all der anderen Dinge in ihrem Horoskop verschieden sein kann. Bei einer Lunation im dritten Haus ist nicht nur das Lernen und Studieren stimuliert, sondern es repräsentiert auch Tanten, Onkel, Brüder, Schwestern, Autos, Kommunikation, Briefschreiben, E-Mail, kurze Reisen und die unmittelbare Umgebung. Jahre zuvor können Sie bei Neumond im dritten Haus das Bedürfnis verspürt haben, Briefe zu schreiben oder Leute anzurufen, heute jedoch könnten Sie feststellen, dass Sie mehr als sonst E-Mails versenden. Mein Mann und ich verreisen fast immer im April und Oktober. Dann fallen die Lunationen und Eklipsen in mein drittes und neuntes Haus. Im nächsten April unternehmen wir eine einmonatige Seereise nach Südamerika und Afrika. Im letzten Oktober reisten wir für zweieinhalb Monate um die Welt. All unsere großen Reisen machten wir in diesen Monaten. Das ist so, seit meine progressive Sonne ins neunte Haus ging und sich zwischen dem progressiven Jupiter und dem Geburtssaturn eine permanente Progression (ein Trigon) bildete. Jupiter herrscht über mein elftes Haus, das auch meinen zweiten Ehemann repräsentiert, und Saturn ist mein Horoskopherrscher. In vieler Hinsicht ist diese permanente Progression für mich sehr wichtig. Sie beschreibt sehr exakt meinen Mann. Er ist Schütze mit einem Steinbockaszendenten, und seine Schützeenergie bringt uns an all diese Orte. Während das Trigon des progressiven Jupiter zum Geburtssaturn abnehmend ist, nähert er sich einer Konjunktion mit der Geburtsvenus. Venus herrscht über mein neuntes Haus der weiten Reisen, und somit werde ich wohl auch weiterhin unterwegs sein.

Neumond oder Solareklipse im vierten Haus

Das vierte Haus ist ein Eckhaus, es scheint daher zusätzliche Bedeutung zu erhalten und die Ereignisse werden sich eher im sichtbaren Bereich abspielen. Das vierte Haus hat mit dem Heim, der Familie und der persönlichen Umgebung zu tun. In dem Jahr, in dem ich eine Solareklipse im vierten Haus hatte, zog ich nicht nur von einem Haus in ein anderes, sondern auch in ein anderes Büro, und zwar alles in demselben Monat. Wenn ich mein Leben Revue passieren lasse, dann haben sich alle großen Umzüge, Renovierungen, Umgestaltungen und Möbelkäufe im Mai und November ereignet, jene Monate, in denen die Lunationen und Eklipsen in mein viertes und zehntes Haus fallen. Als ich begann, dieses Buch zu schreiben, fragte ich mich, was wohl in diesem November passieren würde. Wir hatten die Renovierung unseres Hauses abgeschlossen, und ich hatte auch kein Büro mehr. Dann jedoch teilte mir die Mieterin meiner Eigentumswohnung mit, dass sie Ende Oktober ausziehen würde. Sie hatte dort zwanzig Jahre lang gewohnt, und die Wohnung musste modernisiert werden. Ich renovierte sie und bot sie im November, als die Lunation in meinem vierten Haus war, zum Verkauf an. Mir ist aufgefallen, dass die beste Zeit für den Verkauf von Eigentum dann ist, wenn das vierte Haus aktiv ist. Die Wohnung wurde verkauft!

Mit einer Lunation im vierten Haus kann es häufig zu einem wesentlichen Austausch mit den Eltern kommen. Die Mutter einer Klientin mit einer Lunation im vierten Haus zog in eine Stätte für betreutes Wohnen um. Für die Mutter war es ein Neuanfang. Da das vierte Haus den seelischen Samen darstellt, die Wurzel unseres Seins, kann es eine Zeit der spirituellen Selbsterforschung und des Wachstums sein. Verschiedene Male hatte ich mit Lunationen und Eklipsen im vierten, achten oder zwölften Haus spirituelle Déjà-vu-Erlebnisse oder paranormale Erlebnisse. Als ich einmal auf einer Konferenz war, spielten wir *Flash Cards*. Ich habe mich nie als besonders medial begabt angesehen, doch ich konnte jedes Mal die Figur auf den Karten identifizieren. Im Grunde sah ich sie vor meinem geistigen Auge.

Neumond oder Solareklipse im fünften Haus

Das fünfte Haus ist das Haus der persönlichen Kreativität. Es umfasst alle persönlichen Schöpfungen, angefangen bei Ihren Kindern bis hin zu künstlerischen Werken, Schreiben oder

Komponieren. Es steht für alle Ihre Kinder, repräsentiert jedoch insbesondere Ihr ältestes Kind. Der Aszendent meines ersten Kindes ist in demselben Zeichen wie meine fünfte Häuserspitze. Als meine Tochter in ihrem Leben mit dem Neumond auf dem Aszendenten einen Neuanfang unternahm, zeigte derselbe Neumond in meinem fünften Haus eine Veränderung für sie an. Mit einer Lunation oder Solareklipse werde ich mehr als sonst von den Ereignissen und Aktivitäten im Leben meiner Kinder eingeholt. Manchmal sind Sie mit all Ihren Kindern verbunden, manchmal nur mit Ihrem ersten Kind. Ich fühle mich in dieser Zeit spielerisch und habe viel Spaß. Bei einer Solareklipse im fünften Haus begann ich mit intensiven Tanzstunden in einem Tanzstudio in der Nähe. Über zwei Jahre behielten wir das bei, solange wie die Eklipse wirksam war. Zu dieser Zeit können Sie Ihre spekulativen Investitionen neu bewerten, oder Sie können Lust bekommen, Ihr Glück im Casino zu versuchen. Zuletzt schrieb ich mich bei den Lunationen im fünften und elften Haus für doppelten Bridgeunterricht ein. Zusammen mit diesen Lunationen war Merkur, der Herrscher meines fünften Hauses, progressiv im Sextil zur Venus. Jeder meine Gegenspieler ist ein sehr intelligenter Bridgespieler, und ich bin begeistert davon, mithalten zu können. So verstärkt diese Erfahrung auch meine Selbstachtung, eine Angelegenheit des fünften Hauses.

Neumond oder Solareklipse im sechsten Haus

Produktive Arbeit, Kollegen, Ihre Arbeitsumgebung, eventuelle Angestellte, Dienstleistungen – all dies gehört zum sechsten Haus. Außerdem hat es mit Gesundheit, Gewohnheiten und Haustieren zu tun. Manche Klienten begannen mit dem Neumond oder einer Solareklipse im sechsten Haus, gepaart mit einer guten Merkurprogression (der natürliche Herrscher des sechsten Hauses) und dem Transitsaturn im sechsten Haus, mit einer sehr gesundheitsbewussten Lebensweise. Ihr Gesundheitsprogramm umfasste tägliche Übungen, gesundes Essen und die grundsätzliche Verbesserung ihrer persönlichen Gewohnheiten.

In dem Monat, in dem eine Lunation oder Eklipse in Ihrem sechsten Haus stattfindet, werden Sie sich wahrscheinlich entscheiden, Ihren Arzt aufzusuchen, einen neuen Mitarbeiter einzustellen oder im produktiven Arbeitsbereich neue Prioritäten für sich selbst oder Ihre Angestellten zu setzen. Im Rückblick stelle ich fest, dass ich zu dieser Zeit sehr häufig einen Hausputz gemacht habe. In der jüngeren Vergangenheit, seit ich berufstätig bin, habe ich mich mehr darauf konzentriert, meinen Arbeitsplatz zu organisieren und für mich und meine Angestellten neue Ziele zu setzen. Viele Menschen machen im September den großen Hausputz, weil dieser Neumond im natürlichen Tierkreis in das sechste Haus fällt und wir alle dadurch in gewisser Weise stimuliert werden. Ich habe den Eindruck, dass viele Menschen ihr Haus dann in Ordnung bringen wollen und sich nach dem Ende der Ferien wieder organisieren wollen. Eine Lunation oder Eklipse im sechsten Haus ist eine weitere gute Zeitperiode, um an persönlichen Gewohnheiten zu arbeiten, eine Diät zu beginnen, mit dem Rauchen aufzuhören, mit einem Vitaminprogramm oder einem Übungsprogramm zu beginnen oder sich ein Haustier zuzulegen. Sie könnten sich auch entschließen, Ihr Haustier für eine Ausstellung anzumelden. Kürzlich hatte eine Klientin eine Eklipse in ihrem sechsten Haus im Quadrat zu Neptun, und zwei Angestellte, für deren Ausbildung sie viel getan hatte, kündigten in diesem Monat, fast genau am Tag der Eklipse. Ich befürchte, dass für sie jedes Mal, wenn dieser Punkt ausgelöst wird, ein mit ihren Angestellten zusammenhängendes Thema ansteht.

Neumond oder Solareklipse im siebten Haus

Mit einem Neumond oder einer Solareklipse in siebten Haus liegt die Betonung auf allen engen Beziehungen – Ehe, Geschäftspartner, sehr enge persönliche Freunde oder auch Gegenspieler (denn das siebte Haus hat auch mit Konkurrenz zu tun). Viele Heiratsanträge ereignen sich mit einer Lunation im siebten Haus. Klienten, die eine Lunation oder Eklipse in diesem Haus haben, sage ich: »Irgendjemand kommt auf Sie zu, lädt Sie ein, bietet Ihnen einen Job an oder möchte mit Ihnen zu einer Veranstaltung oder einem anderen Ereignis gehen.« Zu meinem Stiefsohn habe ich das auch einmal gesagt. Als wir dann am Abend über seinen Tagesverlauf sprachen, sagte er: »Nein, Carol, nichts ist passiert. Ich kann es nicht glauben, aber du hast falsch gelegen. Nichts ist geschehen. Ich habe nichts und niemanden getroffen.« Später unterhielt er sich mit seinem Vater und erzählte ihm von seiner heutigen Busfahrt nach Hause. Er erzählte seinem Vater, dass ein wirklich fettes, hässliches Mädchen sich an ihn herangemacht hatte, ihn belästigte und mit ihm eine Unterhaltung beginnen wollte. Es sei wirklich schrecklich gewesen, er konnte sie nicht loswerden. Und mein Mann sagte ihm: »Carol hat nicht gesagt, dass ein Hollywood-Starlet auf dich zukommt. Sie hat nur gesagt, dass jemand etwas von dir will, und so war es ja auch.« Da es nicht genau das war, was er wollte, hatte er das, was ich gesagt hatte, nicht beachtet. Genauso verhalten sich auch Klienten. Sie sagen, dass nichts geschehen ist, während tatsächlich sehr wohl etwas passiert ist.

Fällt eine Eklipse in Ihr siebtes Haus, wird für Sie das ganze Jahr über eine Beziehung im Mittelpunkt stehen. Es kann eine Zeit des Werbens sein. Mit einer schwierigen Eklipse könnten Sie zu dieser Zeit eine Trennung oder Scheidung erleben. Das siebte Haus ist ein Eckhaus, und somit sind die Ereignisse dieses Hauses öffentlicher. Im Grunde werden jedes Mal, wenn ein Eckhaus stimuliert wird, die zu diesem Haus gehörenden Angelegenheiten bedeutender. Das siebte Haus ist auch das Haus der Kundschaft, und bei mir habe ich festgestellt, dass sich mit einem Neumond oder einer Solareklipse im siebten Haus, besonders mit guten Aspekten, die Anzahl meiner Klienten erhöht. Dies trifft für jeden Ladenbesitzer zu, für Inhaber kleinerer Betriebe oder für Freiberufler wie Ärzte, Zahnärzte, Psychologen, Anwälte usw.

Neumond oder Solareklipse im achten Haus

Das achte Haus betrifft das Geld anderer, Investitionen, Nachlässe, Erbschaften, Versicherungen, sexuelle Aktivitäten und den Tod. Mit dem Neumond oder einer Solareklipse im achten Haus kommt es zu einer guten Zeit, um Ihre Investitionen neu zu bewerten, Ihren Erfolg zu ermitteln und um Entscheidungen über notwendige Veränderungen zu fällen. Sie könnten ein finanzielles Geschenk erhalten. Sie könnten eine neue sexuelle Begegnung haben oder sexuell vermehrt aktiv sein. Eine Klientin traf sich seit einiger Zeit mit einem neuen Mann, der wohl ein wenig zu schüchtern war, um mit ihr ins Bett zu gehen. Ich sagte ihr, dass er mit der Lunation in ihrem achten Haus Sex mit ihr haben wolle. Als die Lunation in ihrem achten Haus war, traute er sich und hatte Erfolg.

Mit dem Neumond im achten Haus kann es zu einer Erbschaft kommen, zu einem Todesfall in Ihrer Umgebung (es muss nicht jemand sein, der Ihnen nahe steht) oder zu einer großen finanziellen Veränderung. In einem Jahr, in dem ich eine Eklipse in meinem achten Haus in Konjunktion zu meinem Geburtsjupiter hatte, verlor ich meinen Vater und drei Freunde starben (Jupiter herrscht über mein elftes Haus der Freunde). Auch sollten Sie in diesem Jahr bei Ihren Steuerangelegenheiten besonders vorsichtig sein, vor allem wenn Ihr progressiver Mond in Schütze ist, denn in diesem Zeichen kann der Mond Vorbote einer Steuerprüfung sein.

Da das achte Haus das Haus der Mysterien ist, könnten Sie die Geheimnisse des Lebens erforschen wollen oder eine Therapie machen, um in die Wirkweise Ihres Unterbewusstseins einzutauchen. Sie könnten einen Meditations-, Psychologie- oder Hypnosekurs besuchen (einige dieser Disziplinen gehören auch zum neunten und zwölften Haus). Mir ist aufgefallen, dass Klienten mit einer Lunation im achten Haus (oft zum Zeitpunkt ihrer Horoskopanalyse) häufig zum ersten Mal mit metaphysischen Themen in Kontakt kommen. Ist die Lunation oder Eklipse dann im neunten Haus, beginnen sie oft mit einem Kurs oder Lehrgang. Beim Bibelstudium ist es dasselbe. Mit der Lunation oder Eklipse im achten Haus treten die

Klienten einer Kirche bei, und sie fangen mit dem Bibelstudium an, wenn die Lunation oder Eklipse im neunten Haus ist.

Neumond oder Solareklipse im neunten Haus

Zum neunten Haus gehören Spiritualität, Philosophie, höhere Bildung und weite Reisen. Es ist zuständig für angeheiratete Verwandte, Prozesse und Rechtssachen. Das neunte Haus ist das Haus der Öffentlichkeitsarbeit. Typischerweise können sich Menschen mit vielen Planeten im neunten Haus oder im dritten Quadranten (Häuser sieben, acht und neun) sehr gut selbst vermarkten. Mit dem Neumond oder einer Solareklipse im neunten Haus könnten Sie sich auf eine spirituelle Suche begeben. Sie könnten einen Studienkurs für östliche Philosophie belegen oder Astrologie- oder Yogaunterricht nehmen. Vielleicht beginnen Sie auch mit einem Bibelstudium. In dieser Zeit können Sie verstärkt auf Reisen gehen. Falls Sie nicht konkret auf Reisen gehen, könnten Sie sich der Lektüre über ferne Orte widmen. Als in meinem Horoskop meine progressive Sonne in das neunte Haus ging und eine Eklipse in dieses Haus fiel, unternahm ich in diesem Jahr zwei große Reisen außerhalb des Landes (und bis zu dieser Zeit bin ich noch nie mit dem Flugzeug geflogen). Sie könnten sich entscheiden, noch einmal zur Schule zu gehen und einen akademischen Titel erwerben oder eine fortgeschrittene Ausbildung absolvieren. Ich war in diesem Jahr auch völlig dem Astrologiestudium verschrieben. Was immer Sie auch studieren, es wird über die offizielle Bildung hinausgehen und spezielle Fähigkeiten oder Talente entwickeln. Ich hatte Klienten mit dem Neumond oder eine Solareklipse im neunten Haus, und alles, was sie taten, war, sich mit ihren angeheirateten Verwandten zu streiten. Als Astrologin hatte ich gehofft, dass sie reisen oder Kurse belegen, und was taten sie mit der Energie? Sich mit ihrer Schwägerin streiten. Was für eine Verschwendung einer guten Gelegenheit! Doch die Energie wird bei verschiedenen Menschen verschieden ausgedrückt. Es kann auch eine Zeit der Rechtskämpfe sein. Manchmal können Sie, wenn Sie mit dem Neumond im neunten Haus nicht auf Reisen gehen, mit der Planung eines Urlaub beginnen. Sie könnten eine Fremdsprache erlernen oder mit einem Meditationskurs beginnen. Manche Menschen entschließen sich mit einer Eklipse im neunten Haus auch dazu, sich einem Guru anzuschließen.

Neumond oder Solareklipse im zehnten Haus

Das zehnte Haus ist ein weiteres öffentliches Haus, und wiederum sind Lunationen und Eklipsen in diesem Haus von großer Bedeutung. Das zehnte Haus herrscht über Ihren Ruf und Ihr Ansehen in der Gemeinschaft. Es zeigt, wie die Öffentlichkeit Sie betrachtet, und es regiert über Ihr öffentliches Auftreten. Politische Ansichten sind ebenfalls ein Gebiet des zehnten Hauses. Produktive Arbeit gehört mehr zum sechsten Haus, aber ein eigenes Geschäft oder Ihre Karriere gehören zum zehnten Haus. Es hat außerdem mit Ihrem Arbeitgeber zu tun. Mit dem Neumond oder einer Solareklipse zusammen mit verstärkenden Transiten kann es Zeit sein, mit einem neuen Geschäft anzufangen.

Sie könnten Ihr Geschäft vermehrt fördern wollen. Zu dieser Zeit erhalten Sie häufig kostenlose Werbung für Ihr Unternehmen. Als ich den Neumond in meinem zehnten Haus hatte, wurde in der Zeitung über einen Vortrag von mir berichtet, oder ich trat im Fernsehen auf oder über mich wurde ein Artikel geschrieben. Mit einer Eklipse im zehnten Haus hielt die Wirkung das ganze Jahr an, und für mich war es ein Jahr, das sehr in der Öffentlichkeit stattfand.

Das zehnte Haus hat auch mit Ihrer elterlichen Autoritätsperson zu tun. Zu dieser Zeit kann auch Ihre Einstellung zur Welt betont werden. Bei einer Klientin löste eine Eklipse im zehnten Haus in ihrem Horoskop eine Sonne-Quadrat-Neptun-Progression aus. Sie wurde von ihrem Ehemann sehr enttäuscht, und ihr Ruf verschlechterte sich in diesem Jahr beträchtlich. Erst mehrere Jahre später, mit einem Neumond im zehnten Haus, beruhigten sich die Dinge für sie. Dies ist ein gutes Beispiel dafür, wie Lunationen und Eklipsen Progressionen starten und beenden. Die anfängliche Eklipse löste die

Sonne/Neptun-Progression aus, und die spätere Lunation beendete sie. Sie können bei Ihrer Arbeit einen neuen Chef bekommen, eine neue Autoritätsperson oder ein neues Managementteam. Sie können auch eine neue Rolle als öffentliche Person annehmen. Beispielsweise können Sie in ein Gremium einer Organisation gewählt werden oder Ihr Name kann in der Zeitung erscheinen.

Neumond oder Solareklipse im elften Haus

Mit dem Neumond oder einer Solareklipse im elften Haus besteht eine gute Zeit, um Gruppen oder Organisationen beizutreten. Es können sich neue Freundschaften bilden, und Ihr gesellschaftliches Leben wird wahrscheinlich sehr aktiv sein. In dieser Zeit können Sie sich neue Ziele und Prioritäten setzen und Träume, Hoffnungen und Wünsche manifestieren. Das fünfte Haus wird als das Haus der Liebe, die Sie anderen geben, angesehen. Das elfte Haus repräsentiert die Menschen, die Ihnen Liebe geben, wie beispielsweise Ihre Freunde. Oftmals erscheint mir das elfte Haus als die zweite Ehe. Andere Astrologen schauen vielleicht für die zweite Ehe nach dem neunten Haus, ich bin jedoch der Meinung, dass das elfte Haus hier besser funktioniert. Wenn ich eine Lunation oder Eklipse im elften Haus habe, startet mein Mann – mein zweiter Partner – ein neues Projekt oder hat in irgendeinem Bereich seines Lebens einen Neuanfang. Da ich das Zeichen Schütze an der Spitze meines elften Hauses habe, fällt es mit der Lunation auf seinem Schützeaszendenten zeitlich zusammen. Mit einer Lunation im elften Haus wird mein gesellschaftliches Leben angeheizt. Es ist ein Monat mit vielen gesellschaftlichen Aktivitäten und Einladungen.

Neumond oder Solareklipse im zwölften Haus

Das zwölfte Haus ist das Haus der Innenschau, des Unterbewusstseins und der verborgenen guten Wirkungen. Mit einem Neumond oder einer Solareklipse im zwölften Haus steigen manchmal die Leichen aus dem Keller oder Ihnen werden Geheimnisse enthüllt. Sie könnten einen psychischen

Durchbruch erleben. Eine Eklipse in diesem Haus kann Ihnen die Möglichkeit bieten, während des folgenden Jahres jedwedes tief verborgene psychische Thema durchzuarbeiten. Manche meiner Klienten hatten mit dem Neumond oder einer Solareklipse im zwölften Haus heimliche Affären. Andere erlebten eine romantische Zuneigung zu Menschen, denen sie sich spirituell sehr verbunden fühlten. Dinge, die unter einer Lunation im zwölften Haus beginnen, sind gewöhnlich karmischer Natur. Die Platzierung der Geburtssonne im zwölften Haus ist ebenfalls karmisch, und falls Sie nicht in irgendeiner Form der Menschheit dienen, könnten Sie ein recht frustrierendes Leben haben. Sie könnten sich so fühlen, als wenn Sie in der Welt nie das erreicht haben, was sie wollten. Da das sechste und zwölfte Haus die Achse von Dienst und Opfer bilden, könnten Sie Menschen im Krankenhaus besuchen oder in irgendeiner Weise mit helfenden Tätigkeiten verbunden sein, oder Sie helfen Menschen wohl wissend, dass diese nicht fähig sein werden, sich zu revanchieren.

Falls Sie andere Planeten im zwölften Haus haben, kennen Sie wahrscheinlich das Bedürfnis danach, einen Teil des Tages allein zu verbringen. Ich unternahm mit einer Freundin, die mehrere Planeten im zwölften Haus hat, eine Reise. Sie verschwand urplötzlich in ihrem Zimmer, um eine Weile mit sich allein zu sein. Hätte ich nichts von Astrologie verstanden, hätte ich mich gekränkt gefühlt, aber ich verstand ihr Bedürfnis nach Innenschau. Menschen mit einem starken zwölften Haus werden den Eindruck haben, dass sie mehr Zeit als andere für sich allein brauchen. Während einer Lunation in diesem Haus wird das verstärkt. Jedoch selbst wenn Sie im Geburtshoroskop keine Platzierungen im zwölften Haus haben, werden Sie mit einer Lunation oder Eklipse in diesem Haus mehr private Zeit wollen, mehr Zeit für Reflexionen (bei einer Lunation wird es ungefähr einen Monat so sein, bei einer Eklipse ungefähr ein Jahr). Sie können meditieren wollen, Ihr Gewissen überprüfen und nach innen schauen.

Vollmond oder Lunareklipse in den Häusern

Vollmond oder Lunareklipse im ersten Haus

Mit dem Neumond oder einer Solareklipse im ersten Haus geht es um Neuanfänge, Aufbrüche und Bereiche in Ihrem Leben, an denen Sie arbeiten wollen. Die Lunation lässt etwas Neues beginnen, und höchstwahrscheinlich beginnen Sie damit, einige Veränderungen vorzunehmen. Die Solareklipse bietet uns die Möglichkeit für einen Neuanfang. Wie wir bereits besprochen haben, kann der Neumond oder die Solareklipse im ersten Haus den Anfang vieler persönlicher und physischer Veränderungen darstellen. Wenn zwei Wochen später der Vollmond erscheint, können Sie sehen, zu welchem Ergebnis diese Veränderungen jetzt oder in der Zukunft führen. Der Vollmond oder die Lunareklipse bringt die Dinge zur Entscheidung, und in Zusammenhang mit dieser Mondphase kommt es eher zu Vervollständigungen und Abschlüssen. Die Lunareklipse schafft gewöhnlich ein Ende, das von Dauer ist. Hat jemand zum Beispiel den Vollmond oder eine Lunareklipse im siebten Haus der Beziehungen und ist von jemandem getrennt, neigt diese Trennung zu Dauerhaftigkeit. Häufig gibt es keinen Weg mehr zurück.

Mit dem Neumond im siebten Haus kann eine Beziehung in Gang kommen. Mit dem Vollmond oder einer Lunareklipse im ersten Haus handhaben Sie dann diese Beziehung oder ihr Ergebnis, die Wirkung, die sie auf Sie hat. Wenn Sie jemand unter dem Neumond im siebten Haus einlädt, werden Sie zwei Wochen später, zur Zeit des Vollmondes im ersten Haus, über diese Beziehung einige Entscheidungen treffen. Wollen Sie sie fortsetzen? Sie reagieren jetzt darauf. Kommt jemand unter dem Neumond im siebten Haus auf Sie zu und bietet Ihnen einen neuen Job an, so werden Sie sich zwei Wochen später mit dem Vollmond im ersten Haus entscheiden müssen, ob Sie den Job annehmen oder nicht.

Eine Klientin begann mit einer ausgedehnten zahntechnischen Behandlung, als der Neumond auf ihren Saturn im ersten Haus fiel. Sechs Monate später, als der Vollmond in dieses Haus fiel, war die Behandlung abgeschlossen. Eine andere Klientin stürzte fünf Tage nach dem Vollmond im ersten Haus. Sehr häufig geschieht etwas fünf Tage nach dem Vollmond. Der Vollmond war in Fische und bildete eine Opposition zu ihrem Geburtsmerkur in Jungfrau und ein Quadrat zum transitierenden Pluto in Schütze. Als der Vollmond in Opposition zu Merkur stand, bildete er zugleich ein Quadrat zu ihrem progressiven Merkur in Schütze (der in Konjunktion zu dem transitierenden Pluto stand). Ich sehe Merkur als eine Lokomotive an, und in gewisser Hinsicht übte er auf ihre Koordination und Bewegung Druck aus. Der Sturz war das Ergebnis, da dieser Vollmond jedoch ein Trigon zu ihrem Geburtsmars bildete, wurde sie nicht ernsthaft verletzt.

Vollmond oder Lunareklipse im zweiten Haus
Ein Neumond im achten Haus eröffnet eine Periode, in der Sie Ihre Investitionen und finanziellen Angelegenheiten überprüfen. Zur Zeit des Vollmondes oder einer Lunareklipse im zweiten Haus haben Sie eventuell einen Budgetplan erstellt oder einige Veränderungen oder Entscheidungen über die Handhabung Ihrer Finanzen vorgenommen. Sie könnten auch Ihre Gefühle in Bezug auf Ihre Werte oder Ihre Sexualität untersuchen. Wenn Sie mit dem Neumond im achten Haus etwas geerbt haben oder zu Geld gekommen sind, können Sie mit dem Vollmond im zweiten Haus nun entscheiden, was Sie damit tun und wie Sie es verwalten. Grundsätzlich neigt der Neumond mehr zur Aktion, der Vollmond eher zur Reaktion. Eine Klientin entschied sich bei dem Neumond im achten Haus zur Refinanzierung ihrer Hypothek. Bei dem Vollmond im zweiten Haus wurde ihr Antrag genehmigt. Ein Vollmond im zweiten Haus zeigt eine Komplettierung in finanzieller Hinsicht an, und manche Klienten beglichen darunter ihre Kredite oder zahlten die letzte Rate für ihr Auto. Eine Eklipse zeigt Ihnen, dass Sie das folgende Jahr an den Themen Geld, Finanzen und Werte arbeiten werden.

Vollmond oder Lunareklipse im dritten Haus

Eine Lunation im dritten Haus betont die Verbindung mit anderen, Kommunikation, Lernen, Studium, Transport, Fahrzeuge, Reisen, Geschwister und Verwandte. Mit dem Vollmond oder einer Lunareklipse im dritten Haus können Projekte zu einem Abschluss kommen, ein Studium seinen Gipfelpunkt erreichen oder eine Reise enden. Bildet die Lunation oder Eklipse ein Quadrat, könnten Sie Ärger mit Ihrem Auto, Computer, Telefon oder Fernseher haben. Eine Klientin, die mit ihrer Schwester noch eine »offene Rechnung« hatte, löste den Konflikt, als der Vollmond in ihr drittes Haus fiel und einen guten Aspekt bildete. Die Lunationen arbeiten als Paar. Wenn Sie mit dem Neumond im neunten Haus einem neuen Interesse nachgehen, sind Sie zur Zeit des Vollmondes im dritten Haus voll dabei und erfreuen sich daran. Manchmal kann eine Lunation im neunten Haus eine Reise oder einen Urlaub initiieren, die dann mit dem Vollmond im dritten Haus zu Ende gehen.

Eine Eklipse im dritten Haus kann für eines Ihrer Geschwister eine Krise oder ein Jahr voller Probleme bedeuten. Sie kann für dieses Jahr auch eine Reihe von Schwierigkeiten mit dem Auto oder durch Missverständnisse anzeigen. Läuft die Energie in guten Kanälen, kann sie eine Anzahl von Vortragsengagements oder verschiedene Gelegenheiten zur Öffentlichkeitsarbeit anzeigen. Verspricht Ihr Geburtshoroskop Reisen, können Sie mit einer positiven Eklipse im dritten und neunten Haus in dem entsprechenden Jahr mehrere Reisen unternehmen. Wenn Sie nicht gern reisen, könnten Sie Kurztrips unternehmen oder einfach mobiler werden und z.B. über das Wochenende die Stadt verlassen. Sie können auch ein Studium durch Prüfungen abschließen oder eine Bescheinigung für Ihre Bemühungen erhalten. Wie immer der Ausdruck auch sein mag, das Thema Ausbildung kann stärkere Betonung erhalten. Wenn Sie keinen Lehrgang oder Kurs besuchen, können Lunationen im dritten und neunten Haus für Sie eine Zeit bedeuten, in der Sie bestimmte Fähigkeiten entwickeln oder verfeinern.

Vollmond oder Lunareklipse im vierten Haus

Das vierte und zehnte Haus bilden die Achse von Heim und Beruf. Ein Paar von Lunationen oder Eklipsen in diesen Häusern kann die Notwendigkeit betonen, diese beiden Bereiche Ihres Lebens in Balance zu bringen und ihnen gleich viel Zeit zu widmen. Die Wasserhäuser (Haus vier, acht und zwölf) sind nicht nur für Beendigungen zuständig, in der esoterischen Astrologie werden sie außerdem auch stark mit dem Karma in Verbindung gebracht. Mit einer Lunation im vierten Haus können Sie karmische oder Déjà-vu-Erlebnisse haben, vielleicht indem Sie jemanden treffen, bei dem Sie das Gefühl haben, ihn vorher schon gekannt zu haben. Da dieses Haus Dinge beendet, sind manche Klienten auch gestorben, wenn der Vollmond in ihr viertes Haus fiel, besonders wenn sie schon lange unter Krebs oder einer anderen Krankheit gelitten haben. Es ist nicht so, dass ich hier den Tod voraussage – das tue ich nicht, dennoch ist mir dieser Zusammenhang aufgefallen. Mit einer Lunation oder Eklipse im vierten Haus kann es in irgendeiner Form in Ihrem Leben zu einem Ende kommen, oder etwas wird vervollständigt. Es kann einen Elternteil betreffen, Ihr Zuhause, Ihre Investitionen in Grundbesitz oder irgendein Projekt, dass Sie angefangen haben.

Vollmond oder Lunareklipse im fünften Haus

Mit dem Vollmond oder einer Lunareklipse im fünften Haus können Sie ein kreatives Projekt zum Abschluss bringen. Als Künstler können Sie z.B. ein Gemälde fertig stellen oder eine Serie von Bildern zu einem bestimmten Thema oder in einem bestimmten Stil. Als Schriftsteller können Sie ein Buch abschließen. Jede persönliche, kreative Erfahrung kann nun zu einem Ergebnis kommen. Es kann auch die Lösung einer Angelegenheit bezüglich Ihres Kindes sein, insbesondere Ihres ältesten Kindes. Ein Neumond im fünften Haus ist eine gute Zeit, um schwanger zu werden, denn es kommt zu neuem Leben oder zu der Möglichkeit für einen Neuanfang. Mit einem Eklipsenpaar im fünften und elften Haus ist die Zeit dafür hervorragend. Auch ein Vollmond im fünften Haus, der gut aspektiert ist oder eine gute Progression bzw. einen guten Transit auslöst, kann in eine Schwangerschaft münden.

Eine meiner Töchter hatte eine Eklipse in ihrem fünften Haus, und das ganze Jahr über tat sie nichts anderes, als die Aktivitäten ihrer Kinder zu managen. Obwohl sie einen Beruf, eine Ehe und noch andere Verpflichtungen hatte, war dies der Fokus in ihrem Leben. Für dieses Jahr lag die Priorität auf den Aktivitäten ihrer Kinder, mehr als je zuvor. Das fünfte und elfte Haus kann persönliche Liebe oder Vernarrtheit bedeuten, für jüngere Leute die Begegnung mit Freunden. Ist man älter und sucht nach einem Ehepartner, ist dieser Wunsch nach Verbindung eher im ersten und siebten Haus wirksam. Wenn man älter ist, verändern sich Beziehungen schneller, daher schaue ich dann eher in diese Häuser als in das fünfte und elfte Haus.

Mit Lunationen im fünften und elften Haus werden Sie gesellschaftlich sehr aktiv sein. Sie können sich für Unterhaltung, Sportveranstaltungen, Glücksspiele und allgemein für Spiel und Spaß interessieren. Das Leben von Menschen mit vielen Planeten im fünften und elften Haus dreht sich um Amüsement und Freude. Da sie durch ihr gesellschaftliches Leben so abgelenkt sind, fällt es ihnen schwer, viel zustande zu bringen. Ihr Büro oder Geschäft kann zu einer Art Partyraum werden, einem Szenetreffpunkt. Ein Freund mit vier Planeten im fünften Haus besaß einen Buchladen, der zwar niemals erfolgreich, aber ein sozialer Treffpunkt war. An diesem Ort traf er seine Freunde. Eine Lunation im fünften Haus kann bedeuten, dass eine Freundschaft oder Liebesbeziehung auf eine andere Ebene geht.

Vollmond oder Lunareklipse im sechsten Haus

Das sechste Haus hat mit Ihrer Arbeitsumgebung, mit Angestellten, Produktivität, Haustieren, Gesundheit und Gewohnheiten zu tun. Eine Solar- oder Lunareklipse im sechsten Haus ist eine gute Zeit, um mit dem Rauchen aufzuhören, eine Diät anzufangen oder die persönlichen Gewohnheiten zum Besseren zu verändern. Eine Klientin hatte eine hart aspektierte Lunareklipse in ihrem sechsten Haus, und zwei ihrer Angestellten kündigten. Zwei Wochen zuvor, als die Solareklipse ebenfalls mit harten Aspekten in ihr zwölftes Haus fiel, hatte sie sich in geschäftlichen Belangen sehr selbstzerstörerisch verhalten. Als sie in der Lage war, das Geschehene einzuschätzen, war es ihr vollkommen klar, dass die Angestellten gekündigt hatten, denn sie hatten auf ihre eigene Angst und Furcht reagiert. Die Lunation im sechsten Haus bildete ein Trigon zu Jupiter, und sie unternahm eine Reise, um von ihrer täglichen Routine Abstand zu gewinnen. Mit einer Eklipse im sechsten Haus kann in diesem Jahr die Gesundheit im Zentrum Ihrer Aufmerksamkeit stehen. Das kann alles bedeuten, angefangen bei einem Arztbesuch bis hin zu einer wichtigen gesundheitlichen Angelegenheit. Manche Klienten haben schon die verkehrte Medizin verschrieben bekommen oder ihnen wurde von ihrem Arzt eine falsche Diagnose gestellt.

Manche meiner Klienten haben sich bei einem Vollmond oder einer Lunareklipse im sechsten Haus ein Haustier zugelegt oder eines weggegeben. Mein Sohn hatte einen Vollmond im sechsten Haus und musste seinen Hund abgeben, er hatte zwei Menschen gebissen – bei dem Versuch, die Kinder meines Sohnes zu beschützen. Doch das tat nichts zur Sache, der Hund musste gehen. Unter freundlicheren Bedingungen können Sie mit dem Neumond im sechsten Haus ein neues Haustier bekommen. Der Vollmond im sechsten Haus hat mit Gewohnheitsmustern zu tun. Sie können mit Gewohnheiten brechen, allerdings könnten Sie auch eine Diät abbrechen.

Vollmond oder Lunareklipse im siebten Haus
Ein Vollmond oder eine Lunareklipse im siebten Haus legt den Fokus auf Beziehungen. Es kann die Beziehung zu Ihrem Ehepartner, Geliebten, Geschäftspartner, zu engen Freunden oder zu einem Konkurrenten sein. Eine geschäftliche Vereinbarung kann abgeschlossen oder gelöst werden, oder eine Partnerschaft kann enden. Manche Menschen sind mit Quadrataspekten einer Lunation aus dem siebten Haus entlassen oder regelrecht gefeuert worden. Das kann sowohl im siebten als auch im zehnten Haus geschehen. Kürzlich erst wurde

eine Klienten aus ihrem Job gefeuert, als die Lunareklipse auf 4° – 5° Wassermann in ihr siebtes Haus fiel und ein Quadrat zu Jupiter in Skorpion, dem Herrscher ihres sechsten Hauses, bildete. Sie hatte es letztlich selbst verursacht, hatte sich viel frei genommen, kam zu spät und hatte nicht wirklich »alles gegeben«. Also warf man sie raus. Mit dem Neumond im ersten Haus wird in Beziehungen häufig ein Ultimatum gestellt. Wenn der Mond dann im siebten Haus ankommt, kommt es zu einer Entscheidung, und die Beziehung wird entweder abgebrochen oder sie wird bindender.

Vollmond oder Lunareklipse im achten Haus

Ein Vollmond oder eine Lunareklipse im achten Haus wird mit gemeinsamen Finanzen, Investitionen, Erbschaften, Tod, Wiedergeburt und mit Sex zu tun haben. Bei einer Lunation in diesem Haus kann in Ihrer Umgebung ein Todesfall vorkommen. In dem Jahr, in dem eine Lunareklipse in meinem achten Haus war, starben vier oder fünf meiner Bekannten. Ein Vollmond in diesem Haus kann eine Zeit bedeuten, in der Sie Ihre Finanzen überprüfen oder Ihre Investitionen umschichten. Finanzielle Beteiligungen oder Verbindungen sollten beachtet werden, ganz gleich, ob mit geschäftlichen oder persönlichen Partnern. Es ist eine gute Zeit, um zu klären, was Sie wirklich wollen. Sie könnten auch mit steuerlichen Angelegenheiten oder Versicherungsthemen in Berührung kommen. Eine Klientin mit dem Vollmond in ihrem achten Haus hat gerade eine Refinanzierung ihres Hauses abgewickelt, um eine niedrigere Hypothekenrate zu zahlen. Für eine persönliche Beziehung kann der Vollmond im achten Haus eine Zeit bedeuten, um die Beziehung auf eine mehr intime, körperliche Ebene zu bringen.

Vollmond oder Lunareklipse im neunten Haus

Ein Vollmond oder eine Lunareklipse in neunten Haus legt den Fokus auf weite Reisen, Spiritualität, höhere Bildung und rechtliche Angelegenheiten. Zum Beispiel wurde die Planung einer weiten Reise, die mein Mann und ich unternehmen wollten, an dem Tag abgeschlossen, als der Vollmond in meinem neunten Haus war. Wenn ich Klienten den Unterschied von Voll- und Neumond erklären will, gehe ich sehr sorgfältig vor. Sie können mit dem Neumond im neunten Haus eine Reiseabsicht formulieren oder eine Reise antreten. Bei Vollmond dann können Ihre Pläne zum Abschluss kommen oder die Reise kann enden. Manchmal machen Sie Pläne, und manchmal sind Sie tatsächlich unterwegs. Da die Lunationen in meinem neunten Haus in Widder und Waage sind, bin ich im April und im Oktober immer viel auf Reisen. Bei Quadrataspekten des Vollmonds aus dem neunten Haus hatten manche Klienten ernsthafte Konfrontationen mit Verwandten und Angehörigen. Der zweijährige Rechtsstreit für die Astrologie, den ich mit der Stadt Milwaukee hatte, begann1996, als die Eklipsen in meinem dritten Haus (Solareklipse auf 28°12' Widder) und neunten Haus (Lunareklipse auf 14°31' Waage) standen. 1997 kam die finanzielle Entschädigung, als die Eklipsen in meinen Finanzhäusern zwei und acht lagen.

Mit einem schlecht aspektierten Vollmond im neunten Haus haben einige Studenten ihr Studium abgebrochen. Als ich auf einer dreimonatigen Kreuzfahrt unterwegs war, wurden viele Menschen an Bord sehr krank und mussten mit dem Helikopter vom Schiff geholt werden. Ich möchte wetten, dass der Vollmond in ihrem neunten Haus stand und ein Quadrat bildete, weshalb für sie diese Reise ein sehr schlechtes Ende nahm. Einige Menschen haben große weltanschauliche Entscheidungen getroffen und z.B. ihre Religion geändert. Bei einer Klientin löste eine Eklipse im neunten Haus ihren Übertritt zur jüdischen Religion aus.

Vollmond oder Lunareklipse im zehnten Haus

Mit dem Vollmond oder einer Lunareklipse im zehnten Haus werden in Ihrem Leben die Themen Karriere, Ansehen und Stellung in der Gemeinschaft energetisiert. Es betrifft Ihre Berufung, das Ziel oder die Mission Ihres Lebens. Wahrscheinlich tauchen auch Angelegenheiten auf, die ein Elternteil betreffen. Mit dem Neumond im zehnten Haus fangen Sie höchstwahrscheinlich an einer neuen Arbeitsstelle an, bekommen einen neuen Vorgesetzten, wechseln in eine andere Abteilung oder werden mit einem neuen Projekt beauftragt.

Mit dem Vollmond im zehnten Haus wird vermutlich eher ein Projekt zur Erledigung kommen oder ein Beschäftigungsverhältnis enden. Manche haben mit einer quadrataspektierten Lunareklipse im zehnten Haus nicht einfach nur ihren Job verlassen, sondern ihren Beruf. Erst kürzlich fiel der Vollmond in Fische auf die Himmelsmitte zweier verschiedener Klienten. Beide berichteten von einer Betonung beruflicher Angelegenheiten. Im Horoskop der ersten Klientin warf die Lunation ein Quadrat. Am dem Tag, an dem der Mond voll war, gab ihr Arbeitsgeber ihr eine unerwartete und ungünstige Beurteilung ihrer Arbeit. Bei der anderen Klientin stand die Lunation auf ihrer Mond/Himmelsmitte-Konjunktion und bildete gute Aspekte. Sie spürte einen starken Entwicklungsschub und kam durch eine positive berufliche Veränderung vorwärts. Häufig klärt die Lunation, was Sie in dem betreffenden Bereich Ihres Lebens tun müssen, und dort investieren Sie dann diesen Monat Ihre Energie.

Teenager erleben mit einer Lunation im zehnten Haus mitunter einen heftigen Zusammenstoß mit Eltern und/oder Autoritätspersonen. Bildet eine Lunareklipse aus dem zehnten Haus günstige Aspekte, können Sie Auszeichnungen oder irgendeine Form von Anerkennung erhalten.

Als 1999 die Eklipsen und der transitierende Uranus ein Quadrat zu meiner Himmelsmitte bildeten, die progressive Sonne ebenfalls die Himmelsmitte erreichte und Pluto ein Quadrat zu meiner Sonne/Neptun-Konjunktion bildete, kam die beratende Tätigkeit in meinem Beruf zu einem Ende. Ich stellte fest, dass ich kein Bedürfnis mehr danach hatte, Klienten zu treffen, und das hatte ich eigentlich nicht eingeplant. Ich hatte gesundheitliche Probleme, hatte keine Ruhe und ging auf eine Kreuzfahrt. Als ich nach Hause zurückkam, konnte ich einfach keine Horoskopsbesprechungen mehr machen. Das war das Ergebnis der progressiven Himmelsmitte auf meinem Aszendenten und der progressiven Sonne auf meiner natalen Himmelsmitte. Eine bestimmte Art von beruflicher Veränderung war angezeigt. Ich war für den Beginn einer neuen Phase in meinem Beruf bereit – und begann mit dem Schreiben dieses Buches.

Vollmond oder Lunareklipse im elften Haus
Das elfte Haus hat mit Freunden, Gruppen, Organisationen, Hoffnungen und Wünschen zu tun. Es kann auch für den finanziellen Lohn Ihrer Karriere stehen. Mit dem Vollmond oder einer Lunareklipse im elften Haus können Sie sich entscheiden, in einer Gruppe mehr Verantwortung zu übernehmen oder Ihre Zugehörigkeit zu einer Gruppe zu beenden. Ein Projekt kann zum Ende kommen oder ein Ziel erreicht werden. Sie können Ziele formulieren, realisieren und entsprechende Prioritäten setzen. Sie können in einer Organisation oder für eine Sache mehr Verantwortung übernehmen wie z.B. den Vorsitz eines Komitees, oder Sie beenden Ihre Zugehörigkeit, je nachdem welche Aspekte die Lunation bildet. Im guten wie im schlechten Sinne kann eine Freundschaft auf eine andere Ebene wechseln.

Vollmond oder Lunareklipse im zwölften Haus
Meiner Ansicht nach kann ein Vollmond oder eine Lunareklipse im zwölften Haus sehr gefährlich sein. Sie könnten ein sehr schwieriges Jahr erleben. Bei hoher Bewusstheit würde man sich vermutlich ein Jahr lang dem Dienst an anderen widmen, doch normalerweise ist es eine Zeit der Selbstzerstörung, in der Sie Ihre persönlichen Dämonen ausgraben und in Ihrem Leben Unheil anrichten. Befinden Sie sich in einer Therapie und der Vollmond fällt in Ihr zwölften Haus, können Sie echte Aha-Erlebnisse und einen Durchbruch des Unbewussten erfahren. Häufig jedoch sind Sie sich selbst Ihr größter Feind. Sehr oft habe ich bei Klienten selbstzerstörerisches Verhalten beobachtet. Auch wenn die Lunation in das zwölfte Haus des Solarhoroskops fällt, konnte ich dies beobachten.

Nicht nur Ihr Geburtshoroskop arbeitet mit den Lunationen und Eklipsen zusammen, Ihr Solarhoroskop tut das ebenfalls. Jungfrauen können sich im August schlecht fühlen, Wassermänner im Januar depressiv sein. Ich kam bei meiner Radiotätigkeit darauf, als ich mit den Menschen darüber sprach, was in ihrem Solarhoroskop so vor sich geht. Eine Lunation im zwölften Haus ist eine gute Zeit, um eine Therapie entweder zu beginnen (Neumond) oder zu beenden (Vollmond). Mit einer Lunation oder Eklipse im zwölften Haus ist das kommende Jahr gut dafür, sich in Therapie zu begeben und die verborgenen Winkel des Geistes auszukehren. Es bietet die Möglichkeit, an jedweden verborgenen Angelegenheiten zu arbeiten und sich um nicht abgeschlossene Geschäfte zu kümmern. Menschen, die bereits sehr viel an sich gearbeitet haben, können feststellen, dass sie mit sich selbst auch auf der tiefsten Ebene auskommen. Eine weitere gute Verwendung der Energie des zwölften Hauses ist zum Beispiel der freiwillige Dienst in einem Krankenhaus oder für eine gemeinnützige Organisation.

Lunationen oder Eklipsen im Aspekt zu den Planeten

Lunationen oder Eklipsen im Aspekt zur Sonne

Bildet eine Lunation oder Eklipse einen Aspekt zu einem Planeten des Geburtshoroskops, so ist es ausgesprochen wichtig, stets das Haus und das Zeichen, in dem der Planet sich befindet, sowie das Haus, welches er beherrscht, in die Betrachtung mit einzubeziehen. Die Sonne beschreibt im Geburtshoroskop das Ego. Sie ist die vitale Lebenskraft. Sie repräsentiert die Männer in Ihrem Leben – den Vater, den Ehemann, einen Mentor, Autoritätspersonen usw. Sie stellt Ihren Werdeprozess dar, Ihren fortlaufenden Wachstumsweg, Ihre Entfaltung.

Im positiven Aspekt (Konjunktion, Trigon oder Sextil) zur Sonne wird der Neumond oder die Solareklipse auf Energie, Wachstum, Selbstausdruck und Selbstwertgefühl stimulierend wirken. Dieser Aspekt ist sehr energetisierend, und Sie erleben in allen von der Sonne beherrschten Themen eine schöpferische Zeit (achten Sie sowohl auf den Herrscher der Sonne als auch auf das von ihr in Ihrem Horoskop beherrschte Haus, um die betroffenen Lebensbereiche zu erkennen). Sie haben hier eine weitere Möglichkeit für einen Neubeginn, eine Chance zum Selbstausdruck, die Möglichkeit einer Erneuerung, die Aussicht darauf, etwas Neues anzufangen, eine Zeit um durchzustarten. Türen mögen sich schließen, doch es gehen immer wieder neue Fenster auf. Kreative Projekte stehen im Vordergrund. Der Neumond im leichten Aspekt zur Sonne kann eine neue, wichtige und aufregende Beziehung mit einem Mann bringen, nicht nur als ein potenzieller Verehrer, sondern auch als Mentor oder Geschäftspartner.

Ein herausfordernder Aspekt (Opposition oder Quadrat) einer Lunation oder Eklipse zur Sonne kann für einen Mann in Ihrem Leben Probleme bringen, z.B. eine Krankheit Ihres Vaters, Ehemanns, einer Autoritätsperson oder Ihres Vorgesetzten. Sie können im Zusammenhang mit den Männern in Ihrem Leben Schwierigkeiten haben. Sie können eine kreative Blockade erleben, und für ein Projekt, das eigentlich vorwärts gehen sollte, könnten Sie einfach den ersten Schritt nicht finden. Sie könnten das Gefühl haben, in irgendeiner Weise behindert zu sein und sich nicht vollständig ausdrücken zu können. Sie könnten auch eine Begegnung oder ein Ereignis erleben, das Ihrem Ego einen Schlag versetzt.

Der Vollmond oder die Lunareklipse kann im positiven Aspekt zur Sonne die Vervollständigung eines Projekts oder eines Lebenszyklus bedeuten. Die Dinge können auf die Spitze getrieben werden, und in einer wichtigen Beziehung mit einem Mann, gleich, ob Geschäftspartner, Mentor oder Ehemann, kann es zu einer Vollendung oder zum Abschluss eines Kapitels kommen. Als ich im März 1999 den Vollmond auf meiner Sonne/Neptun/Merkur-Konstellation hatte, stellte ich bei mir eine vollkommen neue Wertschätzung meines Mannes, seines Geschäfts und seines finanziellen Scharfsinns fest. Zugleich hatte ich einen Studienkurs beendet und in meinen

Fähigkeiten als Bridgespielerin ein neues Level erreicht, was meinem Ego sehr gut tat.

Im leichten Aspekt zur Sonne bietet der Vollmond oder die Lunareklipse eine Zeit, in der Projekte beendet und karmische Beziehungen mit Männern vollendet werden können. Wenn Sie in einer sehr traditionellen Ehe leben, kann die Lunation oder Eklipse im Aspekt zu Ihrer Sonne eher auf Ihren Ehemann wirken als auf Sie selbst. Sie kann den Abschluss einer Phase oder einer Unternehmung im Leben Ihres Mannes markieren, was in gewisser Weise immer auch auf Sie zurückwirkt.

Im gleichen Sinne kann ein harter Aspekt des Vollmonds oder einer Lunareklipse zur Sonne für Ihren Mann, Vater oder einen anderen wichtigen Mann in Ihrem Leben Probleme schaffen. Sein Beruf oder Geschäft kann betroffen sein, seine Gesundheit oder Ihre Beziehung zu ihm. Manchmal kommt es zu einer Trennung (üblicherweise bei einer Opposition), die vorübergehend oder von Dauer sein kann. Sie können sich von einem kreativen Projekt abwenden oder einen Beruf oder ein Hobby aufgeben. Da die Sonne die natürliche Herrscherin des fünften Hauses ist, können harte Aspekte manchmal auch Probleme für ein Kind oder mit einem Kind signalisieren.

Lunationen oder Eklipsen im Aspekt zum Mond

Der Mond im Geburtshoroskop beschreibt Ihre innere Natur, Ihre Innenwelt. Er stellt Ihr reflektives Selbst, Ihr Unterbewusstsein, Ihre emotionale Struktur dar. Er repräsentiert alle Frauen in Ihrem Leben – die Mutter, Töchter, Freundinnen und nährende Personen. Der Mond ist das, was Sie bereits sind, was Sie aus anderen Leben mitgebracht haben.

Da der Mond die Summe Ihrer vergangenen Lebenserfahrungen darstellt, beschreibt er Ihre Instinkte, Gewohnheiten und Gewohnheitsmuster. Er ist die Energie, die Sie zuerst zum Ausdruck bringen. Wenn Sie jung sind, sind Sie wie der Mond. Er zeigt, wie Sie sich selbst und andere nähren. Außerdem beschreibt der Mond Ihre Beziehung zur Öffentlichkeit.

Steht der Neumond oder eine Solareklipse in positivem Aspekt zum Mond, so kann dies eine Zeit anzeigen, in der wichtige Ereignisse im Zusammenhang mit Frauen, mit der Öffentlichkeit (schauen Sie immer auf das vom Mond beherrschte Haus), mit der Familie und dem Zuhause geschehen. Mit einer Konjunktion des Neumondes zu meinem Mond (in Wassermann) startete ich ein großes Renovierungsprojekt in meinem Haus. Es war erst abgeschlossen, als sechs Monate später der Vollmond in Löwe in Opposition zu meinem Mond stand. Dieser Aspekt kann eine neue, bedeutsame Beziehung zu einer Frau bringen, oder in der Beziehung zu Ihrer Mutter, Tochter oder Freundin(nen) kann eine neue Phase beginnen.

Steht der Neumond oder die Solareklipse in leichtem Aspekt zu Ihrem Mond, können Ihre psychischen Fähigkeiten verstärkt oder betont werden. Auch kann die nährende Seite Ihrer Natur vergrößert werden. In dieser Zeit könnten Sie einen Drang spüren, sich mit anderen zu verbinden. Da der Mond das Unterbewusstsein beherrscht, hat er viel mit Ihrem instinktiven Verhalten zu tun. Sie könnten Gewohnheitsmuster ändern. Eine Klientin hat ihren Mond in Fische im neunten Haus. Sie liebt das Studium der Philosophie, spiritueller Disziplinen und verschiedener Glaubenssysteme. In dem Jahr, als der Neumond auf ihrem Mond stand, entschied sie sich für das Studium der Kaballah. Als der Vollmond sechs Monate später in dieses Haus fiel, beendete sie zwar nicht das Studium, schloss aber die formelle Ausbildung ab.

Steht der Neumond oder eine Solareklipse im Quadrat oder in Opposition zu Ihrem Mond, können Sie häusliche Probleme oder Probleme mit Frauen oder mit Ihrem Haus bekommen. Eine Klientin beauftragte eine Baufirma mit einem Anbau an ihrem Haus. Das Projekt sollte in sechs Monaten fertig sein, bis zur Vervollständigung dauerte es aber letztendlich über ein Jahr. Das Projekt wurde initiiert, als die Solareklipse ein Quadrat zu ihrem Mond bildete. Sie erlebte nur Verzögerungen, Hindernisse und Probleme, und es kostete schließlich weit mehr als vorgesehen.

Im harten Aspekt zum Mond können Neumond oder Solareklipse eine Zeit emotionaler Schwankungen oder im Extremfall emotionaler Instabilität bedeuten. Themen mit Frauen in Ihrem Leben – Mutter, Tochter, eine enge Freundin – können aufkommen. Aufgrund des emotionalen Drucks des Mondes können Sie selbstzerstörerisch werden und Dinge tun wie eine Diät abbrechen, mit der Gymnastik aufhören oder mit dem Rauchen anfangen. Es ist ein herausfordernder Aspekt. Es kann eine extrem ungemütliche Zeit sein, insbesondere, wenn zur gleichen Zeit eine ungünstige Progression oder ein schwieriger Transit auftaucht.

Der Vollmond oder eine Lunareklipse in leichtem Aspekt zu Ihrem Mond kann eine Zeit erhöhter Emotionalität bedeuten, oder Ihre Gefühle können die Oberhand haben. Emotionale Angelegenheiten können zur Entscheidung kommen. Unsicherheiten aus der Vergangenheit kommen womöglich an die Oberfläche, so dass Sie sie lösen können. Sie sind beeindruckbarer und verwundbarer. Sie sind leichter zu verletzen und tatsächlichen oder eingebildeten Kränkungen gegenüber empfindlicher. Sie können dünnhäutiger, launischer und nörglerischer sein. Häusliche Probleme können gelöst werden. Wo immer der Mond in unserem Horoskop steht (auch durch das Zeichen Krebs), dort und auf diese Weise stillen und nähren wir uns selbst.

Wenn Ihr Mond durch den Vollmond ausgelöst wird und Sie sich unsicher fühlen, werden Sie instinktiv etwas tun, um sich besser zu fühlen, ob es nun einkaufen, studieren, schweigen, reden, reisen, lesen, essen, Gitarre spielen oder was auch immer ist. Sie werden das tun, was Sie als Kind gelernt haben, um sich sicher und glücklich zu fühlen. Das Haus, in dem der Geburtsmond steht, ist ein Bereich, in dem sich das Leben ständig ändert, es immer fließt. Der Mond repräsentiert die Fluktuation in unserem Leben. Der Vollmond oder eine Lunareklipse kann ein Ende anzeigen und in Ihrem Leben einen Wechsel signalisieren.

Die Bildung harter Aspekte durch den Vollmond oder eine Lunareklipse zu Ihrem Mond kann eine intensive emotionale Herausforderung auslösen. Ich habe schon massive Panikattacken, emotionale Ausbrüche oder eine Trennung von der Mutter, von Töchtern oder Freundinnen beobachtet. Das

Quadrat kann ziemlich tödlich wirken und ein tiefes inneres Missbehagen schaffen. Sie fühlen sich in Ihrer Haut extrem unwohl, können aber nicht heraus. Sie sollten Ihre Klienten davor warnen, sich von ihren Emotionen beherrschen zu lassen, anstatt ihren Verstand zu benutzen, und Sie sollten sie darauf hinweisen, die Dinge von einem ausgeglichenen Standpunkt aus zu betrachten. Die emotionalen Stimmungsschwankungen können brutal sein. Bei einer Opposition sollten Sie darauf achten, nicht auf eine andere Person zu projizieren. Kommen verstärkende negative Transite oder Progressionen (insbesondere mit Beteiligung von Saturn oder Pluto) hinzu, rate ich Klienten mit einem solchen Aspekt, sich Hilfe oder Beratung zu suchen, um jegliches alte Thema zu lösen. Sie können an einen Wendepunkt gelangen. Kommt das Quadrat aus dem zwölften Haus und bestätigt das Geburtsversprechen die Neigung zu Depressionen, könnte eine Person sehr depressiv werden. Ich rate solchen Klienten in aller Deutlichkeit, sich sofort Hilfe zu suchen.

Lunationen oder Eklipsen im Aspekt zu Merkur
Merkur beschreibt Ihre intellektuellen Prozesse. Er stellt die Art und Weise dar, wie Sie Wissen aufnehmen und weitergeben. Er ist Signifikator für Geschwister, nahe Angehörige, die frühe Umgebung und Erziehung und für junge Menschen. Er herrscht über mechanische Dinge und kurze Reisen.

Die Erweiterung Ihres Denkens ist eines der Themen des Neumonds oder einer Solareklipse in positivem Aspekt zu Merkur. Die Lunation kann ein Auslöser für den Beginn eines neuen Lernprozesses oder Studienkurses sein. Es ist eine Zeit der intellektuellen Stimulation, eine Zeit, um die Hand auszustrecken und sich mental mit anderen zu verbinden. Der Schwerpunkt liegt auf der Kommunikation – sich unterhalten, lehren, lernen, schreiben, sprechen und so weiter. Sie werden für neue, frische Konzepte und Ideen empfänglich sein. Es ist eine gute Zeit, Ihre Fähigkeiten zu verfeinern. Die Lunation oder Eklipse kann junge Menschen in Ihr Leben bringen – einen jüngeren Mann, eine jüngere Frau oder eine Gruppe jüngerer Freunde. Falls andere Aspekte es unterstützen, ist es eine gute Zeit, um ein neues Auto zu kaufen oder einen Ausflug in der Umgebung zu unternehmen. Merkur hat auch mit Haustieren zu tun, es kann also auch ein neuer Kamerad am Horizont auftauchen.

Auch mit harten Aspekten zu Merkur wird Ihr mentaler Prozess angeregt. Manche Menschen standen vor großen intellektuellen Herausforderungen und haben die Situation gemeistert. Bei einem harten Aspekt des Neumondes oder der Solareklipse zu Merkur können die Äußerungen von jemandem Ihre Gefühle verletzen, oder Sie könnten in eine Auseinandersetzung oder Debatte mit jemandem geraten. Zumindest könnte es zu einem Ideenkonflikt kommen. Sie könnten feststellen, dass Sie sich nicht so effektiv ausdrücken, wie Sie eigentlich wollen. Für Prüfungen, einen Autokauf oder die Planung beziehungsweise den Antritt einer Reise ist es keine gute Zeit.

Mit dem Vollmond oder einer Lunareklipse in leichtem Aspekt zu Merkur kann ein Studienkurs abgeschlossen werden oder eine neue Ebene erreichen. Besteht in einer Beziehung eine Blockade, wäre nun eine gute Zeit dafür, die Atmosphäre zu reinigen und Ihre Bedürfnisse zu kommunizieren. Auch könnte zu dieser Zeit ein schriftstellerisches Projekt fertig gestellt werden. Es könnte eine gute Zeit sein, um einen Bruder, eine Schwester oder einen Verwandten anzurufen und die Verbindung aufzufrischen. Pläne für eine Reise könnten nun formuliert werden.

Besteht ein spannungsreicher Aspekt des Vollmondes oder einer Lunareklipse zu Merkur, könnten Sie genug von Autoreparaturen haben und sich entscheiden, ein neues Auto zu kaufen. Einer Klientin mit dem Vollmond in ihrem sechsten Haus lief ihr Haustier davon. Da Merkur der natürliche Herrscher des sechsten Hauses ist, können Angestellte selbst kündigen oder vom Arbeitgeber entlassen werden. Sie könnten gesundheitliche Probleme bekommen, besonders im Zusammenhang mit dem Nervensystem. Das Kind einer Klientin brach sich den Arm (beherrscht von Merkur), als der Vollmond ein Quadrat zum Merkur des Kindes bildete. Bei einem

Quadrat kann manchmal eine geplante Reise ins Wasser fallen. Studenten mit einer Lunation im Quadrat zu Merkur haben ihre Prüfungen nicht so gut abgelegt, wie sie dachten, oder sie erhielten nicht so gute Noten wie erwartet.

Lunationen oder Eklipsen im Aspekt zur Venus
Venus herrscht über Liebe und Zuneigung. Sie bestimmt, wie Sie Liebe erlangen wollen und anderen Liebe geben. Sie zeigt, wie Sie Ihre Art zu lieben zum Ausdruck bringen. Sie herrscht über Ihre Werte, über Geld, die Künste, Kultur und Schönheit. Sie beschreibt Ihren künstlerischen Ausdruck. Im Horoskop eines Mannes beschreibt sie die Frau, die er liebt.

Die Stellung der Venus in ihrem Horoskop zeigt, woran Sie Vergnügen finden, an was Sie sich wirklich erfreuen und was Sie gern tun. Hier erhalten Sie Geschenke, hier kommen die Dinge leicht in Ihr Leben. Sie beherrscht zugleich die Liebe in Ihrem Leben. Ein Neumond oder eine Solareklipse in positivem Aspekt zur Venus ist einer der mächtigsten Indikatoren dafür, wann eine neue Liebe oder Leidenschaft in Ihr Leben treten könnte. Dieser Aspekt zeigt mit Sicherheit eine Beziehung, eine neue Liebe an. Er kann auch andere Formen der Leidenschaft anzeigen wie beispielsweise ein neues Interesse. Als z.B. eine Solareklipse auf meiner Venus stand, begegnete ich der Astrologie, die für mich eine große Liebe und ein leidenschaftliches Interesse darstellt. Zu dieser Zeit ist die Kreativität gesteigert. Sie wollen um sich herum mehr Schönheit erschaffen, sich daran erfreuen und sich mit mehr schönen Dingen umgeben. Sie könnten auch sich selbst attraktiver machen wollen, z.B. mit einer neuen Frisur oder einem kosmetischen Eingriff.

Ein Monat, in dem der Neumond im Orbis Ihrer Venus ist, sollte ein guter Monat für Sie werden. Eine Klientin hat Venus in Schütze im sechsten Haus. Im letzten Jahr traf sie am Arbeitsplatz (sechstes Haus) einen Mann, der ihr Freund wurde. Die Romanze wurde im Dezember angefacht, als der Neumond in Schütze auf ihrer Venus stand. Es ist interessant zu beobachten, dass die Stellung der Venus im Geburtshoroskop fast immer anzeigt, wo Sie Ihre Liebe treffen. Diese Klientin traf auf ihre Liebe in ihrem Job (sechstes Haus). Meine Venus steht in meinem neunten Haus, und ich traf meine beiden Ehemänner auf einer Reise. Eine Klientin von mir ist Krankenschwester, und sie heiratete einen ihrer Patienten. Ihre Venus ist im zwölften Haus, dem Haus der Krankenhäuser und Institutionen. Als sie ihren zukünftigen Ehemann traf, hatte sie das Gefühl, einer karmischen Beziehung zu begegnen (auch ein Thema des zwölften Hauses).

Mit dem Neumond oder einer Solareklipse in leichtem Aspekt zu Venus können Sie eine Party geben wollen oder ein gesellschaftliches Ereignis planen. Kulturelle oder kreative Ziele können für Sie von Interesse sein, wie z.B. Kunstgeschichte, Musik, Malunterricht oder Lesungen. Für den Kauf von Kosmetik oder Kleidung ist die Zeit sehr günstig. Alles, was Sie ausprobieren, scheint an Ihnen gut auszusehen. Es ist außerdem eine gute Zeit, um Teppiche auszusuchen oder Möbel zu kaufen. Eine Freundin hat Venus in Stier stehen, und mit dem Neumond auf ihrer Venus ging sie einkaufen und gab eine Menge Geld für Schmuck aus. Der Stier liebt den Luxus des Lebens sehr.

Einer meiner Klienten schreibt Songs, er hat in seinem Geburtshoroskop die Venus im fünften Haus. Wenn der Neumond auf seiner Venus im fünften Haus stand, hatte er immer eine sehr kreative, fruchtbare Phase. Sein bestes Stück schrieb er mit einer Solareklipse auf seiner Venus. Zur gleichen Zeit traf er eine Frau, deren Venus im gleichen Zeichen auf einem nahen Grad stand und die damit dieselbe Eklipse auf ihrer Venus hatte. Selbstredend verliebten sie sich wahnsinnig ineinander und erlebten eine wunderbare Romanze.

In leichtem Aspekt zu Venus bietet der Neumond oder eine Solareklipse eine positive, harmonische Zeit für Beziehungen, falls Ihre Geburtsvenus nicht verletzt ist. In vielen Fällen kann die Venus in Ihrem Horoskop die Regentschaft über Ihre Töchter haben. Als der Neumond bei einer Klientin auf ihrer Venus im siebten Haus stand, hatte ihre Tochter eine neue Liebe. Sie war ihr zweites Kind, und das siebte Haus steht für das zweite Kind.

In den vielen Jahren, die ich der Horoskopanalyse widmete, habe ich festgestellt, dass viele Menschen ihre Liebe durch das Zeichen und Haus ihrer Geburtsvenus oder das von ihr beherrschte Haus treffen. Für Astrologen lohnt es sich, darauf zu achten. Mit dem Neumond auf der Venus im sechsten Haus treffen Sie häufig jemanden durch Ihre Arbeit. Mit der Venus im elften Haus regeln Ihre Freunde stets etwas für Sie. Venus regiert mein neuntes Haus und steht an der neunten Häuserspitze, und meine beiden Ehemänner traf ich auf Reisen. Eine Klientin hat die Venus im fünften Haus, und ich sagte ihr, dass sie ausgehen, Spaß haben und gesellig sein sollte, wenn sie jemanden treffen will. Es war sehr wahrscheinlich, dass sie einen Mann auf einem Konzert, im Theater, bei einer Sportveranstaltung oder im Casino treffen würde. Herrscht Venus über Ihr fünftes Haus, sollten Sie ausgehen, das kann ein großartiger Weg sein, jemanden kennen zu lernen. Steht Venus in Ihrem dritten Haus, können Kontaktanzeigen ein guter Weg für Sie sein, einen Mann oder eine Frau zu treffen. Eine Lesung oder ein Kurs könnte eine weitere Möglichkeit sein. Mit Venus im ersten Haus werden Sie wahrscheinlich auf den anderen zugehen und den Kontakt herstellen, und Sie haben Charme genug, damit durchzukommen.

Der Neumond oder eine Solareklipse in herausforderndem Aspekt zu Venus kann zu Zügellosigkeit führen. Es kann einfach zu viel sein – zu viel Essen, zu viel Trinken, zu viel Ausgaben oder zu viel Gesellschaft. Mit dem Neumond oder einer Solareklipse im Quadrat zu Venus können Sie das Gefühl haben, mit niemandem eine Beziehung eingehen zu wollen, weder eine romantische Liebesbeziehung noch eine andere Form von Beziehung. Bei einer Opposition können Sie mit einer Sache, die Sie lieben, Probleme bekommen. Sie sollten Ihre Klienten davor warnen, sich zu sehr mit sich selbst zu beschäftigen, denn dies kann einer der Gründe sein, die zu Beziehungsproblemen führen könnten. Bezeichnenderweise sind nach meiner Beobachtung die Quadrate zu Venus und Jupiter nie allzu schädlich, es sei denn, sie sind extrem verletzt.

Mit dem Vollmond oder einer Lunareklipse in positivem Aspekt zu Ihrer Venus können kreative Projekte abgeschlossen werden. Liebesbeziehungen erreichen gewöhnlich eine andere Ebene, oder eine Liebesbeziehung kann aus Ihrem Leben verschwinden, vor allem, wenn sie sechs Monate zuvor begonnen hat. Hat die Beziehung in der Tat sechs Monate zuvor begonnen, wird sie nun, wenn die Lunation in Opposition zu der früheren Lunation steht, einen Wendepunkt erreichen. Entweder wird die Beziehung Fortschritte machen, oder sie wird enden. Es kann eine Zeit sein, in der Sie abseits vom sozialen Leben fühlen können. Sie könnten Ihre sozialen Präferenzen definieren und unter Ihren gesellschaftlichen Kontakten ein bisschen ausmisten oder aufräumen. Wenn Sie dies tun, dann weil Sie der Meinung sind, dass es an der Zeit ist, Prioritäten zu setzen und diejenigen Menschen aus Ihrem Leben zu entlassen, die nicht so wichtig sind. Üblicherweise geschieht das, wenn Sie den Eindruck haben, für die Menschen, die Sie lieben, nicht genug Zeit zu haben. Sie entscheiden, wer am wichtigsten für Sie ist und wer nicht so bedeutend ist. Insbesondere trifft das bei einer Eklipse zu. Ich habe Klienten mit der Venus im fünften oder elften Haus oder der Venus in Waage. Sie sind extrem gesellig. Unter einer Lunareklipse entdecken sie oft das Bedürfnis, bei ihren sozialen Kontakten und ihrer Beteiligung an gesellschaftlichen Aktivitäten Prioritäten zu setzen. Falls Sie die Neigung haben, zu viel zu feiern oder zu essen, können Sie zur Zeit des Vollmonds oder einer Lunareklipse in leichtem Aspekt zu Venus eine Lösung finden, um dieses Verhalten ein wenig zu drosseln.

Mit dem Vollmond oder einer Lunareklipse in hartem Aspekt zu Venus kann eine bedeutende Beziehung eine schlechte Wendung nehmen oder Sie können tief verletzt werden, wenngleich die Beziehung auch nicht unbedingt enden muss. Die Beziehung kann vor einer Herausforderung stehen, oder es kommt zu einer Trennung. Sie können glauben, geringschätzig behandelt zu werden, oder das Gefühl haben, nicht genug Aufmerksamkeit zu bekommen. Mir ist aufgefallen, dass man nun von eventuellen schlechten Angewohnheiten im

Umgang mit Geld eingeholt wird. Sie erhalten für Ihre Maßlosigkeit nun die Rechnung. Zu dieser Zeit können Kredite durch zu viele Ausgaben bis an die Obergrenze ausgereizt werden. Sie nehmen an Gewicht zu, da Sie zu viel und zu fett essen, oder Ihre Haut schlägt aus, weil Sie zu viel Süßes essen.

Lunationen oder Eklipsen im Aspekt zum Mars
Der Planet Mars repräsentiert die Triebe. Er beschreibt Ihre Energie und Sexualität, die Art und Weise, dem eigenen Willen nachzugehen. Er herrscht über die jungen Männer in Ihrem Leben. Mars kennzeichnet bei jungen Frauen die Liebhaber, so wie Venus bei jungen Männern die Geliebten anzeigt. Er ist Ihr Aktionsprinzip und stellt dar, wie Sie bei der Erfüllung Ihrer Bedürfnisse und Triebe vorgehen.

Ein alter, erfahrener Astrologe erzählte mir einmal, dass ein Neumond oder eine Solareklipse in positivem Aspekt zu Mars den aufregendsten Monat des Jahres bringt. Ich weiß nicht, ob das hundertprozentig stimmt, aber für gewöhnlich haben Sie dann viel Energie und unternehmen eine Menge Aktivitäten. Sie sind sehr beschäftigt, und es ist eine erregende, dynamische Zeit. Mit dem Neumond in leichtem Aspekt zu Mars können Sie sich von gesundheitlichen Problemen erholen. Manchen Menschen fließt nach einer ernsthaften Erkrankung oder Operation neue Lebenskraft zu, und sie erhalten all ihre vormalige Energie zurück. Vor Unbesonnenheit, Impulsivität und Nervosität sollten Sie sich hüten. Aufgrund der beschleunigten Energie müssen Sie sich bei Neu- und Vollmond vor Unfällen schützen. Bei manchen Menschen kommen unter diesen Lunationen Operationen oder Zahnextraktionen vor. Manchmal können Sie bestimmte Menschen buchstäblich aus Ihrem Leben streichen. Es kann auch eine Zeit sein, in der ein neues Liebesthema in Ihr Leben tritt.

Bildet der Neumond oder eine Solareklipse einen herausfordernden Aspekt zu Mars, wird die Energiebeschleunigung übertrieben. Da Sie mit einem Quadrat ungeheure Energieausmaße zur Verfügung haben, neigen Sie eher zu Unfällen, sind hastiger und impulsiver. Sie können in einen destruktiven

Gebrauch der Energie verfallen und womöglich einen Burnout erleben.

Fällt der Vollmond oder eine Lunareklipse auf Ihren Mars, können Sie impulsive Ausbrüche oder Unfälle haben, wenn Sie Ihre Energie nicht weise nutzen. Sie können übermäßig selbstsicher, aggressiv und kritisch sein. Sie können das Gefühl haben, um des Streites willen zu streiten. Der Himmel möge denen helfen, die Ihren Weg kreuzen. Häufig rate ich Klienten, bei denen der Vollmond oder eine Lunareklipse auf dem Mars steht, mit einem intensiven Körpertraining zu beginnen oder ihren Trainingsplan zu dieser Zeit zu erweitern. Es ist wichtig, diese Energie in positiver Weise aufzubrauchen, und ein anstrengendes Training ist der beste Weg, diese Energie zu handhaben. Sie wollen sicher nicht, dass sie sich aufstaut und schädlich wird. Sie können sich auch schneiden, denn Mars repräsentiert Messer und das Schneiden. Es ist eine gute Zeit, um in Ihrem Garten zu arbeiten, Sie werden nicht einen störenden Halm übrig lassen. Sie könnten die Energie auch nutzen, um Ihr Haus gründlich zu säubern, aber passen Sie auf, dass Sie keine Dinge wegwerfen, die Sie später noch brauchen könnten.

Bei jeder Lunation oder Eklipse im Quadrat zu Mars scheint alles übertrieben zu sein. Die harten Aspekte beschneiden die Energie nicht. Vielleicht nehmen Sie an, dass sich die Energie eher erschöpft als steigert, doch das habe ich noch nie feststellen können. Jedes Quadrat zu Mars intensiviert Ihre Energie und Ihren Sexualtrieb. Es lässt Sie durchstarten und pumpt Ihnen Adrenalin ins Blut. Es könnte sein, dass Sie im Leerlauf fahren (falsche Energienutzung) und krank werden, wenn es vorbei ist. Das Problem bei Quadraten ist, dass Sie Ihre Energie missbrauchen können. Bei einer Klientin empfing Mars ein Quadrat von einer Eklipse. Unter dem Einfluss dieses Aspekts nahm sie einen Job an, der einen täglichen Arbeitsweg von zwei Stunden bedeutete. Für die gesamte Zeit der Wirksamkeit der Eklipse unternahm sie diesen langen Weg zur Arbeit. Nach einem Jahr mit dieser Fahrtstrecke war sie völlig aufgebraucht und dem Zusammenbruch nahe. Sie hatte sich selbst in einen Burnout getrieben.

Mars herrscht über die Liebhaber. Die Sonne steht für Ihren Vater und Ihren Ehemann, Mars jedoch repräsentiert die Liebhaber. Mit einer Lunation oder Eklipse können Liebesbeziehungen beginnen oder enden. Mars regiert die Söhne und jungen Männer in Ihrem Leben, und ebenfalls die Sexualität. Sowohl eine Lunation als auch eine Eklipse zu Mars betonten die sexuelle Energie. Bei Quadraten kann Ihr Timing mit dem Ihres Partner manchmal nicht übereinstimmen. Wenn Sie sexuelle Bedürfnisse haben, hat Ihr Partner vielleicht keine Lust. In extremen Fällen kann es zu sexuellem Missbrauch kommen, zu Vergewaltigung oder anderer Gewalttätigkeit, häufig in irgendeiner Verbindung mit Pluto. Eine Klientin hatte im Geburtshoroskop ein Mars/Pluto-Quadrat, das durch einen starken Plutotransit ausgelöst wurde. Als eine Eklipse dazu ein Quadrat bildete, wurde ihr Freund gewalttätig und missbrauchte sie.

Lunationen oder Eklipsen im Aspekt zu Jupiter
Jupiter ist das Wachstumsprinzip. Er ist der Planet der Expansion. Er herrscht über Ihre Spiritualität, Ihre Weltanschauung und Ihren Glauben. Er repräsentiert Ihre Art und Weise, die tieferen Wahrheiten des Lebens zu lernen. Jupiter wird oft als der Planet für Optimismus, Glück und Fülle bezeichnet.

Einer meiner Lehrer sagte: »Mit dem Neumond auf Jupiter bekommen Sie immer etwas, das Sie sich gewünscht haben.« Also seien Sie vorsichtig mit dem, was Sie sich wünschen, Sie könnten es bekommen! Der Neumond oder eine Solareklipse in positivem Aspekt zu Jupiter kann die Möglichkeit zu einer weiten Reise präsentieren. Es kann eine Zeit der finanziellen Expansion sein. Es kann auch eine Zeit voll echtem Optimismus, voller Schwungkraft, Freude am Leben und Spiritualität sein. Die Zeit ist besonders günstig, um Ihr Geschäft zu erweitern, eine Beziehung auszubauen oder in irgendeiner Weise vorwärts zu kommen. Eine Lunation im leichten Aspekt zu Jupiter kann das Interesse an einer besonderen Philosophie oder Religion aktivieren.

Steht der Neumond oder eine Solareklipse in einem harten Aspekt zu Jupiter, müssen Sie sich vor zu viel Optimismus, zu großer Ausdehnung oder vor übermäßigem Genuss schützen. Ihre geltende Weltanschauung könnten Sie nun voller Ernüchterung betrachten. Sie könnten auf eine Reise gehen, zu viel Geld ausgeben und insgesamt eine enttäuschende Zeit erleben. Oft bringen Quadrate von Lunationen zu Jupiter Ereignisse, die Ihre Erwartungen nicht erfüllen. Wie immer müssen Sie auf das Haus schauen, das Jupiter im Geburtshoroskop beherrscht, um in dem betreffenden Lebensbereich die Wirkung eines harten Aspekts erkennen zu können. Eine Klientin hatte den Neumond im Quadrat zu Jupiter, dem Herrscher ihres elften Hauses. Im Rückblick betrachtet stellte dieser Aspekt für sie den Anfang vom Ende einer Freundschaft dar. Außerdem unternahm sie eine Reise, die zu viel kostete und keine ihrer Erwartungen erfüllte.

Mit dem Vollmond oder einer Lunareklipse in leichtem Aspekt zu Jupiter müssen Sie sich vor zu viel Genuss schützen und davor, sich zu übernehmen. Sie könnten zu viel essen, zuviel trinken und zuviel Geld ausgeben. Pläne für eine weite Reise könnten zum Abschluss kommen. Besuchen Sie eine Universität, könnten Sie Ihre Doktorarbeit in Philosophie abschließen. Sie könnten eine weit reichende Entscheidung darüber fällen, welcher Religion oder Philosophie Sie sich anschließen wollen.

Mit einem Quadrat des Vollmonds oder einer Lunareklipse zu Jupiter können Sie von irgendetwas sehr enttäuscht werden. Vielleicht bekommen Sie etwas, das Sie sich gewünscht haben, und stellen dann fest, dass es nicht das ist, was Sie sich vorgestellt haben. Es kann sein, dass jemand, auf den Sie gezählt haben, nicht für Sie da ist, oder eine Reise, die Ihren Erwartungen nicht entsprochen hat, kommt zu ihrem Ende.

Lunationen oder Eklipsen im Aspekt zu Saturn

Saturn repräsentiert Ihren Ehrgeiz. Er ist das Prinzip der Struktur und Begrenzung, der Planet für Realismus und Klarheit. Zu ihm gehören Disziplin, Verantwortung, Pflicht, Verzögerungen, Hindernisse und harte Arbeit. Er steht für den Bereich Ihres Lebens, in dem Sie letztlich über den meisten Realitätssinn verfügen. Saturn steht für Lehrer, Mentoren, Autoritätspersonen und ältere Menschen in Ihrem Leben.

Der Neumond oder eine Solareklipse in positivem Aspekt zu Saturn kann neue berufliche Bemühungen stimulieren oder neue Karrieremöglichkeiten bringen. Ihre Prioritäten können auf den realen Gegebenheiten, auf Struktur und Disziplin liegen. Sie können vorsichtiger und sicherheitsbewusster werden. Mit einem leichten Aspekt des Neumondes zu Saturn kann Ihnen Ihr Bedürfnis nach Sicherheit bewusster werden. Sie können mehr Verantwortung übernehmen, vielleicht indem Sie Eltern werden oder in eine bestimmte Position berufen werden.

Mit dem Neumond oder einer Solareklipse in positivem Aspekt zu Saturn im siebten Haus kann ein Mann zum Beispiel eine Frau heiraten und für ihre Kinder aus erster Ehe die Verantwortung übernehmen. In einem leichten Aspekt zu Saturn kann eine Lunation oder Eklipse ältere Menschen oder Autoritätspersonen in Ihr Leben bringen. Für Sie kann eine ernsthafte besinnliche Phase beginnen.

So wie jeder Aspekt zu Mars Ihre Energie verstärkt, verstärkt jeder lunare Aspekt zu Saturn Ihren Sinn für Disziplin. Die diszipliniertesten Menschen, die Ihnen jemals begegnen werden, sind Leute mit allen Formen von Quadraten zu Saturn. Mit einem Quadrat des Neumondes oder einer Solareklipse zu Saturn werden Sie die Bürde der Verantwortung in Ihrem Leben spüren. Sie können sich schwer beladen fühlen, so als würden Sie mehr als Ihren gerechten Anteil der Lasten tragen. Das Leben ist eine monumentale Aufgabe, und Sie haben mitunter das Gefühl der Beklemmung. Da Saturn der natürliche Herrscher des zehnten Hauses ist, können Sie das Gefühl haben, in Ihrem Beruf mehr zu geben, als Sie zurückerhalten. Sie können sich von Vorgesetzten und anderen Autoritätspersonen unbeachtet fühlen.

Der Vollmond oder eine Lunareklipse in Verbindung zu Saturn kann Sie vorsichtiger machen und Ihre Unsicherheiten und Ängste hervorbringen – die Angst vor Verlust und Zurückweisung. Gefühle der Unzulänglichkeit und Wertlosigkeit können ausgelöst werden. Ein Klient hatte Saturn im Transit im siebten Haus, und als der Neumond hinzukam, verließ er eine gute Beziehung, und zwar aus keinem anderen Grund als seiner eigenen Unsicherheit, seinem Zögern einer Verbindung gegenüber und seiner Angst vor Zurückweisung. Im Geburtshoroskop ist die Stellung des Saturn im siebten Haus schwierig, denn diese Menschen halten sich beim Eingehen von Beziehungen sehr zurück und haben Angst, verletzt zu werden. Sind sie in einer Beziehung und ist diese nicht gut, so können sie dort nicht so einfach herauskommen. Aus einem Gefühl der Pflicht heraus fühlen sie sich genötigt zu bleiben. Der Vollmond oder eine Lunareklipse auf Saturn kann berufliche Angelegenheiten zur Entscheidung bringen. Auch kann ein älterer Freund sterben oder Ihr Leben in irgendeiner Weise verlassen.

Mit dem Vollmond oder einer Lunareklipse in hartem Aspekt zu Saturn können Sie sich zurückgewiesen, verlassen, unbeachtet und überlastet fühlen. Sie können feststellen, dass Sie einfach zu hart arbeiten. Das Quadrat bringt ein Gefühl der Schwere und Verantwortung. Menschen mit Saturn im zweiten Haus haben im Zusammenhang mit Geld viel mit Gefühlen der Angst und Unsicherheit zu kämpfen. Eine Freundin hat Saturn in diesem Haus stehen. Sie kaufte sich einige Kleidungsstücke und brachte sie ein paar Wochen später, als der Vollmond auf ihrem Saturn stand, alle zurück. Die Lunation auf ihrem Saturn brachte ihre Unsicherheit bei Geldausgaben und ihre Angst vor finanziellen Verlusten hoch. Sie hat mehr als genug Geld, um ihre Bedürfnisse und Wünsche zu befriedigen, aber sie kämpft ständig mit dem Gefühl von Schuld und Angst, wenn sie sich an den angenehmen Seiten des Lebens erfreut.

Lunationen oder Eklipsen im Aspekt zu den äußeren Planeten

Uranus ist der Planet der plötzlichen, unerwarteten Veränderung. Neptun ist der Planet der schöpferischen Vorstellung. Pluto ist der Planet der Macht und intensiven Transformation. Mit einer Lunation oder Eklipse auf Uranus, Neptun oder Pluto ist es besonders wichtig, auf das Haus zu schauen, in dem der Planet steht und das er im Geburtshoroskop beherrscht, denn es zeigt Ihnen an, wo und wie Sie in Ihrem Leben die Ergebnisse dieser Lunation oder Eklipse spüren werden. Da es überpersönliche Planeten sind, wird die Wirkung mehr unterbewusst vor sich gehen. Sie wirken auf der Ebene von Generationen, und sie arbeiten in karmischer, spiritueller und ereignisorientierter Hinsicht.

Lunationen oder Eklipsen im Aspekt zu Uranus

Mit dem Neumond oder einer Solareklipse in positivem Aspekt zu Uranus können Sie mit plötzlichen, unerwarteten Veränderungen rechnen. Einer meiner Astrologielehrer sagte einst: »Seien Sie bei Uranus vorsichtig mit Vorhersagen, denn was immer Sie vorhersagen, wird wahrscheinlich nicht geschehen.« Sie können nicht vorhersehen, was ein Neumond oder eine Solareklipse auf Uranus bedeuten wird, obwohl es im Zusammenhang mit neuen Technologien, Astrologie oder einem einzigartigen Interesse stehen kann. Plötzliche Veränderungen, ungewöhnliche Erfahrungen und seltsame Drehungen und Wendungen sind eher die Regel als die Ausnahme. Sie können rebellieren und ein totaler Nonkonformist sein wollen.

Im positiven Sinne können Sie sich selbst auf einzigartige Weise und als ein starkes Individuum ausdrücken. Sie müssen sich davor schützen, nicht zu avantgardistisch zu sein. Jede Auslösung von Uranus treibt Sie immer in Richtung Veränderung. Sie können sich rastlos fühlen, die Elektrizität in der Luft wahrnehmen. Da mit Uranus der Drang nach Veränderung sehr stark ist, müssen Sie darauf achten, das Kind nicht mit dem Bade auszuschütten. Verändern Sie nichts, was gut ist, so wie es ist.

Als Ergebnis harter Aspekte des Neumondes oder einer Solarklipse zu Uranus können Sie ohne jede Vorwarnung vor unerwarteten Herausforderungen stehen. Das könnte ein plötzlicher Unfall oder eine plötzliche Krankheit sein, bei einem Aspekt aus dem zweiten Haus ein plötzlicher Verlust, oder bei einem Aspekt aus dem zehnten Haus ein überraschender beruflicher Wechsel. Das Einzige, was Sie im Hinblick auf Uranus mit Sicherheit wissen können, ist, dass es nicht das sein wird, was Sie erwarten. Mit einem Aspekt aus dem siebten Haus kann eine überraschende Trennung oder Scheidung vorkommen. Uranus steht mit Trennung und Scheidung in Zusammenhang, und häufig wirkt er auch auf diese Weise. Mit einer Lunation oder Eklipse im Quadrat zu Uranus liegen die Veränderungen außerhalb Ihrer Kontrolle. Sie geschehen Ihnen einfach.

Mit dem Vollmond oder einer Lunareklipse in positivem Aspekt zu Uranus kann es sehr schwierig für Sie sein, strukturiert, diszipliniert und konzentriert zu bleiben. Sie wollen die Regeln verändern und die Dinge anders machen. Meiner Ansicht nach ist Uranus ein eigennütziger Planet, und die Tendenz kann dahin gehen, alles nach Ihrem eigenen Plan zu machen, wobei Sie manchmal die Bedürfnisse und Belange anderer missachten könnten. Bei jeder Auslösung der uranischen Energie durch eine Lunation oder Eklipse besteht die Neigung, auszubrechen, aufzubrechen oder etwas abzubrechen, unabhängig zu werden und in einer bestimmten Weise, in einem bestimmten Lebensbereich Freiheit zu erleben. Sie werden das Leben zu Ihren eigenen Bedingungen angehen wollen. Sie können den Drang verspüren, neue Orte aufzusuchen und neue Dinge zu tun, und daher werden Sie häufig sehen, dass Leute mit einer Lunation im Aspekt zu Uranus auf Reisen gehen. Sie fühlen sich rastlos, überanstrengt und nervös. Für körperliches Training ist es eine großartige Zeit (versuchen Sie etwas anderes, z.B. Karate oder Kickboxen), es hilft Ihnen, die plötzlichen Energieausbrüche und die Nervosität zu handhaben. Seien Sie vorsichtig mit Anschaffungen, denn wenn der Einfluss des Vollmond nachlässt, könnten Ihnen die erworbenen Dinge zu verrückt oder absonderlich vorkommen.

Der Vollmond oder eine Lunareklipse im Quadrat zu Uranus kann das plötzliche Ende einer Freundschaft, einer Beziehung oder eines Jobs bringen. Sie könnten unvermittelt finanzielle Verluste erleiden, aber auch hier gilt: Erwarten Sie das Unerwartete.

Lunationen oder Eklipsen im Aspekt zu Neptun
Der Neumond oder eine Solareklipse in positivem Aspekt zu Neptun kann eine gute Zeit für psychische Erfahrungen und Déjà-vu-Erlebnisse sein. Sie könnten sich mit den Menschen und Dingen um Sie herum vermehrt im Einklang fühlen. Es kann eine sehr spirituelle Zeit sein, eine Zeit der verstärkten Inspiration, Kreativität und Empfindsamkeit. Die persönliche Anziehungskraft kann unter einem Dauer-Hoch stehen. Künstler können ihre kreativste Zeit haben, Musiker ihre besten Stücke schreiben und Phantasten ihre traumhaftesten und schönsten Träume träumen.

In negativer Hinsicht können Sie sich sehr verletzlich fühlen und verängstigt, mutlos oder hoffnungslos sein. Sie müssen darauf achten, nicht zu idealistisch zu sein. Lassen Sie sich nicht von allem, was auf den Tisch kommt, irre machen. Seien Sie wachsam, dass andere Sie nicht hintergehen, und schützen Sie sich umgekehrt aber auch vor Paranoia und dem Glauben, dass andere Menschen Ihnen etwas antun wollen. Uranus, Neptun und Pluto können Paranoia verursachen, da sie alle auf einer unbewussten Ebene arbeiten. Bei Uranus können blitzartig echte Gefahren auftauchen, Neptun untergräbt ihr Selbstwertgefühl, bei Pluto kann es zu einem tiefen Gefühl der Unsicherheit kommen. Ihnen können unheimliche Dinge widerfahren. Hier ist Realismus der Schlüssel, um nicht aus dem Gleichgewicht zu geraten. Versuchen Sie, die Energie des Neptun in kreativer, spiritueller Weise zu nutzen, damit die Energie nicht Sie benutzt. Besonders bei Quadraten ist es wichtig, positive Aktivitäten zu unternehmen wie z.B. Kurse für Tanz, Kunst oder spirituelles Bewusstsein zu belegen. Nutzen Sie die Energie in möglichst positiver Weise!

Mit dem Vollmond oder eine Lunareklipse im Aspekt zu Neptun können viele Ihrer unbewussten Ängste in Form von schlechten Träumen oder gar Albträumen an die Oberfläche treten. Neptun herrscht über Illusionen, Verwirrung und Wahnvorstellungen. Manche Menschen haben mit dem Vollmond auf Neptun Panikattacken erlebt. Neptun repräsentiert ungreifbare Ängste. Wiederum können Künstler, Musiker und Schriftsteller tief greifende Inspirationen erfahren. Zu dieser Zeit könnte ein kreatives Projekt zum Abschluss kommen. Sie sollten jedoch nicht vergessen, dass Realismus zu dieser Zeit nicht gerade zu Ihren Stärken gehört, besonders mit Lunationen im Quadrat zu Neptun.

Mit dem Vollmond im Aspekt zu Neptun kann manchmal ein Traum sterben. Enttäuschungen oder Betrügereien können offenbar werden, was Sie für immer verändern kann. Wie beim Neumond können die Menschen das Gefühl haben, mit Ihnen auf einer Wellenlänge zu sein. Sie können ein erhöhtes spirituelles Bewusstsein oder die Verstärkung Ihrer Vorstellungskraft erleben. Jeder Aspekt mit Neptun kann Ihr persönliches Charisma vergrößern.

Lunationen oder Eklipsen im Aspekt zu Pluto

Der Neumond oder eine Solareklipse im Aspekt zu Pluto kann eine Krise bringen. Es kann eine Zeit der Machtkämpfe, der Kontrolle, Besessenheit oder der Metamorphose sein. Unausweichliche Veränderungen mit schwer wiegender emotionaler Beteiligung können auftauchen. Ein positiver Aspekt des Neumondes oder einer Solareklipse kann enorme Eigenwilligkeit, Selbstbestimmung, Mut und die tunnelhafte Vision des Wegs zum Ziel bedeuten.

Bei einem Quadrat zu Pluto können Sie vom Erreichen Ihrer Ziele besessen sein und nicht bemerken, wann Sie besser davon ablassen und weitergehen sollten. Bei einer Opposition könnten Sie das Gefühl haben, dass die Menschen versuchen,

Sie zu kontrollieren, während tatsächlich jedoch Sie selbst versuchen könnten, die anderen zu kontrollieren. Machtkämpfe stehen im Vordergrund. Sie könnten das Gefühl haben, in einen Machtkampf auf Leben und Tod verwickelt zu sein. Sie spüren, dass Sie kontrolliert werden, wenn Sie nicht selbst die Kontrolle übernehmen.

Der Vollmond oder eine Lunareklipse im Aspekt zu Pluto kann den Verlust von Macht bedeuten. Ich habe bei jemandem beobachtet, wie unter einer Lunareklipse auf seinem Pluto sein bisherigen Leben zum Einsturz kam. Er verlor all seine Macht. Er war sehr egoistisch und gab auch auf dem Gipfel seiner Macht nie etwas zurück. Ich erinnerte ihn immer daran, dass er, weil er so viel hatte, die Verantwortung und Verpflichtung hatte, den Menschen etwas zurückzugeben und ihnen zu helfen. Er ignorierte meine Hinweise. Als der Vollmond begleitet von einigen schwierigen Transiten und Progressionen auf seinen Pluto fiel, verlor er seinen Platz an der Sonne.

Manche Menschen verlieren auch ihre Selbstkontrolle. Häufig kommt es zu emotionalen Zusammenbrüchen. Da Pluto die verborgenen und dunklen Unterströmungen beherrscht, sind schon Themen wie Vergewaltigung oder Missbrauch in der Kindheit ans Licht gekommen. Die Leichen steigen aus dem Keller an die Oberfläche. Pluto hat mit Banden, Machtmissbrauch und Sex zu tun. Er hat mit den dunkleren Seiten der menschlichen Natur zu tun. Unter einem harten Aspekt zu Pluto tauchen häufig alte, vergrabene und traumatische Angelegenheiten wieder auf und müssen behandelt werden.

Kapitel neun

Die Synthese: ein Beispiel

Dies ist das Horoskop eines jungen Mannes, der 1994 im Keller des elterlichen Hauses mit seinem Geschäft begann. Er arbeitete sehr hart, erweiterte das Geschäft und verlegte es schließlich nach Kalifornien. Nach fünf Jahren verkaufte er das Unternehmen für über 50 Millionen Dollar. Er ist immer noch Vizepräsident der Firma, die sein Unternehmen gekauft hat. Er lebt in Europa. Dieses Horoskop ist ein großartiges Beispiel, um meine Vorgehensweise bei Prognosen zu illustrieren.

Das Geburtsversprechen und das psychologische Profil

1. Die Ermittlung des Geburtsversprechens
Die Venus in Waage bildet eine Konjunktion zu Pluto und ein Sextil zu Jupiter in Schütze. Das ist eine der am meisten verbreiteten Signaturen für großen Wohlstand. Die Venus im sechsten Haus der Produktivität und Arbeit bildet außerdem ein Trigon zu Saturn in den Zwillingen im ersten Haus der persönlichen Bemühungen, und sie bildet ein Trigon zu Mars in Wassermann im zehnten Haus der Karriere. Dies legt ein dynamisches, innovatives Karrierekonzept nahe.

2. Die Ermittlung des psychologischen Profils
Ein Planetenstellium in Jungfrau weist auf einen harten Arbeiter hin, dessen emotionale Erfüllung (Mond in Jungfrau) und Ego-Befriedigung (Sonne in Jungfrau) durch Produktivität und Leistung entstehen. Merkur ist in Jungfrau gut platziert und beschreibt einen feinsinnigen, analytischen und praktischen Geist.

KAPITEL NEUN: *Die Synthese: Ein Beispiel*

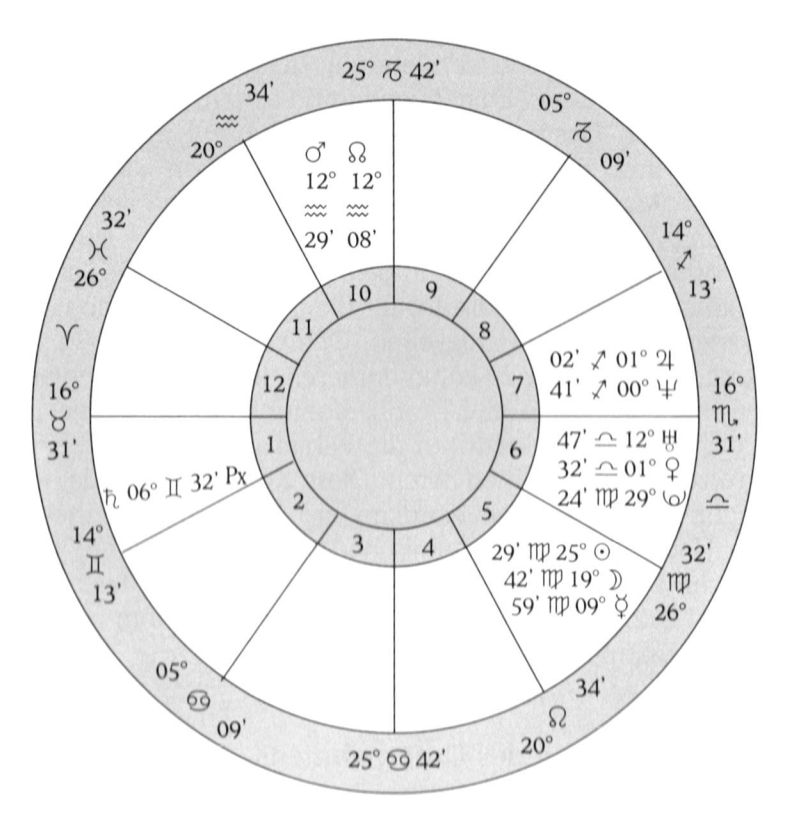

Junger Mann, Geburtshoroskop,
18. September 1971, 8:59 P.M. CST,
Madison, WI, USA

Der Einfluss des fünften und sechsten Hauses sowie die in diesen beiden Häusern platzierten Planeten zeigen eine sehr kreative, ideenreiche Verwendung der Energie an. Sonne und Mond in demselben Zeichen sind extrem fokussiert und angetrieben. Das veränderliche T-Quadrat zwischen Merkur, Saturn und der Neptun/Jupiter-Konjunktion stellt eine weitere Antriebskraft dar, die nach Präzision und Perfektion verlangt.

Er hat ein großes Trigon in den Wasserzeichen. Das große Trigon selbst ist ein Indikator für die brennende Suche nach Wissen, für soziale Fähigkeiten, Objektivität und die Begabung, Ideen effektiv zu kommunizieren und deren Akzeptanz zu erlangen. Die Venus/Uranus-Konjunktion in Waage im sechsten Haus verleiht ihm die Fähigkeit, gute Mitarbeiter anzuziehen und zu motivieren. Diese Konjunktion bildet ein Trigon zu Mars und dem Nordknoten in Wassermann im zehnten Haus, was eine dynamische, innovative Karriere verspricht. Diese Konstellation wiederum bildet ein Trigon zu Saturn in Zwillinge im ersten Haus und verleiht ihm persönlichen Charme und Selbstdisziplin.

1994: Gründung des Unternehmens

1. Progressionen
Der progressive Mond: 1994 bildete der progressive Mond ein Sextil zu der Geburtskonstellation von Sonne und Mond in Jungfrau. Dieses Sextil deutet die Möglichkeit für einen Neubeginn und einen bedeutenden Wendepunkt in seinem Leben an. Zugleich bildete der progressive Mond ein Quadrat zu den progressiven Planeten Sonne und Merkur, und er brach das College ab, um mit seinem Unternehmen anzufangen. Die progressive Sonne und der progressive Merkur trafen aufeinander und bildeten ein Trigon zum progressiven Mars im zehnten Haus und zur Himmelsmitte, und so erlebte dieses Unternehmen einen sehr schnellen und positiven Start. Die progressive Venus wechselte das Zeichen und ging von der

KAPITEL NEUN: *Die Synthese: Ein Beispiel*

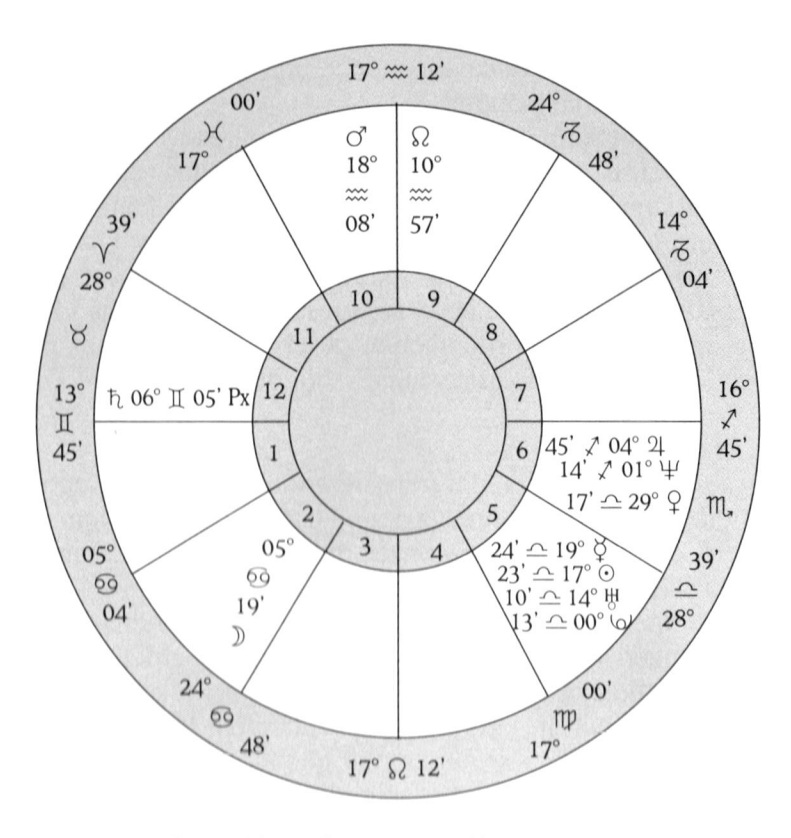

JUNGER MANN, GRÜNDUNG DES UNTERNEHMENS,
Progressionshoroskop für den 1. Januar 1994, 8:59 P.M. CST,
Madison, WI, USA

Waage in Skorpion, ein Anzeichen für einen finanziellen Wendepunkt. Zu dieser Zeit traf der progressive Pluto exakt auf Venus, Neptun traf exakt auf Jupiter, und sie alle bildeten ein exaktes Sextil miteinander.

Die progressiven Häuserspitzen: Die progressive Spitze des ersten Hauses war auf 14° Zwillinge und bildete ein Trigon zum progressiven Uranus. Die progressive zehnte Häuserspitze war in Konjunktion mit dem progressiven Mars. Die progressive sechste Häuserspitze bildete ein Sextil zum Geburtsmars. All diese Aspekte beschreiben seine unglaubliche Idee, die in einem außerordentlichen geschäftlichen Einsatz mit hervorragenden Erfolgsaussichten mündete.

2. Transite

Im Januar 1994 waren der transitierende Uranus und Neptun innerhalb des Orbis einer Konjunktion zu seiner Himmelsmitte. Zu dieser Zeit begann er mit seinem Unternehmen. Uranus und Neptun bildeten außerdem ein Trigon zu seiner Sonne und seinem Mond. Er fühlte sich mit seinem neuen Unterfangen sehr positiv und optimistisch. Außerdem erhielt er Unterstützung von seinen Eltern, die ihm erlaubten, mit seinem Geschäft in ihrem Haus anzufangen. Pluto hatte im Transit ein Sextil zu seiner Sonne gebildet und würde dies 1994 zwei weitere Male tun, einschließlich einer fünfmonatigen Periode, in der Pluto im Sextil zu seiner Sonne stationär, rückläufig und wieder direktläufig wurde. Diese fünfmonatige Periode von Juni bis Oktober war eine Zeit des persönlichen Machtzuwachses. Der Jupitertransit im sechsten Haus sorgte für gute Angestellte, die mit dem Unternehmen wuchsen. Im Oktober 1994 betrat Jupiter das siebte Haus der Kundschaft, und er begann, Klienten zu werben.

Im Januar 1995 lief der Transitpluto auf eine Konjunktion zu seiner Neptun/Jupiter-Konstellation im siebten Haus zu und in ein Sextil zu Venus im sechsten Haus, was einige sehr wichtige Klienten anzog und ihm genügend Sicherheit gab, das Haus seiner Eltern zu verlassen und das Unternehmen an einem neuen Standort zu vergrößern. Er zog schließlich nach

San Francisco, wo es ihm eher möglich war, technisch qualifiziertes Personal anzuwerben.

Am 13. Oktober 1994 war Venus auf 18° Skorpion in seinem siebten Haus stationär rückläufig und bildete ein exaktes Sextil zu seinem Mond im fünften Haus. Diese intensive Energie zog Klienten an. Am 23. November 1994 wurde Venus auf 2° Skorpion auf seiner progressiven Venus stationär direktläufig. Dies war positiv für die Arbeit, die Arbeitsbedingungen, die Angestellten und die Verbesserung der Finanzen.

3. Lunationen und Eklipsen

Eklipsen: Die erste Eklipse in 1994 war auf 19° Stier auf seinem Aszendenten, in exaktem Trigon zu seinem Mond im fünften Haus. Dies beschreibt seine schöpferische Idee. Die zweite Eklipse am 25. Mai 1994 war auf 3° Schütze auf seiner Jupiter/Neptun-Konjunktion im siebten Haus, im Sextil zum progressiven Pluto und in Konjunktion zu seiner Geburtsvenus. Dies stimulierte sein Geburtsversprechen von Reichtum und Fülle, außerdem seine Progressionen für 1994 (progressiver Pluto in Konjunktion zur Geburtsvenus, im Sextil zum Geburtsjupiter, in Konjunktion zum Geburtsneptun), und es aktivierte den Beginn seiner erfolgreichen Karriere.

Die dritte Eklipse am 3. November 1994 bildete ein exaktes Sextil zu seinem Geburtsmerkur im fünften Haus der Kreativität und baute seine innovative Idee aus. Merkur herrscht über sein sechstes Haus der Angestellten, und er warb einige ausgesprochen glänzende junge Köpfe an, die ihm dabei halfen, seinen Traum zu manifestieren. Die vierte Eklipse am 18. November 1994 fiel in sein ersten Haus und stand in einem exakten Trigon zu seiner zehnten Häuserspitze und seiner Geburtssonne in Jungfrau, was in persönlicher Befriedigung und Erweiterung seiner beruflichen Ziele mündete.

Lunationen: Die Lunation am 11. Januar 1994 auf 21° Steinbock war auf seiner zehnten Häuserspitze. Dies war die Anlaufphase seines Unternehmens. Am 12. März 1994 bildete die Lunation ein Sextil zu seiner zehnten Häuserspitze, und in seinem Geschäft kam es zu einer neuen Entwicklung. Am 10.

Mai 1994 bildete die Eklipse ein Trigon zur zehnten Häuserspitze, was weiteres Wachstum und weitere Möglichkeiten beschreibt. Am 8. Juli 1994 war auf 16° Krebs eine Lunation in seinem dritten Haus im Sextil zum Mond und stimulierte seinen kreativen Prozess. Dann entwickelte die Lunation am 5. September 1994 in seinem fünften Haus auf 12° Jungfrau seine schöpferischen Ideen weiter.

1999: Der Verkauf des Unternehmens

1. Progressionen

Der progressive Mond: Der progressive Mond bildete eine Konjunktion mit Sonne und Mond seines Geburtshoroskops und im März 1999 mit deren Halbsumme. Solche Konjunktionen ereignen sich maximal vier Mal im Leben, also sind sie ungeheuer wichtig. Seine progressive Sonne war im Trigon zur progressiven Himmelsmitte, was eine große Karrieremöglichkeit anklingen ließ. 1999 bildete der progressive Jupiter eine lang währende Opposition zu Saturn und zeigte damit finanzielle Sicherheit für den Rest seines Lebens an. Er hatte auch eine lang währende Progression – oder wie ich es nenne: eine permanente Progression – des progressiven Pluto in Waage in Konjunktion zur Geburtsvenus im sechsten Haus, zudem im Sextil zum Geburtsneptun und in Konjunktion zum Geburtsjupiter in Schütze im sechsten Haus. Zu der Zeit, in der er sein Geschäft begann, war diese Progression bereits wirksam.

Die progressiven Häuserspitzen: Sein progressiver Aszendent stand im Trigon zum progressiven Mars und bildete ein Quadrat zum Geburtsmond. Das Trigon legt ihm eine globale Expansion seines Unternehmens und Weltreisen nahe. Das Quadrat zeigt den gewissen Kontrollverlust über sein Unternehmen an, als er es verkaufte. Die zweite und achte Häuserspitze standen im Sextil und Trigon zu seinem Geburtsmerkur und zeigen unglaublichen Reichtum an (Aktien = achtes Haus, Gehalt = zweites Haus). Er erwarb unter anderem ein

KAPITEL NEUN: *Die Synthese: Ein Beispiel*

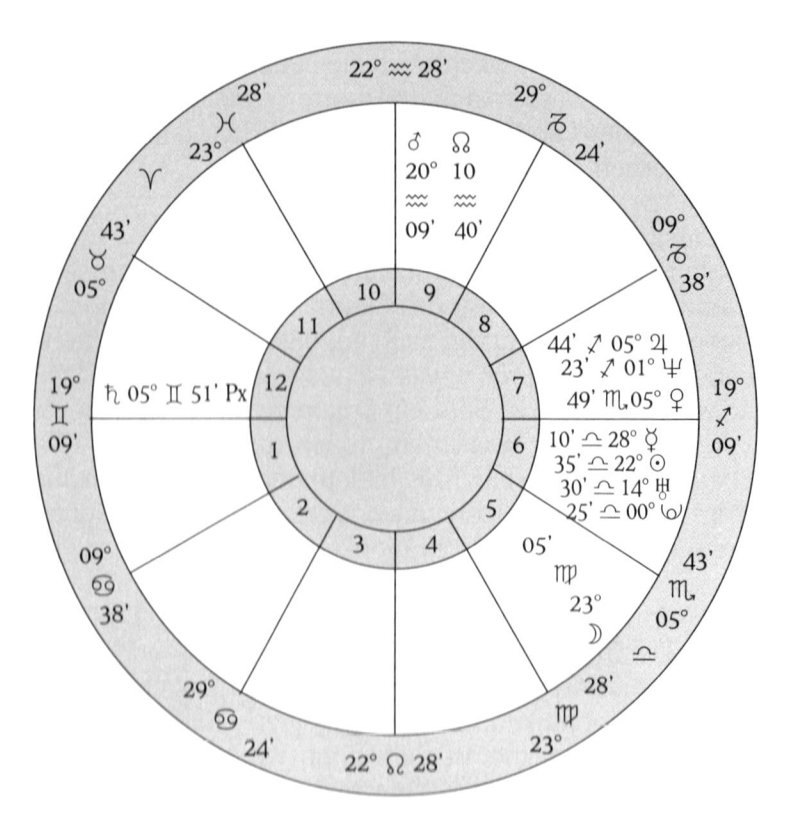

JUNGER MANN, VERKAUF DES UNTERNEHMENS,
Progressionshoroskop für den 31. März 1999, 8:59 P.M. CST,
Madison, WI, USA

Haus, ein Auto usw. Auch teilte er seinen Wohlstand mit seiner Familie und seinen Angestellten. Die Spitzen des dritten und neunten Hauses wechselten die Zeichen von Krebs/Steinbock zu Löwe/Wassermann und führten zu seiner Umsiedlung in ein fremdes Land, wo er als Vizepräsident der Firma, die sein Unternehmen kaufte, fungiert.

2. Transite
Im März 1999 betrat Saturn den Stier, das Zeichen seines Aszendenten. Der Transit des Saturn über den Aszendenten zeigt meiner Beobachtung nach an, dass man das Alte gehen lässt, um den Weg für etwas Neues frei zu machen. Demnächst wird Saturn in Stier ein Trigon zu all seinen Planeten in Jungfrau bilden, was einen großen stabilisierenden Effekt haben wird. Im Februar 1999 bildete der transitierende Jupiter im Widder ein Trigon zu seiner natalen Jupiter/Neptun-Konjunktion, ein Sextil zur Konjunktion des progressiven Pluto mit der Geburtsvenus – seiner fantastischen permanenten Progression –, was ungeheuren Möglichkeiten die Bühne bereitete. Der Transitneptun bildete aus dem zehnten Haus ein Sextil zu seiner natalen Jupiter/Neptun-Konjunktion und ein Trigon zur Konjunktion des progressiven Pluto mit der Geburtsvenus, was seine Möglichkeiten wiederum erweiterte. Am 17., 18. und 19. März 1999 wurde Mars auf seiner siebten Häuserspitze stationär und zeigte damit eine Zeit der Verhandlungen für das Unternehmen an. Pluto auf 10° Schütze stand im Sextil zur Nordknoten/Mars-Konjunktion seines Geburtshoroskops auf 12° Wassermann im zehnten Haus und kündigte für die Zukunft dieses Unternehmens großes Wachstum an.

3. Lunationen und Eklipsen
1999 waren die Eklipsen in Löwe und Wassermann und aktivierten sein viertes und zehntes Haus. Berufliche Angelegenheiten wurden betont. Am 17. Januar 1999 war die Lunation auf 27° Steinbock auf seiner zehnten Häuserspitze und versprach große Aktivitäten im Karrierebereich. Im März, als

das Unternehmen verkauft wurde, war die Lunation am 17. März 1999 im Sextil zu seiner Himmelsmitte und in Opposition zu seiner Sonne, dies gab ihm im Hinblick auf sein Geschäft Gelegenheiten und Wahlmöglichkeiten. Am 31. März 1999 löste die Lunation auf 10° Waage sein großes Trigon in der Luft aus, und er verkaufte das Unternehmen für über 50 Millionen Dollar. Seit dieser Zeit ist sein Aktienvermögen auf über 200 Millionen Dollar angewachsen.

Glossar

Applikativer Aspekt
Dieser Begriff bezieht sich auf einen Planeten, der sich auf einen exakten Aspekt mit einem langsamer laufenden Planeten zubewegt. Ein applikativer Aspekt kann auch durch die Bewegung eines Planeten zu einem bestimmten Punkt wie zum Beispiel zur Himmelsmitte oder zum Aszendenten entstehen.

Aspekt
Die Beziehung zwischen zwei Planeten oder die Beziehung zwischen einem Planeten und dem Aszendenten oder der Himmelsmitte. Der Aspekt bezeichnet die Winkeldistanz zwischen diesen beiden Punkten.

Aszendent
Dasjenige Zeichen des Tierkreises, das zum Zeitpunkt der Geburt im Osten aufsteigt. Er wird auch das Zeichen des ersten Hauses genannt.

Eklipse (Finsternis)
Das Phänomen der Eklipse entsteht unter Beteiligung von Sonne, Mond und Erde. Eklipsen stimulieren in dem Horoskopbereich, in welchen sie fallen, Veränderungen. Es gibt zwei verschiedene Arten von Eklipsen: Solareklipsen und Lunareklipsen.

Ephemeriden
Ein Tabellenwerk, das die tägliche genaue Position von Sonne, Mond und Planeten angibt.

Geburtsdaten
Das Geburtsdatum, die genaue Uhrzeit der Geburt und die Länge und Breite des Geburtsortes. Diese Informationen werden zur Erstellung eines Geburtshoroskops benötigt.

Geburtshoroskop
Das Geburtshoroskop ist ein in zwölf Teile bzw. Häuser aufgeteilter Kreis. Jedes Haus beschreibt einen bestimmten Lebens- oder Erfahrungsbereich.

Grad
Das Horoskop besteht aus einem Kreis von 360°, jedes Zeichen hat 30°. Die Grade werden benötigt, um die genaue Position von Planeten oder anderen astrologischen Faktoren zu bemessen.

Harter Aspekt (Spannungsaspekt)
Einen Abstand zwischen Planeten von 90° nennt man Quadrataspekt, der Abstand von 180° wird Opposition genannt. Diese Aspekte werden als schwierig angesehen und schaffen eine enorme Spannung. Planeten, die im selben Haus oder Zeichen eng beieinander stehen, stehen in einer so genannten Konjunktionen zueinander. Manche solcher Konjunktionen gelten ebenfalls als harte Aspekte, dies ist abhängig von den beteiligten Planeten.

Hauptaspekt
Die Hauptaspekte in der Astrologie sind Konjunktion, Sextil, Trigon, Quadrat und Opposition.

Häuserspitze
Der erste Grad eines jeden Hauses im Horoskop.

Herrscher
Bestimmte Planeten besitzen die Herrschaft über bestimmte Zeichen. In der modernen Astrologie herrscht die Sonne über das Zeichen Löwe, der Mond über Krebs, Merkur herrscht über Zwillinge und Jungfrau, Venus über Stier und Waage, Mars herrscht über Widder (und hat auch Verbindung zu Skorpion), Jupiter herrscht über Schütze, Saturn über Steinbock, Uranus beherrscht Wassermann, Neptun die Fische und Pluto den Skorpion.

Himmelsmitte
Das Zeichen an der Spitze des zehnten Hauses eines Horoskops wird als die Himmelsmitte bezeichnet. Ein anderer Begriff für Himmelsmitte ist Medium coeli (MC).

Horoskop
Im Allgemeinen ist hiermit das Geburtshoroskop gemeint. Das Wort »Horoskop« kommt aus dem Griechischen und bedeutet »in die Stunde schauen«.

Lunareklipse (Mondfinsternis)
Eine Lunareklipse tritt bei Vollmond auf. Sie ereignet sich ungefähr zwei Mal im Jahr, wenn die Erde genau zwischen Sonne und Mond steht und der Erdschatten den normalen Vollmond verdeckt.

Lunation
Der monatlich erscheinende Neumond bzw. Vollmond wird als Lunation(en) bezeichnet.

Mondknoten
Die Mondknoten sind die Schnittpunkte der Umlaufbahn des Mondes um die Erde mit der Ekliptik. Sie werden als karmische Faktoren angesehen.

Nebenaspekt
Als Nebenaspekte gelten in der Astrologie unter anderem das Halbquadrat (ein Winkel von 45°), das Halbsextil (ein Winkel von 30°) und das Quincunx (ein Winkel von 150°).

Neumond
Die Konjunktion von Sonne und Mond. Die Zeit, in welcher der Mond exakt auf demselben Grad wie die Sonne steht.

Nordknoten
Dasjenige Haus und Zeichen, in dem der nördliche Mondknoten platziert ist, wird als der Lebensbereich definiert, in dem man nach Entwicklung strebt. Dieser Mondknoten hat in gewisser Weise einen dem Planeten Jupiter ähnlichen Effekt.

Orbis
Der Gradbereich, innerhalb dessen ein Aspekt als wirksam angesehen wird. Je enger Planeten auf denselben Gradzahlen stehen, je enger also der Orbis ist, umso stärker oder mächtiger wird der Aspekt wirken. Je weiter entfernt Planeten von einem exakten Aspekt stehen, je weiter also der Orbis ist, umso schwächer wirkt der Aspekt.

Prognostische Astrologie
Fachgebiet der Astrologie, das sich mit Vorhersagen zukünftiger Ereignisse, Zyklen und Trends befasst.

Rückläufigkeit, scheinbare
Dieser Begriff bezeichnet die Verlangsamung des Planetenlaufs, wodurch es so aussieht, als würde er rückwärts laufen.

Separativer Aspekt
Dieser Begriff bezieht sich auf einen Planeten, der sich von einem exakten Aspekt mit einem langsamer laufenden Planeten wegbewegt.

Solareklipse (Sonnenfinsternis)
Eine Solareklipse tritt bei Neumond auf. Sie ereignet sich ungefähr zwei Mal im Jahr, wenn der Mond in seinem Umlauf um die Erde exakt zwischen Sonne und Erde zu stehen kommt und vom Aussichtspunkt auf der Erde aus gesehen das Licht der Sonne verdeckt.

Station, stationär
Dieser Begriff bezeichnet die Zeit, in der ein Transitplanet anzuhalten scheint, bevor sein Lauf in eine andere Richtung wechselt.

Südknoten
Dasjenige Haus und Zeichen, in dem der südliche Mondknoten platziert ist, wird als der Lebensbereich angesehen, den man in früheren Leben bereits bewältigt hat. Er stellt einen Zufluchtsort dar, dieser Lebensbereich kann Sie aber auch einschränken oder begrenzen, da er Sie in alten Mustern festhält. Der Südknoten hat eine dem Planeten Saturn ähnliche Wirkung.

Tagewahl
Ein Bereich der Astrologie hat sich darauf spezialisiert, den günstigsten Zeitpunkt für die Planung eines Ereignisses oder den Anfang eines neuen Projekts zu bestimmen. Astrologen, die auf diese Weise arbeiten, helfen ihren Klienten bei der Bestimmung von Hochzeitsterminen, Geschäftsgründungen, der Planung wichtiger Ereignisse usw.

Transit
Als Transit wird die aktuelle Bewegung der Planeten durch die Zeichen und Häuser bezeichnet.

Transpersonale Planeten
Als transpersonale Planeten oder Planeten der höheren Oktave werden diejenigen Planeten unseres Sonnensystems bezeichnet, die von der Erde aus ohne Teleskop nicht sichtbar sind: Uranus, Neptun und Pluto.

Void-of-course-Mond
Erreicht der Mond das Ende eines Zeichens und bildet vor dem Verlassen des Zeichens keine Aspekte zu anderen Planeten mehr, wird er als »void-of-course-Mond« bezeichnet. In einem Ereignishoroskop weist er auf eine Situation hin, die in der Schwebe ist.

Vollmond
Die Opposition zwischen Sonne und Mond. Die Zeit, in welcher der Mond 180° von der Sonne entfernt ist.

Weicher Aspekt
Einen Planetenabstand von 60° nennt man Sextil. Der Abstand von 120° wird Trigon genannt. Diese Aspekte sind bequem und harmonisch, sie bringen Leichtigkeit und Gelegenheiten. Abhängig von den beteiligten Planeten werden auch manche Konjunktionen als weiche Aspekte betrachtet.

Zyklus
Ein Zyklus ist die Bewegung eines Planeten durch den gesamten Tierkreis. Pluto ist der am langsamsten laufende Planet und benötigt für den Umlauf des gesamten Tierkreises 248 Jahre. Der Zyklus der Sonne beträgt ein Jahr.

Bibliografie

Arroyo, Stephen: Astrology, Karma and Transformation. Sebastopol, CA: CRCS Publications, 1993, dt.: *Astrologie, Karma und Transformation*, IRIS Amsterdam.

DeJersey, Katherine: *Destiny Times Six*. Tempe, AZ: American Federation of Astrologers, 1992.

Hand, Robert: *Planets in Transit*. Gloucester, MA: Para Research, 1976, dt.: *Das Buch der Transite*, Hugendubel München.

Hickey, Isabel: *Astrology, a Cosmic Science*. Sebastopol, CA: CRCS Publications, 1992.

Mason, Sophia: *Delineation of Progressions*, Tempe, AZ: American Federation of Astrologers, 1985.

Merriman, Raymond: *Evolutionary Astrology: The Journey of the Soul Through the Horoscope*, Rochester, MI: Seek-It Publishing co., 1977.

Pelletier, Robert: *Planets in Aspect*, Gloucester, MA: Para Research, 1974.

Robertson, Marc: *Transit of Saturn*, Tempe, AZ: American Federation of Astrologers, 1976.

Steran, Jess: *A Time for Astrology*, New York, NY: Coward, McCann & Geoghegan, Inc., 1971.

Tyl, Noel: *Synthesis & Counseling in Astrology*, Saint Paul, MN: Llewellyn Publications, 1994.

Wickenburg, Joanne: *Your Hidden Powers: Intercepted Signs and Retrograde Planets*, Tempe, AZ: American Federation of Astrologers, 1992.

dies.: In *Search of a Fulfilling Career*, Tempe, AZ: American Federation of Astrologers, 1992; dt.: *Beruf im Horoskop*, Astrodata.

Über die Autorin

Carol Rushman arbeitet seit über dreißig Jahren als professionelle Astrologin, sie unterrichtet, hält Vorträge und gibt persönliche Beratungen. Zu ihren Klienten gehören Persönlichkeiten aus dem Fernsehen, Filmstars, Politiker, Musiker und Geschäftsleute aus aller Welt sowie auch viele ihrer astrologischen Kollegen. Sie ging umfangreicher Lehr- und Vortragstätigkeit nach, wirkte als Dozentin bei mehreren nationalen Konferenzen mit und repräsentierte die USA auf einer internationalen Konferenz in Sydney, Australien.

Sie war Mitglied des Vorstandes mehrerer astrologischen Vereinigungen wie der *American Federation of Astrologers*, der *American Federation of Astrology Network* und der *Wisconsin Astrological Society* und war Mitglied der *International Society of Astrologers* und des *National Council for Geocosmic Research*. Carol Rushman hatte Radio- und Fernsehauftritte in New York, Hongkong, Los Angeles, Boston, Atlanta, Chicago und in Milwaukee, Wisconsin, wo in der Dokumentation »The Making of an Astrologer« über sie berichtet wurde. Zusätzlich hatte sie viele eigene Radio- und Fernsehsendungen.

Carol Rushman lebt mit ihrem Mann, Dr. Jay Meili, in Bayside, Wisconsin. Sie arbeitet an einem neuen Buch über Astrologie und Beziehungen.